U0948513

叶青 殷啸虎 总主编

法治研究

司法实践视阈下财产犯罪法益及相关理论研究

Research into Legal Interest and Relevant Theories of Crime Against Property from the Perspective of Judicial Practice

杜文俊 著

前　言

"同案异判"问题的出现，使理性的法律变得随意，并损害人们对法律的信仰，这对于我国本就薄弱的法律权威形象和群众法治意识基础无疑是个沉重打击，也折损法律的公平和正义。财产犯罪理论本身是复杂的，颇具争议，尤其是财产犯罪法益保护等基础理论聚讼不断。财产犯罪基础理论涵涉内容较多，但从某种意义上说，财产犯罪法益保护理论是财产犯罪基础理论中的重点和核心内容，对财产犯罪中的罪与非罪、此罪与彼罪起着决定性影响。因此，本书聚焦财产犯罪法益保护基础理论，以及与此紧密相关的目的论、对象论等，并以审判实践的实证路径，从本土文化考察的视角进行研究与论证。

法律不是从来就有的，也不是永恒存在的，而是一种社会历史文化现象，因而是一个历史文化的范畴。法律(包括刑法)是人类社会发展至特定文明阶段的产物，并总是与特定的社会整体文明发展状况相应对、相衔接。因此法律与社会文化之间存在着一种持久的、多方面的、深刻的关系。同时，法律不是游离和超乎社会之外的自给自足的孤立存在，不是一种自然存在，而是人类社会文明发展至特定阶段为应对和解决生存与发展问题的一种智慧设计、文化创造。生活于地球上不同地域的不同民族，由于面对和遭遇的具体生存和发展的问题与解决这些问题的程度和方法上的差异，形成了凝聚、沉积该民族知识、思维、价值、审美和生活样式的不同类型的文化，从而使作为社会文化组成部分和文化积淀物并承载社会文化使命的法律也各不相同、品格各异。而不同的文化类型(模式)赋予其法律不同的品格，因此释义法律、理解法律就必须与其赖以产生、存身立命的社会文化自觉勾连起来。唯此，才能精准地释义法律、并穿透法律规则的外在形式，洞悉法律的内在文化命意。

对财产犯罪的理论研究，应结合我国本土文化及审判实践，使三者进行有机融合，互动前行。纵观域外财产犯罪的理论与审判实践，不同国家、同一国家的不同历史时期对同一问题的观点并不完全一致，这与一国的社会治安状况、国民的财产观念、文化传统、刑事政策密切相关。日本第二次世界大战后，财产罪保护法益从本权说转为占有说，向扩大处罚范围的方向发展。这与当时日本社会财产秩序处于极度混乱状态、侵财犯罪激增密切相关，可以说是“治乱世用重典”的刑事政策思想的具体体现。在 19 世纪的英国，作为财产罪对象的财物只能是“他人的财物”，如果行为人能提出取得的财物是自己的这种“权利主张”，那就可以否定盗窃罪的成立。这种重视行为人主观思想的做法，与英国十一二世纪受罗马法、教会法的影响，在犯罪成立时注重考察行为人的心理因素有关，也是英美法系国家“个人本位”思想在刑事立法、司法中的反映。我国对于财产犯罪的诸多问题究竟应持何种立场，单纯进行理论思辨或者照抄照搬域外的做法并不合适，现有关于财产犯罪的研究言必称德日的做法必须重新审视。我国财产犯罪的审判实践，在很大程度上是本土文化的真实反映，有其合理性，需要进行系统归纳、梳理和总结。例如，行为人通过窃取方式取回自己所有但被他人占有的财产，最高人民法院发布的指导性案例认为不成立盗窃罪，主要原因在于：中国国民的财产观念更重视的是所有权；我国公权力对财产权利保护的不足也决定了公民通过非法手段取回自己所有的财产有其必然性；我国财产犯罪的法定刑过重，对侵犯占有权、所有权的行为不加区分以财产犯罪论处，势必有违罪刑均衡原理；较之财产犯罪，无论是立法还是司法对贪污贿赂犯罪的处罚都相对较轻，扩张财产犯罪的成立范围会影响刑法的公众认同。有必要对我国审判实践中的做法进行系统梳理，尤其是了解争议类型财产犯罪审判实践的主流处理模式及其背后所体现的社会文化（本土文化），进而提出更加符合我国司法实践的财产犯罪相关理论。

在复杂化、多样化的现代经济社会中，财产权利关系纷繁复杂，财物的利用形态也具有多样化的特征。财物不必始终处于所有权者的控制支配之下，占有越来越具有与权利相分离的状态，占有财物也不一定必须具有权利的标签，甚至占有背后的权利关系也难以查明，保护占有本身的需要越发强烈。因而对财物的控制支配关系构成了社会经济秩序的重要基础，财产罪的保护法益便相应的应以此为首要。同时，从理论研究的视角出发，当占有和所有分离时，对占有的判断便不能空谈占有本身，其背后是否体现一定的经济财产价值应当作为此种情形下的实质判断。如果占有的背后体现不出一定的经济财产价值，则该占有便没有动用刑法保护的必要，特别是对于财物所有权人行使其所有者权利的情形而言更值得研究。因而，**对于行为人作为所有权人非法取回他人占有的本人财物的，在重视习惯作为(刑)法之外的社会调节手段和对缓和的违法一元论立场肯定的刑法文化的支持下，以修正的占有说——具有经济财产价值的占有作为保护法益进行判断，是财产犯罪法益保护基础理论的核心观点。**

注重我国本土(刑法)文化，理论研究以审判实践为关切，这种互动性理论研究模式是本书所极力倡导的。从方法论考量，对我国财产犯罪理论、审判实践及其所依附的本土环境，必须结合我国实际展开实证分析，**以此解决"同案异判"问题，并形成具有本土文化特征的财产犯罪的基础理论和审判实践。这既是落实我国新一轮司法改革中习近平总书记提出的"让人民群众在每一个案件中感受到司法的公平和正义"的要求，又是我们理论工作者在新时期的崭新课题和光荣使命。**

目录
CONTENTS

第一章　我国财产犯罪法益保护理论概览

第一节　我国财产犯罪法益保护学说综览

刑法理论中对于财产犯罪的法益保护以及由此引申出的财产及其损害的概念等基础理论问题的阐述，可以说各种学说林立，观点异彩纷呈。世界范围内大致形成了以德国财产犯罪法益保护为代表的法律的财产说、经济的财产说和法律·经济的财产说，以及从德国承袭的日本结合其本土实践所形成的本权说、占有说和中间说。[①]

与世界上大多数国家一样，中国刑法也并未明确财产犯罪侵犯的是他人所有的财物还是他人占有的财物，这就为刑法解释留下了空间。我国处于通说的传统刑法理论认为，侵犯财产类犯罪的客体是公私财产所有权，财产罪应以给公私财产所有权造成直接损害结果为构成要件齐备的标志，[②]即所有权说[③]。晚近以来，随着我国刑法理论交流和商榷之风日渐兴盛，对于财产犯罪法益[④]保护的探

---

① 各学说具体内容此处不再赘述，请参见：刘明祥：《财产罪比较研究》，中国政法大学出版社2001年版，第8—21页；张明楷：《法益初论》，中国政法大学出版社2003年版，第504—567页；张明楷：《外国刑法学纲要》，清华大学出版社2007年版，第534—540页；童伟华：《财产罪基础理论研究——财产罪的法益及其展开》，法律出版社2012年版，第13—54页；陈洪兵：《财产犯罪之间的界限与竞合研究》，中国政法大学出版社2014年版，第5—15页。

② 详见王作富主编：《刑法分则实务研究》，中国方正出版社2013年版，第893页；陈兴良：《规范刑法学》，中国人民大学出版社2013年版，第833页；高铭暄、马克昌、赵秉志主编：《刑法学》，北京大学出版社、高等教育出版社2011年版，第496、507页；赵秉志：《刑法新教程》，中国人民大学出版社2012年版，第487页；赵秉志：《刑法学各论研究述评》，北京师范大学出版社2009年版，第378页。

③ 由于本权说是指法律上的正当占有的权利，首先指所有权，此外还有租借权、抵押权等。本书在我国的刑法理论土壤下论及的本权说如未作说明，即以所有权说替代。

④ 由于日本刑法未明文规定要求财产损失，所以其财产犯罪保护法益的争论重心便以盗窃罪为中心而展开本权说和占有说等学说。而德国、瑞士和意大利等国的刑法明文规定诈骗罪等财产犯罪要求造成他人财产损失，所以需明确财产概念，因此，在论述财产犯罪保护法益时便以诈骗罪的财产损失等概念为重心展开法律的财产说和经济的财产说等学说。不过可以认为，本权说和法律的财产说，占有说和经济的财产说，中间说和法律·经济的财产说的结论基本一致。因此，本书在论述财产犯罪的保护法益时一般以日本的学说为例；在论述财产损失等概念时一般以德国的学说为例。

讨也日益激烈，除了对所有权说的“坚持”[①]和对占有说的“执迷”[②]外，较多的便是中间说，如修正的所有权说[③]和修正的占有说[④]。具体而言，所有权说以高铭暄教授、时延安教授、车浩教授为代表，主张完全不承认占有是财产犯罪的法益。占有说以陈洪兵教授为代表，主张彻底地转向保护占有，禁止私力救济。中间说主张占有也是财产犯罪的保护法益，以张明楷教授、周光权教授、黎宏教授为代表。[⑤]

一、所有权说的内涵与坚守

(一) 所有权说内容

我国通说的传统刑法理论认为，侵犯财产类犯罪的客体是公私财产所有权，财产罪应以给公私财产所有权造成直接损害结果为构成要件齐备的标志。[⑥] 即财产罪保护的法益是财产的所有权，即财产所有权人依法对自己的财产享有占有、使用、收益和处分的权利，占有、使用、收益和处分的四项权能中最核心的是处分权，即按照所有权人自己的意志对财产进行自由处置的权利。一般而言，对任何一种权能的侵犯都是对所有权不同程度的侵犯，而对处分权的侵犯，则是对所有权整体的最严重的侵犯，也是绝大部分侵犯财产罪的最本质的特征。[⑦] 所有权说认为，只要是行为人自己所有的财产，无论采取何种手段

---

① 详见于志刚、郭旭强：《财产罪法益中所有权说与占有说之对抗与选择》，《法学》2010 年第 8 期；高翼飞：《侵犯财产罪保护法益再探究》，《中国刑事法杂志》2013 年第 7 期；徐光华、郭晓红：《我国财产犯罪的保护法益应坚持所有权说——以非法取回自己所有而为他人占有的财产类案例的“同案异判”为例》，《政治与法律》2013 年第 3 期。

② 详见陈洪兵：《财产罪法益上的所有权说批判》，《金陵法律评论》2008 年第 1 期；尹晓静：《论作为财产犯罪保护法益的占有说》，《广西大学学报(哲学社会科学版)》2013 年第 1 期；魏海：《盗窃罪研究》，中国政法大学出版社 2012 年版。

③ 详见童伟华：《财产罪的法益——修正的“所有权说”之提倡》，《安徽大学法律评论》2009 年第 1 期；姚万勤：《盗窃罪保护法益的理论嬗变与司法抉择——新修正的所有权说之提倡》，《时代法学》2014 年第 4 期。

④ 详见张明楷：《刑法学》，法律出版社 2011 年版，第 838 页；黎宏：《论财产犯罪的保护法益》，《人民检察》2008 年第 23 期；何荣功：《财产罪法益新论》，《甘肃政法学院学报》2012 年第 1 期；张阳、傅俊维：《论财产罪的“所有”与“占有”》，《中州学刊》2014 年第 8 期。

⑤ 陈文昊、郭自力：《财产犯罪法益的本权——占有二元体系失语与刑法目的性的回归与考察》，《岭南学刊》2016 年第 5 期。

⑥ 详见王作富主编：《刑法分则实务研究》，中国方正出版社 2013 年版，第 893 页；陈兴良：《规范刑法学》，中国人民大学出版社 2013 年版，第 833 页；高铭暄、马克昌、赵秉志主编：《刑法学》，北京大学出版社、高等教育出版社 2011 年版，第 496、507 页；赵秉志：《刑法新教程》，中国人民大学出版社 2012 年版，第 487 页；赵秉志：《刑法学各论研究述评》，北京师范大学出版社 2009 年版，第 378 页。

⑦ 详见高铭暄、马克昌主编：《刑法学》，高等教育出版社 2007 年版，第 556 页；陈兴良：《刑法学教科书之规范刑法学》，中国政法大学出版社 2003 年版，第 505 页；王作富主编：《刑法分则实务研究(下)》，中国方正出版社 2003 年版，第 1190 页。

取回的，都不成立财产犯罪。如自己出借给他人使用的财产、处于国家机关管理的财产，行为人以盗窃的手段取回自己所有的财产，均不能以财产犯罪论处。[①] 因为在此种情形下，当作为盗窃罪被告人的所有权人时，从被害人处取回财物的行为，并未在实质上侵害盗窃罪的保护法益，因而不构成盗窃罪。同样，在民事活动中，权利人采用不法手段行使权利的行为，也不能构成财产犯罪，所以，债务人到期不履行债务，债权人采用胁迫手段夺取其相当数额财物的，由于不存在私法上实质的权利侵害，即便胁迫行为具有犯罪性，也不构成财产犯罪。[②] 财产犯罪之所以被认为具有严重社会危害性并被刑法规定为犯罪，根本原因在于财产犯罪的场合存在财产权的实质侵害。

由于持有所有权说的观点认为，除了挪用资金罪、挪用特定款物罪只是侵犯了占有权、使用权与收益权以外，其他财产犯罪都是侵犯了财产所有权的整体。这在一定程度上严重的缩小了财产犯罪的保护范围，在事实上所有权说成为“比本权说还要极端的一种学说”[③]，因此出现了比所有权说有所缓和的观点，被称为修正的所有权说，即财产罪法益原则上是所有权，例外地承认禁制品占有的刑法保护。[④]

（二）所有权说的理由

在所有权说持有者看来，支撑其观点的理由主要在于：[⑤]

第一，在侵犯财产罪中所有权是刑法保护的本质所在。在所有权与占有分离的场合，对财产没有任何权利的第三人从占有人处非法取得了财物，直接受到侵犯的应当是占有权，在这个范围内刑法对于占有应当予以保护，所有权说对此并不否认。但是应当认识到，刑法之所以将这种行为作为犯罪处罚，实质上仍然在于此类行为侵犯了所有权或使所有权处于丧失的严重危险之中。比如，对于特定物，上述行为最终侵犯了所有权对于种类物，诸如大米、水泥甚至货币之类，占有人可能负有赔偿、返还等义务，实际上侵犯的是占有人可能用于

① 徐光华、郭晓红：《我国财产犯罪的保护法益应坚持所有权说——以非法取回自己所有而为他人占有的财产类案例的“同案异判”为例》，《政治与法律》2013年第3期。

② ［日］大谷实：《刑法各论》，黎宏译，法律出版社2003年版，第218页。

③ 张明楷：《法益初论》，中国政法大学出版社2000年版，第579页。

④ 童伟华：《财产罪基础理论研究——财产罪的法益及其展开》，法律出版社2012年版，第64页。

⑤ 详见徐光华、郭晓红：《我国财产犯罪的保护法益应坚持所有权说——以非法取回自己所有而为他人占有的财产类案例的“同案异判”为例》，《政治与法律》2013年第3期；于志刚、郭旭强：《财产罪法益中所有权说与占有说之对抗与选择》，《法学》2010年第8期；高翼飞：《侵犯财产罪保护法益再探究》，《中国刑事法杂志》2013年第7期；肖松平：《我国财产犯罪的保护法益之辨析》，《衡阳师范学院学报》2010年第4期。

赔偿的自有财物的所有权。因此，虽然行为直接侵犯的是占有权，但并不能因此而否认由于占有受到侵犯所造成的对所有权的侵犯。可以说，上述行为在形式上或表象上侵犯的是占有权，但实质上侵犯的仍然是所有权，就侵犯财产罪而言，所有权仍然是刑法保护占有的落脚点和根本所在。①

第二，我国国民的财产观念更重视的是所有权，对于仅侵犯占有的行为以财产犯罪论处，与国民的观念相悖。“在一般国民看来所谓盗窃就是盗窃他人所有的物，盗窃自己所有而为他人借用的财物在一般国民看来根本就不是盗窃，根据我国一贯的学术传统也不成立盗窃罪。”②由于域外发达国家如日本，其国民已经形成一个较为有序的财产秩序观念，重视对财产秩序的维持，即便通过非法方式取回自己所有的财产，基于维持财产秩序的观念，也应该作为犯罪处理。例如，作为债权人的金融业务者对债务人融资，签订了附买回约款的机动车买卖契约。根据约款，在事先规定的买回期限之前，如果融资者没有支付一定的本息行使买回权，金融业者就可以任意处分机动车。债务人已经过了还款期限却没有还款，丧失了买回权。金融业者虽然取得了机动车的所有权，但在没有得到债务人承诺的前提下擅自将车开走。日本最高裁判所认为，被告人将汽车开走时，机动车还在借主的支配之内，这一点是非常明确的。因此即便被告人有所有权，他开走机动车的行为也是窃取他人占有的物品，应该成立盗窃罪。而且，被告人的行为已经超过了社会公众的忍受限度，具有违法性。③反观我国国民的财产观念，国民更多强调的是“你的”、“我的”等所有权观念。司法实践中，行为人（债权人）通过非法的方式从债务人处索取债权的行为，即便该债权是非法的，也不以财产犯罪论处。比如 2005 年《最高人民法院关于审理抢劫、抢夺刑事案件适用法律若干问题的意见》（法发〔2005〕8 号）中规定，行为人为索取债务，使用暴力、暴力威胁等手段的，一般不以抢劫罪定罪处罚。构成故意伤害等其他犯罪的，依照刑法第 234 条等规定处罚。

第三，我国公权力对财产权利保护的不足也决定了公民通过非法手段取回自己所有的财产，不宜以财产犯罪论处。域外发达国家，民众已经形成较为合理的财产秩序观念，并且，已经形成完善的公力救济程序，自己所有的财产如果处于他人的非法占有之下，或者是处于国家机关的占有之下，民众可通过及时、有效、合法的方式取回自己的财产。因此，自己所有的财产处于他人合法占有

① 于志刚、郭旭强：《财产罪法益中所有权说与占有说之对抗与选择》，《法学》2010 年第 8 期。

② 童伟华：《债权行使与财产罪》，《法治研究》2011 年第 10 期。

③ 徐光华、郭晓红：《我国财产犯罪的保护法益应坚持所有权说——以非法取回自己所有而为他人占有的财产类案例的“同案异判”为例》，《政治与法律》2013 年第 3 期。

之下，行为人通过非法方式取回该财产的，基于维持财产秩序的需要，对这种侵犯占有的行为，也以财产犯罪论处。但在我国，行为人通过正当合法手段取回自己所有的财产并非易事。例如，有些国家机关在扣押公民私人财产时其执法行为本身就存在瑕疵，财产被公务机关扣押后，即便是履行合法的手续，也不能及时取回自己的财产。财产在国家机关扣押过程中灭失的，如果不积极主动要求赔偿，国家机关通常不会主动赔偿。同时，在我国的部分地区，对于法院已经作出的生效民事判决，败诉方自动履行义务的都不多，再加上刑事附带民事诉讼较低的结案率和执行率以及罪犯的悔罪赔偿的心理几乎不存在等因素，综合导致了民间借助黑恶势力讨债具有相当的普遍性，这在一定程度上可以说是现实社会的无奈选择，且实践中不乏“买卖”判决书的现象，司法实务中都没有以买卖国家机关公文罪认定，这也是有深刻的社会背景的。[①]

第四，坚持财产犯罪的保护法益为所有权说有助于限制财产犯罪的成立范围，缓解刑罚倒挂的现状。以盗窃罪与贪污罪为例，我国刑法对国家工作人员实施的侵财犯罪区分了侵犯所有权的贪污罪、私分国有资产罪等与侵犯占有的挪用公款罪。但比较贪污罪与盗窃罪的定罪标准及法定刑可以发现，贪污罪比盗窃罪的法定刑要轻很多。该种现象背离了刑罚适用规律，因而构成了事实上的刑罚倒挂。[②] 根据《刑法修正案（九）》对贪污犯罪的修订以及相关司法解释的规定，我国立法及司法解释对盗窃罪所规定的入罪门槛要明显低于贪污罪的要求，从法定刑的配置上也可以看出，一般情况下对于相同的犯罪数额，盗窃罪的刑罚要明显重于贪污罪。不得不面对的是，实践中对于贪污罪的定罪处罚事实上是处于从轻化的趋势，而盗窃罪的法定刑更是偏重，但这与两罪的危害性的大小是不相适应的。按照常理，贪污罪不仅仅是侵犯了公共财产所有权，而且破坏了国家工作人员职务行为的廉洁性，其入罪“门槛”应更低、法定刑应更重才是，可现实却并非如此。因此，如果对于法定刑本身偏重、危害性相对贪污罪更小的盗窃罪的保护法益解释为扩大处罚范围的侵犯占有权，显然是不合适的。比如价值两千元的公民个人的财产在国家机关管理过程中，如果公民采取窃取方式取回的，成立盗窃罪，而国家工作人员利用职务上的便利将该财产据为己有的，根据目前的司法实践却不以犯罪论处，这显然违反罪刑均衡原则，其不公平是显而易见的。从域外的立法来看，对贪污犯罪的惩处远严格于对盗窃

① 刘文静：《贱卖判决书：既不应允许，也不能治罪》，《检察日报》2005 年 12 月 7 日第 6 版。

② 赵运锋：《刑罚倒挂现象的反思与拷问——以财产犯罪与经济犯罪为研究视角》，《武汉理工大学学报（社会科学版）》2008 年第 4 期。

罪的惩处，并且，有的国家（如意大利）对于贪污罪、受贿罪没有数额的限制，只要受贿即构成犯罪。而我国盗窃罪却重于贪污罪，在这种立法模式下，更应该限制盗窃罪的成立范围，适度降低盗窃罪的法定刑。同时，对于国家工作人员侵犯公共财物所有权与侵犯占有权，刑事立法都区分了贪污罪与挪用公款罪，并规定了轻重不同的刑罚，但对于普通民众的财产犯罪如盗窃罪、诈骗罪等，不区分侵犯所有权与侵犯占有权，而统一适用相对过重的刑罚，显然是不合适的。[①] 因此，对于我国财产犯罪的法定刑偏重现象，所有权说能起到较好的缓解刑罚倒挂作用。

第五，占有说是以财产关系是否复杂为依据来评价财产犯罪的保护法益，认为在财产关系高度复杂的情况下刑法如果不保护对财产的占有，就既不能保护财产所有权也不利于形成稳定的财产秩序。但是，财产犯罪是以所有权还是以占有权为保护法益，与财产关系是否复杂无关，例如美国的财产关系高度复杂，但是在财产犯罪上一直认为侵犯的是财产的所有权而不是财产的占有权。占有说是在借鉴日本刑法理论原理上提出的，但是忽略了我国刑法与日本刑法在体系上的重大区别。所有权说、占有说及各种中间说关于财产罪的保护法益之争，其实质归根到底是扩大还是缩小或者适当限制财产犯罪的处罚范围的问题。而解决这一问题，必须置于一国的立法体系中进行考察。占有说不顾中日两国刑法的这些重大差别，其结论自然与我国的立法体系不相兼容，其结果必然是不适当地扩大了我国财产犯罪的处罚范围，所以并不可取。[②]

二、占有说的兴起与反驳

（一）占有说的内容

占有说，又称所持说，认为财产犯罪的保护法益，是事实上对财物占有的本身，不仅包括合法占有，而且包括非法占有。持占有说的学者认为，随着现代社会财产关系的日益复杂，财产罪的法益范围当然得扩大，即刑法对财物的占有、利用关系以及债权本身都必须进行保护，因而采用占有说是现实的需要。[③] 占有说认为，盗窃罪保护的法益是占有，从条文的表述上看，成立盗窃罪要求行为人出于非法占有目的，而非不法所有目的，盗窃罪的立法意图是对侵犯占有状

---

① 徐光华、郭晓红：《我国财产犯罪的保护法益应坚持所有权说——以非法取回自己所有而为他人占有的财产类案例的“同案异判”为例》，《政治与法律》2013 年第 3 期。

② 肖松平：《我国财产犯罪的保护法益之辨析》，《衡阳师范学院学报》2010 年第 4 期。

③ 陈洪兵：《财产罪法益上的所有权说批判》，《金陵法律评论》2008 年第 1 期。

态的行为进行制裁，保护占有秩序。[1] 因此，不论行为人盗窃的是所有权人的财物还是非所有权人的财物，占有权的行使都受到了妨害，对于侵犯财产的犯罪行为而言，刑法所保护的应该是被占有财物的财产秩序，而这一点是“所有权”所无法完全包含的。[2] 由上可以认为，在占有说持有者看来，即使是所有权人也不得任意侵犯他人的合法占有，否则就应当承担相应的刑事责任。因此，所有权人本人采取不法手段取回自己的财物，亦成立侵犯财产罪。[3]

与所有权说力主限制财产犯罪的处罚范围不同的是，占有说显然扩张了财产犯罪的处罚范围，扩大了财产犯罪的打击面。我国目前的经济社会形势正处在深刻的社会变革中，财产犯罪高发态势与经济社会的深入变革并存，为了有效保护个人财产，对与所有关系相分离的财产的占有、持有本身予以保护，采取占有说的立场对于稳定财产的秩序是非常必要的。比如所有权人从盗窃犯那里窃回财物的，本来应该负盗窃罪的责任，但仍可以基于自救行为的违法阻却事由，而不作为犯罪处理。不过，所有权人一周后才发现被盗的自行车而深夜潜入盗窃犯家中将自行车窃回的事案，因为不具备自救行为的必要性、紧迫性，而且深夜潜入盗窃犯家中，从手段上看也不具有相当性。因而，仍应认为所有权人窃回赃物的行为，构成盗窃罪。又如，持有违禁品本身尽管是非法的，但在国家没收之前，这种违禁品的占有本身也是值得保护的法益，因此其他人窃取、骗取、劫取的，当然构成盗窃、诈骗、抢劫罪。再如，即使租赁期届满，占有者对于租赁物的占有，不再具有民法上的本权，但占有者对财物的事实上的支配状态也是值得保护的法益，所有权人只能通过民事诉讼等方式通过公力救济的途径取回财物，若通过盗窃方式取回财物的，同样构成盗窃罪。此外，即使享有债权这样的本权，债权人采取恐吓等非法方式促使债务人还债或者取走价值相当的财物以充抵债务，都是对债务人现有财产的侵犯，同样构成犯罪。即使是在贩卖假毒品获取钱款，或者在受托保管赃物而侵占等不法原因给付的场合，也能构成诈骗、侵占罪。

同时，采取占有说也更能体现对财产所有权的保护。对财产单纯占有的保护的目的就是在保护财产所有权，因而更能体现对财产所有关系的维护。对占有的保护实质上是对所有权保护的延伸，保护占有是手段，保护所有权是保护占有的目的。对于他人非法所得之赃物，第三者又采取盗窃手段夺走，其背后

---

① 王维丹：《论占有制度与盗窃罪客体之审视》，《科教文汇》2007 年第 2 期。

② 蔡英：《盗窃罪犯罪客体及对象研究》，《西南政法大学学报》2005 年第 4 期。

③ 于志刚、郭旭强：《财产罪法益中所有权说与占有说之对抗与选择》，《法学》2010 年第 8 期。

隐藏的实质是对财物所有者之所有权的再次侵害。在此意义上，对所有权的侵害，与占有者本身对财产的占有是合法还是非法并没有直接关联。只要某物能体现财产所有权关系，所有者之外的第三人采用盗窃等非法手段获取，就是对财产所有权关系的侵害。①

（二）占有说的理由

在占有说持有者看来，支撑其观点的理由主要在于：②

第一，财产关系日益复杂，采用占有说是现实的需要，且"占有"本身即具有经济价值，刑法应予以保护。我国正处在经济社会结构的深刻巨变中，社会经济关系日益高度化、财产权利关系复杂化，使得财产的运用方式也变得多样化。在复杂多变的现代社会经济中，所有者自己不占有财物，让他人利用占有财物，以发挥财物的最大效用的情况日益普遍，对物的充分利用便成为首要价值目标。经济活动中要求摆脱所有权的羁绊，由支付等价来获取权利已成为一种趋势。③ 在这种经济状况下财产的占有本身的经济价值逐渐增大，其作为刑法保护对象的必要性被提高。在复杂的财产权利关系中，财物的占有究竟是基于何种权利，往往又不容易准确判断，所以，刑法对财产的占有本身予以保护，对维持正常的财产秩序很有必要。④ 而且，"占有"本身具有经济价值的属性已在实践上得到立法者的认同。例如，甲盗窃了丙价值 10 万元的财物，乙侵占了丙价值 10 万元的财物，二者的结局都是侵犯了他人财物的所有权，但对甲适用的法定刑为 10 年以上有期徒刑或者无期徒刑，而对乙只能适用 2 年至 5 年的有期徒刑。为什么侵犯了等值的财产所有权，法定刑相差如此之大呢？本书分析，原因可能是多方面的，一是由于盗窃罪属于多发罪，从一般预防的角度出发宜配置相对重的法定刑；二是盗窃罪所体现的行为人的主观恶性大于侵占罪；三是由于侵占罪的对象是行为人代为委托保管的财物或者他人的遗忘物，行为人与被害人之间往往存在一定的人身信任关系，刑罚权的过度介入或使用不利于

---

① 孙建权、宁积宇：《财产罪法益中的"占有说"之提倡——兼谈非法取得他人犯罪所得赃物的定性》，《决策信息》2009 年第 8 期。

② 详见徐光华、郭晓红：《我国财产犯罪的保护法益应坚持所有权说——以非法取回自己所有而为他人占有的财产类案例的"同案异判"为例》，《政治与法律》2013 年第 3 期；于志刚、郭旭强：《财产罪法益中所有权说与占有说之对抗与选择》，《法学》2010 年第 8 期；高翼飞：《侵犯财产罪保护法益再探究》，《中国刑事法杂志》2013 年第 7 期。

③ 马俊驹、梅夏英：《财产权制度的历史评析和现实思考》，《中国社会科学》1999 年第 1 期。

④ 我国《物权法》第 1 条规定："为了维护国家基本经济制度，维护社会主义市场经济秩序，明确物的归属，发挥物的效用，保护权利人的物权，根据宪法制定本法。"且专门将"占有"作为第五编加以规定。这也充分说明，保护占有、发挥物的效用，在现代经济社会极为重要。

恢复和重建业已被侵占行为损坏的人际关系，因而，在我国刑事立法上，还将其纳入亲告罪的范畴。如此等等。但我们不能忽视的一个重要因素是，盗窃罪侵害了他人对财物的占有，而侵占罪没有侵害他人对财物的占有，仅仅是侵害了其所有权，这实际上体现了立法者的价值取向，单纯的占有本身也应当受到刑法保护。①

第二，鉴于国外的财产犯罪保护法益学说的流变可见，财产关系的复杂化是所有权说衰退的根本原因，财产关系越复杂，财产罪的法益范围就应当越扩大。虽然从历史的角度来看，财产犯罪的保护法益是所有权，但随着社会的复杂化，这种观点已经不能适应现在的形势。因为所有权只有一种抽象的权利，财物的经济效益主要是由对财物的占有、管理而取得的。为了保护所有权，首先必须保护占有本身。而且不管财物的所有者是谁，对财物的占有都应当给予保护，否则就不利于对所有权的保护。而我国现在的财产关系已经非常复杂，所有权说当然得退出历史舞台，财产罪的法益范围当然得扩大，即刑法对财物的占有、利用关系以及债权本身都必须进行保护。

第三，保护占有，禁止私力救济，维护法制的权威，促进良好的财产秩序，对于我国来说尤其具有现实意义。如前所说，二战后，日本鉴于当时混乱的财产秩序状况，法院判例立即由本权说转向占有说。在我国，法治环境还不理想，民间借助黑恶势力讨债还具有相当的普遍性。如果我们还是坚持传统的所有权说，纵容私力救济，则无异于是火上浇油。因此在构成要件阶段没有必要考察法律根据问题，所有的占有均应成为保护的对象。

第四，刑法第五章规定的侵犯财产犯罪中的条文表述也都是“他人的财物”，将其理解为“他人占有的物”也可以，未必要限定为“他人的所有物”。因而，摒弃传统的所有权说，转向保护占有，禁止私力救济，维护社会法治秩序，应是我国当前财产犯罪保护法益的当然选择。②

三、中间说的妥协与分类

(一) 中间说的内容

所谓的中间说，或者称之为折中说，主要是针对所有权说处罚范围过窄和占有说处罚范围过宽而相应地加以扩张或限制的观点，旨在弥补所有权说和占

---

① 孙建权、宁积宇：《财产罪法益中的“占有说”之提倡——兼谈非法取得他人犯罪所得赃物的定性》，《决策信息》2009年第8期。

② 陈洪兵：《财产罪法益上的所有权批判》，《金陵法律评论》2008年第1期。

有说的不足，意欲既不扩大也不缩小财产犯罪的处罚范围。因此，基于所有权说而进行修正的所有权说认为，财产犯罪的法益原则上是所有权，例外地承认占有在特殊情况下也是财产犯罪的法益。[①] 在修正的所有权说看来，第一，对于盗窃自己所有由他人占有的财物的行为，从所有权说出发没有必要作为盗窃罪处理。但当行为人隐瞒事实向占有者索赔或者接受占有者赔偿的，则成立诈骗罪。第二，对于盗窃或者抢夺他人占有的违禁品的行为，虽然没有侵犯他人的所有权，但从秩序维持需要出发，例外地承认禁制品占有的刑法保护，肯定盗窃罪或者抢劫罪的成立；同样，即使是违法犯罪的财物（如赌资）、第三人从盗窃犯处骗取的财物等，被害人也拥有所有权，只不过国家可以没收而已，但在国家按照法定程序没收之前，被害人对其所有权也应当受到保护。第三，以诈骗方法取得他人基于不法原因给付的财物的行为，可以从所有权说（禁制品之类场合下从占有说）出发决定是否成立诈骗罪。[②] 也有持修正的所有权说者认为，前述观点虽然对于司法实践中的案件处理具有较大优势，但是并没有明确何为"例外的特殊情况"，只是局限于较少的案件，适用范围极为有限。据此，其认为，当所有权与占有分离且冲突的情形下，应当优先保护财物的所有权；在所有权与占有权并不存在冲突的情形下（在相对于完全的第三者关系中），从维护财产秩序的角度而言，无论他人基于合法还是非法的占有，刑法均应给予同等的保护。[③]

关于修正的占有说，较有代表性的当属张明楷教授的主张，其在 2016 年版的《刑法学》教材中采取以经济的财产说为基础的折中说（类似但不完全等同于法律的·经济的财产说）。原则上只要造成了他人经济损失就可以认定为存在财产损失。例如行为人实施诈骗行为，被害人基于不法原因给付的，成立诈骗罪。再如，第三者从盗窃犯处骗取财物的，造成了财产损失，成立诈骗罪。因为在相对于第三者的关系上说，盗窃犯的占有也值得法秩序保护。没有造成经济损失的，就没有造成财产损失。例如欺骗妓女使其与自己发生性行为的，由于性行为本身不是经济利益，所以妓女没有遭受财产损失，对方不成立诈骗罪。但是，如果造成他人经济损失的行为挽回了更大或者同等法益的，则不能认为

① 详见童伟华：《财产罪的法益——修正的"所有权说"之提倡》，《安徽大学法律评论》2009 年第 1 期；姚万勤：《盗窃罪保护法益的理论嬗变与司法抉择——新修正的所有权说之提倡》，《时代法学》2014 年版第 4 期。

② 童伟华：《财产罪基础理论研究——财产罪的法益及其展开》，法律出版社 2012 年版，第 64—65 页。

③ 姚万勤：《盗窃罪保护法益的理论嬗变与司法抉择——新修正的所有权说之提倡》，《时代法学》2014 年第 4 期。

行为造成了财产损失。所以当财产所有权人从盗窃犯处骗回被盗财物的，认为不存在财产损失，原因在于盗窃犯的利益不能与所有权人的利益相对抗。债权人使用胁迫手段迫使债务人清偿到期债务的，也不成立敲诈勒索罪。同时，单纯免除非法债务的也不应认定为造成了财产损失，比如与卖淫女性交后使用欺骗手段使之免除嫖资的，不成立诈骗罪。但在妓女获得嫖资后，嫖娼者使用欺骗手段骗回所给付的嫖资的，则可以认为妓女存在财产损失，行为构成诈骗罪。[①]

此外，周光权教授在其2011年版刑法学教科书中认为，财产犯罪的保护法益是他人对财物的支配关系，包括财产所有权和占有权两个方面。其中，占有关系是合法形成的还是非法原因形成的并非关键。例如，所有权人从承租人处偷偷取回租赁期满的财物的，可能成立盗窃罪；使用胁迫的方式主张所有权的，可能成立敲诈勒索罪，这主要是因为当事人的权利应当通过司法程序主张，在司法程序启动前，他人对财物的所持状态本身值得保护，所有权人的行为如果不能满足违法阻却事由的条件，就具有犯罪性。[②] 其实质就是日本刑法中的平稳的占有说。但是，在其2016年版的刑法学教科书中则主张合理占有说（法律经济财产说），并认为刑法上对财产犯罪的认定原则，应该以民法上的权益为出发点。在所有权人和占有权人为同一人的时候，二者不存在冲突，保护哪一个都无所谓，都是保护法益。但是，在二者有冲突的时候，原则上要保护所有权，但所有权人不明，或具体的所有权人无法查清的时候，存在合理根据的占有能够对抗所有权及其他本权，而明显违法的占有则不值得保护。这里的有合理根据的占有是指民法上对这种占有加以承认的可能性极大，或者在占有的背后存在值得刑法保护的其他实质利益。例如，规定盗窃他人占有的毒品的行为具有违法性，是为了保护国家对该财物的追缴从而确定该财物的消极价值。因此，对违禁品的占有就是财产犯罪的保护法益，该占有才是值得刑法保护的，才是财产犯罪的保护法益。刑法只保护有一定根据、大体上基于合法财产权的占有。合理根据的占有说试图平衡法秩序统一性和禁止私力救济的关系，保护有权利根据的占有，在一定情况下允许私力救济是相对合理的。该结论在保护财产权利的同时，也保护财产秩序和规范关系并重视行为规范的提示，试图在财产关系混乱的社会转型期确定标准行为样态，与行为无价值（二元论）具有相同的旨趣。在利用合理的占有说进行具体的判断时，需要确定某种财产占有或者利益是否值得保护，需要平衡被害人和行为人的利益。例如，甲、乙未经批准开

① 张明楷：《刑法学》，法律出版社2016年版，第931—932页。

② 周光权：《刑法各论》，中国人民大学出版社2011年版，第77页。

设赌场，约定由乙经营，利润平分。乙年终赚取 100 万元，告诉甲只获利 40 万元，甲信以为真，分得 20 万元，能否认定乙构成诈骗罪？如果考虑财产权的民事性质就可以认为，由于行政法律法规禁止甲、乙从事特定违法业务，如果允许甲对乙非法取得的财产主张请求权，是对违法交易给予民法保护，且不利于违法所得财物的追缴。但从客观上看甲原本有分得 50 万元的可能性，其因为被欺骗而丧失这种可能性，此时应肯定甲的财产权利值得保护，待其行使请求权之后再由国家追缴该财物。这和盗窃违禁品也可能成立财产犯罪是相同的法理。这并非取决于受骗者是否值得保护，而是重在判断行骗者的行为是否值得非难，即占有的背后是否存在值得刑法保护的其他实质利益。

合理的占有说总体上比平稳的占有说的处罚范围要小。因为按照合理的占有说，所有权人从盗窃犯手中夺回自己的财物的，无罪（相对于盗窃犯而言，所有权人的权利更值得保护），但第三人从盗窃犯手中再窃取时则有罪（占有概念的相对化），这一点和平稳的占有说没有差别，但在其他场合，按照平稳的占有说出借人擅自取回他人超期不还的借贷财物的，以及在分期付款的买卖关系中，买方不履行付款义务时，卖方擅自取回目的财物的，都可以成立盗窃罪。但按照合理的占有说，对上述两种情形似乎都可以肯定所有权人的财产利益，否认占有的合理根据，从而否定财产罪的成立。[①]

（二）中间说的理由

由于中间说主要是针对所有权说处罚范围过窄和占有说处罚范围过宽而相应地加以扩张或限制的观点，旨在弥补所有权说和占有说的不足，意欲既不扩大也不缩小财产犯罪的处罚范围。而事实上中间说将所有权之外的借贷、租赁等合法权利作为财产犯罪的保护法益，避免了传统的所有权说的不足，并将需要通过法定程序改变现状的占有作为保护法益，避免了在侵害他人所持有的违禁品、赃物等不可能属于合法持有的物品的时候，因为没有侵害合法权益而难以认定为犯罪的不足。同时，通过非法占有不能对抗所有权的特殊说明，避免了将所有权人取回自己被盗财物的自救行为认定为财产犯罪[②]等方面积极意义显著。因此，其支撑理由便主要在于其立足于所有权说和占有说，并在此基础上对占有说和所有权说进行反驳的理由修正。

第一，在现代社会复杂的财产关系的前提下，我国财产制度以所有权为其保护的核心，但从维护财产秩序的角度而言，在与相对完全的第三者关系中，无

① 周光权：《刑法各论》，中国人民大学出版社 2016 年版，第 86—87 页。

② 黎宏：《论财产犯罪的保护法益》，《人民检察》2008 年第 23 期。

论基于合法抑或非法的占有，都应成为财产犯罪的保护法益。当今社会之所以对财物归属能够做到“定纷止争”之效果，实质在于从权利的外观角度而言，他人对财物已经具备了财物归属的征表——占有。刑法将财产犯罪的保护法益从单纯的保护财产所有扩大到保护占有，原因在于占有一般具有推定所有权存在的机能，享有占有权一般就享有所有权。如果只是一味保护所有权，他人会肆无忌惮地侵犯被别人占有但没有取得所有权的财物，此时必然使社会秩序陷入混乱。① 在日常生活中，所有权与占有权的分离现象屡见不鲜，即“物并非恒久在所有权人的持有之中，而是往往由于法律上或事实上的需要，由所有权人以外的第三人持有。这些持有人虽然对于该物并没有所有权，但在事实上却对于该物拥有支配权与监督权”②。如果对于这些与所有权无对抗且分离的占有权不予以保护，必然会陷入占有权人的利益遭受重大侵害后而无法得到及时有效救济的尴尬局面。换句话说，当前中国社会还处于转型期，规范的市场经济秩序还没有完全确立，财产权利关系难以理清的情况并不少见，趁机获取各种财产上不法利益的犯罪有增无减。为此，对与所有权相分离的财物的占有、持有本身暂时予以保护，对及时恢复财产秩序、最终有效地保护个人财产是有重要意义的。③

第二，从我国刑法第 91 条第 2 款的规定之中可见，财产犯罪的保护法益原则上是财物所有权，而相关的财产犯罪司法解释则可以例外地从维持秩序的需要承认占有在与相对完全的第三人关系中的法益需要进行保护。我国刑法第 91 条第 2 款规定：“在国家机关、国有公司、企业、集体企业和人民团体管理、使用或者运输中的私人财产，以公共财产论。”该款作为一种法律拟制，是针对所有权以外的人而作的立法规定，而不是排除所有权人对财物享有所有权。但是这种法律拟制并不能对抗真正的所有权本人，即此时所有权的权属关系并没有改变，因为国家机关不论基于何种原因而致财物损毁灭失的，国家机关均要承担赔偿责任。反之而推论，如果该款规定排除所有权本人对财物享有所有权，那么国家此时的“占有”——国家拟制的所有权能够对抗真正所有权人，即使财物损毁灭失，国家也不承担赔偿责任，这样的结论显然不能成立。所以国家机关“管理、使用或者运输中的私人财产”，依法拟制为取得了对私人财物的所有

① 关于这点，在日本表现较为明显，因为日本是第二次世界大战的战败国，在战前，社会秩序井然有序，无论是基于对本权还是占有权的保护均能取得同等效果，但是在战后，由于多数家庭成员全部背井离乡抑或死于战场，所以哄抢他人财物、相互之间争夺他人财物一直充斥着战后重建的日本。

② 林山田：《刑法各罪论(上册)》，北京大学出版社 2012 年版，第 209 页。

③ 周光权：《刑法各论》，中国人民大学出版社 2011 年版，第 76 页。

权，只是该种拟制规定不能对抗真正所有权本人。据此可见，盗窃罪等财产犯罪的保护法益原则上依然是财物所有权。

第三，从盗窃罪司法解释规定的“盗窃毒品等违禁品，应当按照盗窃罪处理的，根据情节轻重量刑”也可以看出，在该种情形下占有权也是盗窃罪等财产犯罪的保护法益。据此而言，我国刑法从维护社会秩序的需要，即使针对违禁品也给予保护。因此，我国盗窃罪等财产犯罪保护法益以保护特殊物品的占有为例外，只要该种占有权与所有权不存在冲突，即使是非法的占有也给予同等的保护。[①]

第四，对违法的占有关系也予以保护有利于坚持法秩序的整体统一性。因为对他人所持的物品是非法财物或者并不享有所有权的财物时，必须采取适法的手续加以没收，在这种手续采取以前所持事实本身值得保护，极端地说，占有开始的原因本身并不是关键，所以第三人从盗窃犯手中窃取、抢劫或抢夺赃物构成犯罪的理由也正在于此。所以说，此种意义上的占有说的保护并不是要最终保护违法的占有，而是强调必须依据适法的手续剥夺违法占有者的占有，防止违法占有财产在经合法手续交还原所有权人以前处于可以任意夺取的状态，也可以避免原所有权人滥用“私力救济”[②]。

第二节　特定情形下财产犯罪法益保护的观点述评

尽管财产犯罪法益保护的各种学说之间的争执激烈，但在大多数场合下得出的结论却基本一致，只是在特定的情形中，不同的学说会得出不同的结论，主要表现在：其一，行为人获取他人非法占有之物是否构成财产犯罪；其二，行为人取回他人合法占有情状消失后仍非法占有其所有之物是否构成财产犯罪；其三，行为人取回他人非法占有其所有之物是否构成财产犯罪；其四，行为人取回自己所有而由他人合法占有之物是否构成财产犯罪等方面。

一、行为人获取他人非法占有之物

行为人以非法手段获取他人非法占有之物，主要表现在行为人以盗窃、抢劫、抢夺或诈骗、敲诈勒索等侵犯财产的犯罪手段占有他人非法占有之物，比如盗窃他人占有的毒品、淫秽物品、枪支等违禁品的，以暴力手段抢劫正在进行毒

① 姚万勤：《盗窃罪保护法益的理论嬗变与司法抉择——新修正的所有权说之提倡》，《时代法学》2014年第4期。

② 周光权：《刑法各论》，中国人民大学出版社2011年版，第77页。

品交易中的毒品的(或者抢劫赌资的),从盗窃犯手中骗取赃物的,对于上述行为是否构成财产犯罪的问题。首先,占有说和基于占有说的中间说认为构成财产犯罪不存在疑问。所有权说也不顾及其自身的理论支点也认为,对于违禁品,即便原非法持有人不享有法律上的财产所有权,但事实上仍然是财产的所有权人,盗窃、抢劫违禁品的行为人,其主观上也不是暂时性地占有该违禁品,而是想永久性占有违禁品,与盗窃、抢劫其他财产的主观目的并无二致,只是国家不承认其对该违禁品享有法律上的所有权。进而以我国相关司法解释[①]承认了违禁品可以成为财产犯罪的对象而肯定行为人构成财产犯罪。[②] 又如,对于甲抢劫乙从丙处窃取的财物时,所有权说认为,尽管甲是从乙处抢劫,但依然侵害了丙的所有权,所以构成抢劫罪。但如果甲以欺诈方式从乙处骗得丙的财物时,由于所有权说认为丙是财物所有人,因此丙应当是诈骗罪的被害人,但交付财物的却是乙,所以乙应当是被骗者。根据诈骗罪的构造,若被害人与被骗者不是同一人的情形下,被骗者必须具有处分被害人财物的权限或地位。显然,对于甲以欺诈方式从乙处骗得丙的财物的案例,所有权说不可能得出这一结论,但该学说恰恰以这样的结论认定甲构成诈骗罪。

基于所有权说的中间说在对待违禁品和赃物犯罪的问题上也都当然地"修复"了所有权说的弊端而认为构成犯罪。比如修正的所有权说认为,财产犯罪的法益原则上是所有权,例外地承认占有在特殊情况下也是财产犯罪的法益[③]。因此,对于盗窃或者抢夺他人占有的违禁品的行为,虽然没有侵犯他人的所有权,从秩序维持需要出发,也例外地承认禁制品占有的刑法保护,可以肯定盗窃罪或则抢劫罪的成立;同样,即使是违法犯罪的财物(如赌资)、第三人从盗窃犯处骗取的财物等,被害人也拥有所有权,只不过国家可以没收而已,但在国家按照法定程序没收之前,被害人对其所有权也应受到保护。[④]

---

① 如2013年《最高人民法院、最高人民检察院关于办理盗窃刑事案件适用法律若干问题的解释》第1条规定,盗窃毒品等违禁品,应当按照盗窃罪处理的,根据情节轻重量刑。2000年《最高人民法院全国法院审理毒品犯罪案件工作座谈会纪要》指出:盗窃、抢劫毒品的,应当分别以盗窃罪或者抢劫罪定罪。认定盗窃罪的数额,可以参考当地毒品非法交易的价格。这一司法解释,对盗窃、抢劫毒品的犯罪数额,参考当地黑市交易价格。

② 徐光华、郭晓红:《我国财产犯罪的保护法益应坚持所有权说——以非法取回自己所有而为他人占有的财产类案例的"同案异判"为例》,《政治与法律》2013年第3期。

③ 详见童伟华:《财产罪的法益——修正的"所有权说"之提倡》,《安徽大学法律评论》2009年第1期;姚万勤:《盗窃罪保护法益的理论嬗变与司法抉择——新修正的所有权说之提倡》,《时代法学》2014年第4期。

④ 姚万勤:《盗窃罪保护法益的理论嬗变与司法抉择——新修正的所有权说之提倡》,《时代法学》2014年第4期。

二、行为人取回他人合法占有情状消失后仍非法占有其所有之物

行为人以非法手段取回他人合法占有情状消失后仍非法占有其所有之物的，如甲借用乙的一辆摩托车后，到了归还期限后仍然不还，乙便将其窃回，对于乙是否构成盗窃罪的问题，所有权说根据其权属理论当然地认为乙不构成财产犯罪；而占有说当然地认为乙构成财产犯罪，有争议的是中间说。平稳占有说认为，占有者取得占有时依据所有者的意思，在后来丧失占有权源的前提下仍然是平稳的占有，应该得到刑法保护。因此在平稳的占有说看来，由于甲借用乙的摩托车期满后，尽管丧失占有权源的前提，仍然是平稳的占有，该占有应该得到刑法的保护，故乙的行为应构成盗窃罪。

合理占有说则认为若民法上对这种占有加以承认的可能性极大，或者在占有的背后存在值得刑法保护的其他实质利益时便成了犯罪。甲借用乙的摩托车后期满不还，此时甲占有摩托车的背后不存在值得刑法保护的实质利益，因此其占有不具有刑法上的合理性根据，因此乙将其取回的行为不构成盗窃罪。

三、行为人取回他人非法占有其所有之物

行为人以非法手段取回他人非法占有其所有的财物的，如行为人抢回其被抢走的财物的。此种情形需要进一步区分为：当行为人在财物被抢后，立即将其抢回的，以及经过一段时间后将其抢回的。在立即抢回的情形下，可以认为属于财产犯罪的正当防卫或自救行为，所以所有权说、中间说都认为不构成财产犯罪。占有说也以阻却违法性而认为不构成财产犯罪，其首先肯定行为符合盗窃罪的构成要件，只是在违法性阶段可以考虑行为属于超法规违法阻却事由的自救行为，进而阻却违法性而不构成犯罪。

当行为人在其财物被抢后，经过一段时间后抢回，或者窃回的，所有权说也是当然地认为该行为不构成财产犯罪；占有说在此种情形下则认为构成犯罪；大多数基于占有说的中间说中也都认为构成财产犯罪，但合理的占有说则认为此种情形下的占有不具有合理占有的根据，进而认为不构成财产犯罪。

四、行为人取回自己所有而由他人合法占有之物

行为人以非法手段获取自己所有而由他人合法占有的财物的，如行为人偷回被司法机关查封、扣押的财物的，或者行为人将已质押在债权人处的汽车偷回的，或者在货物买卖过程中，按照民法的规定已经转让所有权至买方但卖方尚未交付物品时，买方擅自从卖方处取走物品的，以及在所有权保留的买卖合

同中，出卖人将财物交付由买受人占有，但自己仍然保留对该财物的所有权，待买受人完全交付价款或履行特定义务时，该财物的所有权才转移至买受人。此时，当出卖人在所有权尚未转移时，擅自从买受人处取回该财物的，上述诸情形之下，行为人是否构成财产犯罪的问题，在前述几种特定情形中属于争议最大的一个问题。

所有权说认为[①]，如果是所有权人窃取他人占有的本人之物则不能仅仅因有窃取行为就构成犯罪，还要看事后有无索赔行为。之所以强调只有在具有事后的索赔行为时才能构成盗窃罪，主要是因为这种窃取处在他人保管之下的本人财物的行为，如果只是将财物窃回，但并不向他人索赔则他人财产不可能遭受损失，也表明行为人主观上不具有非法占有目的，[②]可见所有权说认为上述情形不成立财产犯罪，但取回财产的手段行为构成其他犯罪的，可以按照其他犯罪处理。

但也有本权说的持有者认为，司法机关对查扣物品的合法占有诚然值得保护，但不必非得判处侵犯财产罪的罪名，适用非法处置查封、扣押、冻结的财产罪同样体现了对占有的保护。如果行为人窃回被扣押财产但没有向法院索赔的，仅以该罪论处即可，如果行为人窃取扣押财产后又索赔的，则构成该罪与诈骗罪的牵连犯，应按照择一重罪从重处罚的原则处断。[③]

基于所有权的中间说认为，财产的刑法保护应考虑被害财产恢复的可能性以及刑罚以外的其他手段保护的可能性，他物权以及债权往往基于契约发生，权利义务关系明确，一般能够获得民事保护，故刑法保护的重点传统上就限于所有权，例外情形下保护占有。前述的几种情形下，若行为人以非法的方式取回他人合法占有的本人所有之物且事后明确承认的场合，则合法占有人完全可以根据民法或其他手段获得救济，不一定需要提供刑法保护。若在此种情形下广泛地予以刑法保护可能不符合刑法的谦抑性原则。[④] 但是如果事后又进行索赔或接受赔偿的，会造成合法占有人的财产损失，侵犯了占有人的所有权，因

---

① 但是国外的本权说认为构成财产犯罪。参见陈洪兵：《论经济的财产损害——破解财产罪法益之争的另一视角》，《刑事法评论》2013 年第 32 卷。

② 详见陈兴良：《判例刑法学》（下卷），中国人民大学出版社 2009 年版，第 281、282 页；沈志民：《对盗窃在他人保管之下的本人财物行为的刑法评价》，《北方法学》2012 年第 2 期；沈志民：《再论财产罪保护法益》，《人民检察》2011 年第 15 期。

③ 高翼飞：《侵犯财产罪保护法益再探究——为本权说辩护》，《中国刑事法杂志》2013 年第7 期。

④ 童伟华：《财产罪的法益——修正的“所有权说”之提倡》，《安徽大学法律评论》2009 年第1 期。

而可以认定其构成盗窃罪。[①]

但也有修正的所有权说认为事后索赔的构成诈骗罪,[②]在上述案例中,行为人秘密取回了自己所有的而被公权力机关占有的财物,从行为的类型考察,的确符合盗窃罪的手段特征,但是至此公权力机关并没有遭受任何财产损失。被害人(公权力机关)的财产损失是由于行为人采取了虚构事实和隐瞒真相的方式进行索赔,使其陷入认识错误并基于认识错误而积极给予赔偿所发生的。行为人事后索赔的行为符合诈骗罪中"非法占有目的"的要求。只是在此类案件中,非法占有目的是行为人通过对金钱占有而实现的,因为从所有权的机能来看,被害人对占有的他人财物根本就没有处分权限,其处分对象只是自己金钱所有权。当然,对于这种类型的案件而言,为何只是将单纯取回被公权力机关依法扣押、查封的财物认定为非法处置查封、扣押、冻结的财产罪,而将取回后又进行索赔的行为认定为诈骗罪呢?该观点认为,此时非法处置查封、扣押、冻结的财产罪与诈骗罪之间成立牵连犯关系,单纯取回的行为只是诈骗罪的手段行为,应当择一重罪处断。[③]

基于占有说的中间说一般都认为上述行为应构成盗窃罪,比如平稳的占有说,但合理的占有说似乎可以肯定所有权人的财产利益,否认占有的合理根据,从而否定财产罪的成立。[④]

在上述情形下,占有说则一律认为构成财产犯罪。因为既然对方对财物的占有是合法的,这种占有权理当受法律保护,连赃物、违禁品的非法占有尚且受刑法保护,更何况是合法占有。若允许这种行为肆意蔓延则无起码的财产秩序可言。特别是行为人偷回被司法机关查封、扣押的财物情形,刑法在妨害司法罪一章设有非法处置查封、扣押、冻结的财产罪,该罪法定最高刑只有 3 年有期徒刑,但该罪保护的法益是国家的司法秩序,不是财产权,3 年有期徒刑只是与其所侵犯的国家司法作用法益相适应,一旦符合财产罪构成要件,理当认为成立想象竞合犯,从一重处罚。因此,行为人取回自己所有而由他人合法占有之物的,均侵害了对方的占有权,不管事后是否索赔,都毫无争议地构成财产罪。

---

① 详见沈志民:《对盗窃在他人保管之下的本人财物行为的刑法评价》,《北方法学》2012 年第 2 期;沈志民:《再论财产罪保护法益》,《人民检察》2011 年第 15 期。

② 详见胡东飞:《论刑法第 91 条第 2 款的适用》,《中国刑事法杂志》2010 年第 11 期;姚万勤:《盗窃罪保护法益的理论嬗变与司法抉择——新修正的所有权说之提倡》,《时代法学》2014 年第 4 期。

③ 姚万勤:《盗窃罪保护法益的理论嬗变与司法抉择——新修正的所有权说之提倡》,《时代法学》2014 年第 4 期。

④ 周光权:《刑法各论》,中国人民大学出版社 2016 年版,第 86—87 页。

事后隐瞒事实索赔的，成立手段行为（如盗窃罪）与诈骗罪的包括的一罪，以手段行为定罪即可。[1]

综上可见，不同的理论学说所导致的对财产犯罪不同的定性，使得“同案异判”的出现成为必然。

① 陈洪兵：《论经济的财产损害——破解财产罪法益之争的另一视角》，《刑事法评论》2013 年第 32 卷。

第二章　财产犯罪法益保护司法实践的现状考察

可以说，一国刑法理论的繁荣发展离不开对该国司法实践的考察。作为大陆法系国家的德国和日本，特别重视基础理论在审判实践中的运用与发展。这点对于我国财产犯罪的研究而言，值得借鉴。目前，我国财产犯罪法益保护等问题的研究应当注重对判例的梳理考察，并从中寻找我国财产犯罪法益保护的本土资源，进而构筑契合我国本土刑法文化的财产犯罪法益保护等基础理论。

与德日财产犯罪法益保护的审判实践在不同理论学说下所形成不同的判例迥然有别的是，我国财产犯罪法益保护的审判实践却对刑法理论上的不同学说争议“置若罔闻”，并未受到理论学说更为直接的影响，[①]而是“令人惊奇般”地以较一致的裁判结果回应理论上“自顾自”的争议。可见，建立在逻辑基础上的法律结论若不能有效契合于人们的生活经验，需要修正的肯定不会是生活经验。如前述，中国财产犯罪法益保护理论中“强势”的所有权说和其他“弱势”的学说之间的争议基本局限在特定情形下，且实践中的案例又集中在行为人取回自己所有而由他人合法占有之物。从十多年以来最高人民法院等公开的相关判例来看，所有权说并未在实践中得到如同其在理论研究中那样“强势”的支持。

第一节　非法取回被公权力机关合法占有的本人财物

一、对窃取本人被司法机关扣押财物的行为的处理——陆惠忠等人非法处置扣押的财产案[②]

被告人陆惠忠与刘敏原系夫妻关系。2005 年 2 月 21 日，江苏省无锡高新技术产业开发区人民法院（以下简称开发区法院）受理了谢某与陆惠忠买卖纠纷一案。同年 3 月 28 日，开发区人民法院作出（2005）新民二初字第 0096 号民

① 徐光华、郭晓红：《我国财产犯罪的保护法益应坚持所有权说——以非法取回自己所有而为他人占有的财产类案例的“同案异判”为例》，《政治与法律》2013 年第 3 期。

② 最高人民法院刑事审判第一、二、三、四、五庭主办：《刑事审判参考（1999—2011 妨害社会管理秩序罪）》，法律出版社 2012 年版，第 171 页。

事判决，判决被告人陆惠忠于判决发生法律效力之日起10日内给付谢某货款人民币2.5万元，并承担诉讼费用。在诉讼期间，被告人陆惠忠与刘敏协议离婚，约定所有财产归刘敏所有（财产中包括登记在陆惠忠名下的号牌为苏BB9162的起亚牌轿车1辆，但双方约定陆某仍享有对该车的使用权，且离婚后，二人并未至车辆管理部门办理车辆登记变更手续），所有债务由陆惠忠负责偿还。因被告人陆惠忠未在判决确定的履行期内支付货款，2005年4月29日，谢某向开发区人民法院申请强制执行。同年4月30日，开发区法院向陆惠忠发出执行令。5月10日上午，开发区人民法院依法裁定扣押了陆惠忠所有的起亚牌轿车（号牌为苏BB9162），并加贴封条后将该车停放于开发区人民法院停车场。当天下午2时许，陆惠忠得知其汽车被法院扣押，即让刘敏以汽车归刘所有为由去法院交涉。当得知若陆惠忠不履行判决确定的付款义务，法院将依法拍卖该车的信息后，刘敏即唆使陆惠忠将汽车开回来。当天下午5时许，陆惠忠至开发区人民法院停车场，乘无人之机，擅自撕毁汽车上的封条，将已被依法扣押的起亚轿车开走，并将该车藏匿于无锡市新区坊前镇新芳园宾馆停车场内。

公诉机关以被告人陆惠忠、刘敏犯非法处置扣押的财产罪向法院提起公诉。而被告人陆惠忠、刘敏对被指控的犯罪事实未提出异议，但被告人陆惠忠的辩护人提出，陆惠忠的行为尚达不到刑法第314条所规定的“情节严重”的情形，其归案后如实供述自己的罪行，认罪态度较好，请求法庭对其免予刑事处罚。

法院经审理后认为，被告人陆惠忠在被告人刘敏的教唆下擅自转移、隐藏已被司法机关依法扣押的财产，情节严重，其行为已构成非法处置扣押的财产罪。被告人刘敏教唆他人犯罪，其行为亦构成非法处置扣押的财产罪，应当按照其在共同犯罪中所起的作用处罚。对于辩护人提出的不能认定陆惠忠的行为属“情节严重”的意见，法院认为，被告人陆惠忠在人民法院依法扣押其轿车后，擅自转移、隐藏该汽车，其非法处置的行为，已给法院正常的执行工作带来恶劣影响，属情节严重，故对此辩护意见不予采纳。据此以被告人陆惠忠犯非法处置扣押的财产罪，判处有期徒刑一年；被告人刘敏犯非法处置扣押的财产罪，判处有期徒刑十个月，缓刑一年。宣判后，二被告人均未提出上诉，公诉机关也未提出抗诉，判决发生法律效力。

针对该案审理法院认为，行为人盗窃本人被他人合法占有的财物（如本人借给他人的财物、被执法机关依法扣押的本人财物）的情况，是否构成盗窃罪，应当采取区别对待说[①]，即认为应当根据行为人是否具有非法占有目的进行分

① 根据其论述的观点，此处的区别对待说可以认为是类似于基于所有权说的中间说。

别处理，并认为所有权说和占有说的观点片面强调所有权或者占有事实本身，容易导致过分缩小或扩大盗窃罪处罚的范围，不适应目前社会中财产关系复杂的现实，有失妥当。主要是因为：

第一，区别对待说可以适应盗窃罪的复杂情况，更符合我国刑法主客观相统一的定罪原则要求。一方面，对于行为人以非法占有目的从财产占有人处窃财的，这种情况一般表现为行为人从财物占有人处秘密窃取了本人的财物后，还以索赔等手段，要求保管人赔偿损失的情况。由于本人的财产在他人的合法占有之下，他人就对该财产负有保管的责任，在保管期间财物丢失，属于保管不当，应负赔偿责任。所以这种情况表面上看来窃取的是自己的财物，但实际上侵犯了他人的财产权，符合盗窃罪的本质特征，应当以盗窃罪处理。另一方面，因为在我国刑法理论和司法实践上，侵犯财产罪的犯罪客体一直被认为是他人对财产的所有权，而且需要被害人有实质的财产损害或损害危险。盗窃他人占有的本人财物的行为中，有的行为人主观上不具有非法占有的目的，其行为客观上也不会造成占有人财产的损失，因而不宜以盗窃罪论处。比如擅自溜进旅馆服务台，将自己存放的提包私下取走，只是为了图省事，并不想找旅馆索赔，也未给旅馆造成财产损失。这种情况因缺乏非法占有目的，就不能按盗窃罪处理。当然，如果其行为同时构成其他犯罪的，可以相应的罪名处理。

第二，区别对待说也可以避免所有权说和占有说的缺陷。一方面纯粹的所有权说存在缺陷，过于缩小了财产犯罪的处罚范围，不利于维护正常财产秩序。因为随着社会和经济的发展，财产关系日益复杂，一定的占有关系也需要保护，而不是仅保护所有权。另一方面，纯粹的占有说也存在缺陷，如根据占有说，盗窃罪的被害人窃取被盗财物的行为也可能一概按照盗窃罪来处理，这显然扩大了处罚范围。同时，占有说也难以说明不可罚的事后行为为什么不可罚。而区别对待说，根据行为人是否具有非法占有目的区别不同情况分别处理，较好地避免了上述两种观点的不足之处。本案中如果有证据证明被告人陆惠忠、刘敏窃取人民法院扣押的财物后，有向人民法院提出索赔的目的，或者已经获得赔偿的情况，则应当以盗窃罪定罪处刑；反之，如果没有非法占有目的，把自己所有而被司法机关扣押的财产擅自拿走，则不能以盗窃罪处理。从在案的证据来看，二被告人的主观上尚没有使法院扣押的财物遭受损失或非法索赔的目的，也缺乏判断行为人是否有非法占有目的的其他证据。进而认定被告人陆惠忠、刘敏具有非法占有目的的证据不足，因而其行为不构成盗窃罪。

二、对在盗取自己被公安机关依法查扣的机动车辆的过程中致人死亡的行为的定性——王彬故意伤害案[①]

1997年3月28日10时许,被告人王彬驾驶自己的一辆简易机动三轮车在204国道上行驶。因王彬无驾驶执照,其所驾车辆被执勤交通民警查扣,停放在棘洪滩交通民警中队大院内。当晚10时许,王彬潜入该院内,趁值班人员不备偷取院门钥匙欲将车盗走。值班人员吕某发现后上前制止。王彬即殴打吕某,并用绳索将吕某手、脚捆绑,用毛巾、手帕、布条堵、勒住吕某口鼻,致吕某窒息死亡。后王彬在发动三轮车时被当场抓获。

公诉机关以被告人王彬犯故意杀人罪向法院提起公诉。被告人王彬的辩护人认为王彬的行为构成过失致人死亡罪。

法院经审理后认为,被告人王彬盗取自己暂被国家扣押管理的财产,遇到值班人员制止时,当场使用暴力,致人死亡,其行为构成抢劫罪,且手段残忍,后果严重。据此以被告人王彬犯抢劫罪判处死刑,剥夺政治权利终身;随案移送的供犯罪所用的白手帕、花毛巾、聚乙烯绳依法没收;简易机动三轮车及货物依法发还。一审宣判后,被告人王彬不服提起上诉,称自己无杀人动机,一审判决定性不当,量刑畸重。其辩护人提出,王彬的行为构成过失致人死亡罪,而非抢劫罪。二审法院经审理后认为,上诉人王彬为盗窃所有权属于自己但被公安机关依法查扣的机动车辆时,使用暴力伤害他人致死,其行为构成故意伤害罪,应当依法惩处。原审判决审判程序合法,但定性不准,量刑过重。上诉人的上诉理由及其辩护人的辩护意见部分成立。据此改判上诉人王彬犯故意伤害罪,判处死刑,缓期二年执行,剥夺政治权利终身,维持一审法院的其他判决。

针对该案审理法院认为:

第一,王彬欲从公安交通管理机关院内将自己已被查扣的车辆秘密开走的行为不同于盗窃。首先,王彬不具有非法占有的目的。王彬在本人没有驾驶执照、车辆没有牌照的情况下驾驶简易机动三轮车上路行驶,违反了《中华人民共和国道路交通管理条例》关于"机动车驾驶员驾驶车辆时,需携带驾驶证和行驶证"的规定。因此,公安交通管理机关依法将王彬所驾车辆予以查扣。但《交通管理处罚程序补充规定》第九条规定,公安交通管理机关暂扣证件、号牌、车辆后,除决定吊扣、吊销后收缴的证件、号牌和依法没收的车辆外,应当归还本人

① 最高人民法院刑事审判第一、二、三、四、五庭主办:《刑事审判参考(1999—2011侵犯人身权利民主权利罪)》,法律出版社2012年版,第44页。

或有关单位。这表明，暂扣只是公安交通管理机关依法在短时间内对违规或事故车辆所采取的一种行政强制措施，不属于行政处罚，不同于没收或收缴。在作出处理决定之前，公安交通管理机关对被暂扣的车辆只负有保管的责任，不享有其他权利，车辆的所有权仍应属于车辆的主人。所以，王彬所驾车辆虽被查扣，但所有权仍属于王彬。虽然我国刑法规定在国家机关、国有公司、企业、集体企业和人民团体管理、使用运输中的私人财产以公共财产论，但该规定的基本含义是，当私人所有的财产交由国家机关、国有公司、企业、集体企业和人民团体管理、使用或运输时，以公共财产对待。但这一规定并未改变被国家机关、公司、企业、集体企业和人民团体管理、运输、使用的财产的所有权属。也就是说，尽管私人财产在被国家机关、国有公司、企业、集体企业、人民团体管理、运输、使用时以公共财产对待，但所有权仍属于原所有权人。那么，王彬对于自己的被公安机关查扣的机动车辆，也应当具有所有权。在本案中，王彬黑夜潜入交警队院内，主观上是想取回自己被公安机关查扣的车辆，也就是取回自己拥有所有权的财产，而不是非法占有自己不享有所有权的财产。其次，从客观上看，王彬在现场并未实施侵犯其他公私财产权的行为。因此，王彬盗取自己被扣机动车的行为不同于盗窃，因而也就不属于转化型抢劫罪。

第二，王彬黑夜进入交警中队院内，没有携带任何凶器，进入现场后径直偷取钥匙准备将车开走，因此，王彬目的是开走自己被查扣的车辆。对王彬而言，其被值班人员吕某发现并受到制止是意料之外的事情。为盗取自己被查扣的车，王彬虽对吕某使用了暴力，但从主观上看，王彬意图在于排除被害人妨碍自己盗取车辆，这一主观意志可从其打击的部位、手段和凶器得到证明。王彬不具有杀人动机，亦无希望或放任被害人死亡后果发生的故意，但王彬对自己的行为将产生伤害被害人的后果是明知且希望的。所以，王彬在取回自己被公安机关依法查扣的机动车辆的行为不构成盗窃罪，其在过程中致人伤亡的行为构成故意伤害罪。

三、对聚众以暴力手段抢回被依法查扣的制假设备行为的定性——江世田等妨害公务案[①]

1999 年 11 月间，被告人江世田与张信露（在逃）等人合伙购买了 YJ14 型卷烟机和 YZ23 型接嘴机各 1 台用于制售假烟。同年 12 月 9 日，张信露得知诏

① 最高人民法院刑事审判第一、二、三、四、五庭主办：《刑事审判参考（1999—2011 妨害社会管理秩序罪）》，法律出版社 2012 年版，第 34 页。

安县打假队将要查处制假售假行为的风声，即告知江世田。江世田于当晚组织被告人黄学栈和江传阳(在逃)等人将上述两台机器搬到两辆农用车上，转移到诏安县岭下溪二级电站暂放。同月 10 日上午，云南省公安厅、诏安县政法委、县检察院、县工商局、县技术监督局、县烟草局等单位组成的联合打假车队，在诏安县岭下溪二级水电站查获了 3 辆农用车装载的 2 台制假烟机及另 1 台接嘴机。张信露与被告人江世田得知后，即以每人 50 元报酬聚集数百名不明真相的群众，在诏安县霞葛镇庄溪桥头拦截、围攻打假车队，将查扣的载有制假烟机器的农用车上的执法人员董金坤等人拉出驾驶室进行殴打。被告人黄学栈与江传阳等人乘机开走 3 部农用车。随后，张信露与被告人江世田又聚集鼓动黄学栈、黄海兵等一群人，四处寻找打假队的摄像，照相资料，欲毁灭证据。后在诏安县烟草局闽 E40957 号工具车发现 TRV240 摄像机、奥林巴斯牌照相机时，张信露带头用石头砸破车门玻璃，抢走并砸坏摄像机和照相机，执法人员进行制止时，遭到被告人黄海兵等人殴打，直至公安人员赶到现场时才逃离。被劫走的 3 辆装有制假烟机器的农用车于同年 12 月 14 日被追回。经法医鉴定，执法人员董金坤等人的伤情为轻微伤。

公诉机关以被告人江世田、黄学栈、黄海兵犯抢劫罪向法院提起公诉。

法院经审理后认为：被告人江世田、黄学栈、黄海兵在张信露的组织指挥下聚集参与拦截打假车队，打伤执法人员，哄抢被依法查扣的制假烟机器，损毁打假证据资料、器材，数额特别巨大，情节恶劣，其行为已构成聚众哄抢罪。在共同犯罪中，被告人江世田既是机主，又在哄抢中起煽动、指挥作用，系首要分子，应对全案负责，依法应从重处罚。被告人黄学栈虽被纠集，但在哄抢转移机器时积极主动，起骨干带头作用，是主犯，但其地位作用稍次于江世田；被告人黄海兵被纠集后参与哄抢损毁摄像照相资料、器材、小货车，殴打执法人员，同属主犯，但其作用及地位稍次于被告人黄学栈。据此以被告人江世田等人犯聚众哄抢罪，判处有期徒刑八年至十年不等，并处罚金人民币五千元至一万元不等。

一审宣判后，被告人江世田、黄学栈、黄海兵均以原判定性错误为由提出上诉。二审法院认为上诉人江世田、黄学栈、黄海兵明知打假队系国家机关工作人员正在执行公务，而聚众拦截、打伤打假队员，强行开走被查扣装载用于制造假烟机器设备的车辆，打破车窗玻璃，抢走拍摄的录像带和照相机，其行为均已构成妨害公务罪，且情节严重。上诉人江世田积极参与煽动不明真相群众围攻打假车队，打伤打假队员，抢走录像带和照相机，在犯罪中起主要作用，系主犯。据此判决上诉人江世田等人犯妨害公务罪，判处有期徒刑二至三年不等。

针对该案审理法院认为，被告人江世田等人的行为依法应当构成妨害公务罪而不构成抢劫罪或聚众哄抢罪。刑法第二百六十三条规定的抢劫罪和刑法第二百六十八条规定的聚众哄抢罪，均属于侵犯财产的犯罪。二罪都是以非法占有公私财物为目的，侵害的主要客体都是公私财物的所有权，这与以对抗国家机关工作人员依法执行职务为主要目的，以妨害国家机关依法管理活动为主要犯罪客体的妨害公务罪具有本质上的区别。从本案发生的实际情况来看，本案被告人并不是要非法占有公私财物，而只是不法对抗国家机关的打假执法公务活动，意欲夺回自己已被国家机关工作人员依法查扣的制假设备。也就是说，被告人只有妨害公务的目的，并无强占公私财物的目的。因此，不构成抢劫罪或聚众哄抢罪。本案中，公诉机关之所以以抢劫罪起诉，一审法院之所以以聚众哄抢罪定罪量刑，其主要理由有三：一是联合打假队依法查扣了被告人的制假设备后在返回途中，此时职务行为已经执行完毕，因此妨害公务行为无从谈起；二是联合打假队已经依法查扣了被告人的制假设备，根据刑法第九十一条第二款"在国家机关、国有公司、企业、集体企业和人民团体管理、使用或者运输中的私人财产，以公共财产论"的规定，该制假设备应当以公共财产论，被告人聚众以暴力方法公然夺回上述应以公共财产论的制假设备，是不法占有公共财产；三是本案以妨害公务罪定罪量刑较之以抢劫罪或者聚众哄抢罪定罪量刑，有轻纵被告人之嫌，难以做到罪刑相适应。

但上述理由是不妥当的。其一，判断职务行为是否执行完毕，应根据职务行为的具体执行状况和内容从整体上把握，而不宜将具有一体性和连续性的公务执行活动分割开来判断。本案中，联合打假队从查扣被告人制假设备到案发时止，公务行为仍在继续中。被告人从得知制假设备被查扣到聚众中途拦截执行公务车辆夺回制假设备，其目的直接指向于对抗打假执法的公务活动。其二，联合打假队依法查扣被告人的制假设备，是一种执法强制措施，被告人的行为是对抗执法强制措施，不是为了"不法占有公私财产"。其三，被告人欲强行夺回的制假设备，是犯罪工具，虽属不法财产，但毕竟为被告人自有。抢回自有物品与强占他人所有或公有财物显然不同，被告人不具有非法占有目的。

四、对窃取被交通管理部门扣押的自己所有的车辆后进行索赔的行为定性——叶文言、叶文语等盗窃案[①]

2000年10月5日，被告人叶文言驾驶与叶文语、林万忠共同购买的浙

① 最高人民法院刑事审判第一、二、三、四、五庭主办：《刑事审判参考(1999—2011侵犯财产罪)》，法律出版社2012年版，第322页。

CD3587号桑塔纳轿车进行非法运营，轿车被苍南县灵溪交通管理所查扣，存放在三联汽车修理厂的停车场。后叶文言、叶文语与被告人王连科、陈先居、叶启惠合谋将该车盗走，并购置了两套与交通管理部门制服类似的服装。10日晚，叶文言驾车将叶文语、王连科、陈先居、叶启惠送至三联汽车修理厂停车场，由叶文语、王连科爬墙进入，换掉被链条锁住的轿车轮胎，陈先居乘停车场门卫睡熟之机打开自动铁门，与王连科、叶启惠一起将价值9.2万元的轿车开走，并由叶文言与陈先居销赃得款2.5万元。

2001年1月8日，被告人叶文言、叶文语以该车被盗为由，向灵溪交通管理所申请赔偿。经多次协商，获赔11.65万元。获赔后，叶文言分给林万忠5.5万元。案发后，赃车已追回。被告人陈先居协助公安机关抓获同案犯，被告人叶启惠向公安机关投案自首。另查明，2001年3月至11月份间，被告人王连科伙同其他人等或单独盗窃作案8起，盗得各类拖拉机5辆、农用四轮卡车1辆及现金530元。

公诉机关以被告人叶文言、叶文语犯盗窃罪、诈骗罪，被告人王连科、陈先居、叶启惠犯盗窃罪向法院提起公诉。被告人叶文言辩称，赃车的评估价值过高。其辩护人提出，盗窃只是手段，目的在于诈骗，对其行为应以诈骗罪定罪处罚；现有证据不能证明涉案赃车是否经过改装，估价9.2万元存在疑问。被告人叶文语辩称，未参与索赔；赃车的评估价值过高。其辩护人提出，本案所涉的浙CD3587号轿车属于被告人叶文言、叶文语与林万忠共同所有，该车虽被灵溪交管所作为证据保存于三联汽车修理厂，但不能改变其所有权性质，叶文语等人采取非法窃取的方法，盗走本属于自己所有的轿车，只是一般的违法行为，不构成犯罪，叶文语等人盗取轿车的价值应以苍价事物评(2002)87号物品估价鉴定结论书认定的7.8万元为准；叶文语的行为应构成诈骗罪，但情节较轻，又系初犯、偶犯。被告人王连科对指控的事实和证据没有异议。被告人陈先居辩称，是将车骗出来而非偷出，其辩护人提出，灵溪交管所对暂扣车辆仅有占有权，该车的所有权属于被告人叶文言，陈先居等人将该车转移出停车场是为了帮助叶文言逃避行政处罚，其行为侵犯的客体是社会管理秩序；本案在侵害的对象、主客观要件及客体上均与非法处置查封、扣押、冻结的财产罪有极其相似之处，探究立法原意，立法者未将此行为规定单独的罪名，根据罪刑法定原则，被告人陈先居的行为不构成犯罪，只是一般的非法行为。被告人叶启惠对指控的事实和证据没有异议，其辩护人提出，从侵犯的客体和对象看，各被告人秘密转移轿车的行为虽不符合正当的法律途径，但由于没有侵犯到公私财物的所有权而不能构成犯罪；从主观故意上看，叶启惠并没有非法占有他人财物的目的，只有帮叶文言取得其所有的轿车的目的，而叶文言等其后索赔、骗取财物的主观故意形成与叶启惠没有关系，故叶启惠不构成犯罪。

法院经审理后认为，被告人叶文言、叶文语、王连科、陈先居、叶启惠以非法占有为目的，结伙窃取已被交通管理部门扣押的车辆，而后骗取赔偿款，其行为均已构成盗窃罪，且数额特别巨大。被告人王连科还伙同其他人等多次窃取他人财物，其盗窃数额应予累计。各辩护人关于本案构成诈骗罪的意见，与事实和法律不符，不予采纳。考虑到叶文言、叶文语系盗窃的提议者，又是导致交管部门被骗这一盗窃行为引发的实际危害结果的直接责任人，在共同犯罪中起主要作用，应认定为主犯。王连科、陈先居、叶启惠仅参与秘密窃取并予藏匿、销赃，在共同犯罪中起次要、辅助作用，系从犯。陈先居有立功表现，叶启惠有自首情节，依法均予以减轻处罚。据此以被告人叶文言等人犯盗窃罪，判处有期徒刑四年六个月至十年六个月不等，并处罚金三千元至五千元不等。

宣判后，叶文言等人以"一审判决定性不当，量刑畸重"为由，提出上诉。二审法院经审理认为，本案各被告人以非法占有为目的，结伙窃取已被交通管理机构扣押的车辆，而后骗取赔偿款，其行为均已构成盗窃罪，且数额特别巨大。上诉人关于不构成盗窃罪及量刑畸重、要求改判的意见，不予采纳。据此维持原判。

针对该案审理法院认为：

第一，本人所有的财物在他人合法占有、控制期间，能够成为自己盗窃的对象。根据刑法第二百六十四条规定的"公私财物"实际上是指他人占有的公私财物。所谓他人，是指行为人以外的人，包括自然人、法人和其他组织。他人占有意味着他人对该财物可能没有所有权。对没有所有权的财物，他人基于占有、控制之事实，负有保管和归还财物的义务。如果在占有期间财物丢失或损毁，占有人依法应负赔偿责任。从这个意义上说，没有所有权的财物在他人占有、控制期间应当认为是他人即占有人的财物。这样理解基于以下理由：其一，刑法第九十一条第二款规定的"在国家机关、国有公司、企业、集体企业和人民团体管理、使用或者运输中"，都有占有的含义。既然由国家或者集体占有之私人财产以公共财产论，那么由他人占有之财物以他人财物论，亦在情理、法理之中。其二，"以公共财产论"或"以他人财物论"是针对所有权人以外的人而言的，并未改变财物的权属，意在强调占有人对该财物的保管责任。盗窃罪侵犯的客体是公私财物的所有权。刑法第九十一条第二款之所以如此规定，正是考虑到如果这类财物被盗或者灭失，国家或集体负有赔偿的责任，最终财产受损失的仍是国家或集体。同理，他人占有，但非所有的财物被盗或者灭失，他人依法承担赔偿责任，实际受损失的仍是占有人。可见，行为人自己所有之物及行为人与他人共有之物，在他人占有期间的，也应视为他人的财物，可以成为盗窃罪的对象。

当然，本人所有的财物在他人合法占有、控制期间，能够成为自己盗窃的对象，并不意味着行为人秘密窃取他人占有的自己的财物的行为都构成盗窃罪。是否构成盗窃罪，还要结合行为人的主观目的而定。如果行为人秘密窃取他人保管之下的本人财物，是为了借此向他人索取赔偿，这实际上是以非法占有为目的，应以盗窃罪论处。相反，如果行为人秘密窃取他人保管之下的本人财物，只是为了与他人开个玩笑或者逃避处罚，或者不愿将自己的财物继续置于他人占有、控制之下，并无借此索赔之意的，因其主观上没有非法占有的故意，不以盗窃罪论处。构成其他犯罪的，按其他犯罪处理。就本案而言，被告人叶文言、叶文语在自己的轿车被交通管理部门扣押后，虽拥有所有权，但是在交管部门扣押期间，被扣车辆处于交管部门管理之下，属于公共财产。叶文言伙同叶文语、王连科、陈先居、叶启惠在深夜将被扣押车辆盗出后藏匿、销售，进而以该车被盗为由向交管部门索赔，从中可以看出五被告人将被扣的桑塔纳轿车盗出并非为了帮助叶文言逃避行政处罚，而是具有获取非法财产利益的主观故意。因此，叶文言、叶文语等人的行为，实质上侵犯了公共财产所有权，符合盗窃罪的构成特征，应当以盗窃罪定罪处罚。

第二，秘密窃取他人占有的本人财物而后索赔的行为只构成盗窃罪一罪。从形式上看，行为人秘密窃取他人占有的本人财物，然后隐瞒财物被自己盗走这一事实向他人索赔，符合诈骗罪的构成特征。但是，这种认定只是针对行为人实施的部分行为，没有整体考虑行为人实施的全部行为。就整体而言，行为人的行为分为两个阶段，一是先实施秘密窃取行为，二是隐瞒财物被自己盗走这一事实向他人索赔。这是行为人实施盗窃犯罪紧密联系、不可分割的两个组成部分。如果行为人只是单纯将财物秘密取回，主观上没有非法占有的目的，其行为就不构成盗窃罪。行为人进行索赔所隐瞒的事实正是此前其实施秘密窃取财物的行为，没有前一行为，其后的索赔行为也无从提起。可见，行为人进行索赔虽然存在诈骗行为，但该诈骗行为是其盗窃的后续行为，表明了其主观上的非法占有之目的，是实现非法占有意图的关键，直接促成了实际危害结果的发生。被告人叶文言等将其被交管部门扣押的车辆秘密取回，仅此时的行为尚不足以表明其主观上具有非法占有之目的，但其后隐瞒车辆被自己窃取的事实向交管部门索赔，则充分体现了其非法占有的主观故意。叶文言等基于非法占有之目的而实施“先盗后骗”的行为是一个完整的盗窃行为，符合盗窃罪的构成特征，只能认定为一罪，即盗窃罪。

第三，行为人获得赔偿的数额应当认定为盗窃数额。在行为人秘密窃取他人占有的本人财物而后索赔的盗窃案件中，行为人获得赔偿的数额往往高于财物本身的价值。这是因为他人在赔偿时除了考虑财物本身的价值外，往往还会考虑到因财物丢失而给所有人造成的经济损失。在这种情况下，行为人因盗窃而给他人造成的财产损失表现为他人给付的赔偿数额。司法实践中，盗窃数额与财物本身价值不相一致的情形是存在的，在计算时应当按照最有利于保护被害人财产所有权的原则确定。在本案中，既有针对被盗车辆所作的鉴定价格9.2万元，又有销赃价值2.5万元，还有赔偿数额11.65万元。在这三种针对被盗车辆的数额中，由于赔偿数额实质上体现了行为人因盗窃给他人造成的财产损失，因而应当认定为盗窃数额。即使赔偿数额低于财物本身的价值，在确定盗窃数额时也应当将赔偿数额作为盗窃数额。但应当注意的是，被告人针对被盗财物的销赃数额，应作为非法所得予以追缴。

此外，类似的还有地方法院的诸如李某非法处置查封的财产案①以及张某非法处置查封的财产案②等。

上述案件中，审理法院基本一致认为，如果行为人具有非法占有目的，即非法取回后又向财物占有人索赔的，则应当构成财产犯罪，反之则不以财产犯罪论处。据此，所有权说便认为“这些判例表面上是以主观上是否具有‘非法占有目的’来对此类行为加以区分，但其实质上仍然坚持了取得型财产犯罪保护的法益是财产所有权的观点”③。但我们认为，这只不过是论者的自我表达而已。事实上，从这些案例的判决来看并不能得出司法裁判支持所有权说的结论。特别是在王彬故意伤害案中，一审法院认为王彬构成抢劫罪便是建立在王彬构成盗窃的基础上的，在江世田等妨害公务案中，一审法院也是以聚众哄抢罪这一侵犯财产犯罪的罪名认定的。尽管这两起案件二审法院均认为前述被告人并没有侵犯公私财物的所有权而改判，但并不意味着二审法院的观点就是正确的，起码这是一个有争议且值得进一步探讨的问题。

相反，在陆惠忠等人非法处置扣押的财产案的裁判理由中则认为，所有权说存在缺陷，过于缩小了财产犯罪的处罚范围，不利于维护正常财产秩序。因为随着社会和经济的发展，财产关系日益复杂，一定的占有关系也需要保护，而不是仅保护所有权。在叶文言等盗窃案中法院则认为所有人的财物在他人合

① 湖南省湘潭县人民法院(2013)潭刑初字第49号刑事判决书。

② 河南省尉氏县人民法院(2011)尉刑初字第320号刑事判决书。

③ 于志刚、郭旭强:《财产罪法益中所有权说与占有说之对抗与选择》,《法学》2010年第8期。

法占有、控制期间，能够成为自己盗窃的对象。

第二节 非法取回被他人合法占有的本人财物

一、对将质押给债权人的质物窃回的行为定性——孙潇强盗窃案[①]

被告人孙潇强与曹原是朋友。2001年2月7日，孙潇强急需用钱，就向曹原去借，但曹原手头没有钱。于是孙潇强就对曹原说，自己有一台VCD影碟机，可以作为抵押，让曹原帮忙向与其同宿舍的郝辉借钱。曹原把孙潇强的意思向郝辉传述，郝辉同意。2月8日，郝辉借给孙潇强人民币600元，同时孙潇强将自己的VCD影碟机作为质押物交给了郝辉。郝辉将该影碟机锁在了自己的床头柜中。2月10日晚，曹原上夜班，孙潇强借宿于曹原处，曹原下班后未回宿舍。次日上午9时许，孙潇强乘郝辉外出之机，用一铁片将郝辉存放VCD影碟机的床头柜撬开，盗走该VCD影碟机，又顺手盗走一部手机。经鉴定，VCD影碟机的价格为1 890元，手机价格为1 200元。

公诉机关以被告人孙潇强犯盗窃罪向法院提起公诉。被告人孙潇强对公诉机关指控的事实均予供认。

法院经审理后认为被告人孙潇强以非法占有为目的，秘密窃取他人所有的或保管的财物，数额较大，其行为已构成盗窃罪。据此以被告人孙潇强犯盗窃罪，判处有期徒刑一年，并处罚金五千元。宣判后，被告人孙潇强没有提出上诉，判决发生法律效力。

针对该案审理法院认为，首先被告人孙潇强将郝辉的手机拿走的行为是盗窃行为，且数额较大，已构成盗窃罪理当无异。其次对于被告人拿走属于自己所有的VCD影碟机的行为也应当构成盗窃罪。虽然影碟机这个质物的所有权属于被告人，但是该质物已归郝辉合法占有，郝辉是质物的保管人，负有妥善保管质物的义务。郝辉如因保管不善致使质物灭失或者毁损，应当承担民事责任。被告人采取秘密手段将质物盗走，其非法占有质物的故意明显，其行为应是盗窃行为，构成盗窃罪。因此，盗窃罪的客体除了财产所有权外，还应包括与财产所有权有关的其他财产权利，与财产所有权有关的财产权利都应得到法律保护。刑法规定盗窃罪的目的，是为了保护公私财产的所有权不受侵犯，但有些权利虽然不是所有权，但与所有权有关，仍然需要法律的保护。本案中，郝辉

---

① 最高人民法院中国应用法学研究所主编：《人民法院案例选（总第41辑）》，人民法院出版社2003年版，第64—65页。

虽不是该影碟机的所有人，但是当质押合同成立之后，郝辉就享有对质物（影碟机）的占有权，当债务履行期限届满而未受到清偿时，郝辉就享有依法拍卖或变卖质物而优先受偿的权利。郝辉在享有权利的同时，也负有一定的义务，即应妥善保管质物，因保管不善致使质物灭失或毁损的，应当承担民事责任。也就是说，郝辉虽然不享有质物的所有权，但其所享有的担保物权就排除任何人侵害这一点上来说，是与所有权直接有关的权利，侵犯该权利即应受到法律制裁。

二、窃回质押在他人处存款单行为的定性——郭玉敏盗窃案①

被告人郭玉敏与吕鸣山原在同一单位工作，系师徒关系，双方素有经济来往。郭玉敏与其妻王新春为办理其女儿出国事宜而向吕鸣山借款人民币86 000元，但其女儿未能成行。后郭玉敏与其妻王新春因故发生矛盾，王新春将署名郭玉敏的面值10 000美元的尚未到期的存单交给吕鸣山，并说明等其女儿再次办理出国事宜时再将存单取回，将来用人民币归还借款。吕鸣山将该存单放置于单位的更衣箱内。1999年11月14日下午5时许，被告人郭玉敏携带改锥、钳子、应急灯来到其单位的男更衣室，趁无人之机，撬开吕鸣山的更衣箱，将该存单及现金20 000元人民币窃走。1999年11月16日，被告人郭玉敏用该存单提前兑取美金10 079.17元（折合人民币83 311.40元）。经失主报案，被告人郭玉敏于同年11月20日携款到本厂保卫科投案自首，赃款已全部收缴并发还失主。

公诉机关以被告人郭玉敏犯盗窃罪向法院提起公诉。被告人郭玉敏对公诉机关指控的事实和意见均未表示异议。其辩护人辩称：被告人所窃美元存单的署名是被告人本人，他是该存单的所有人，故不应将此存单的款额计入犯罪数额。

法院经审理后认为，被告人郭玉敏以非法占有为目的，采取撬锁手段，秘密窃取他人合法财物共计人民币103 311.40元，其行为已构成盗窃罪，且犯罪数额特别巨大。对于被告人的辩护人提出的1万美金存单所有权属被告人，故不应将其款额计入盗窃数额的辩护意见，该院认为，根据业已查明的事实，本案被告人及其妻王新春与吕鸣山之间确实存在86 000元人民币的借贷关系在先，后被告人之妻将1万美金的定期存单交与吕鸣山，虽然并未明确表示其系还款，但作为债权人吕鸣山有要回欠款的意愿，作为债务人的被告人及其妻亦有偿还借款的表示。虽然该存单署名为被告人郭玉敏，在形式上所有权并未转移，但

① 最高人民法院中国应用法学研究所主编：《人民法院案例选（总第43辑）》，人民法院出版社2003年版，第31—35页。

事实上该存单已为吕鸣山合法占有，故该存单应视为吕鸣山的合法财产。被告人郭玉敏以非法占有为目的，采取秘密窃取的方式，非法占有了吕鸣山的合法财产，其行为显系盗窃犯罪行为。故该存单的款额应计入被告人的盗窃数额。据此以被告人郭玉敏犯盗窃罪，判处有期徒刑三年六个月，并处罚金五千元。

宣判后，被告人郭玉敏不服，提出上诉，后又申请撤回上诉。二审法院裁定准予撤回上诉。

针对该案审理法院认为，应将被告人盗窃的存单中的 1 万美金计入盗窃数额。理由是：首先，被告人与失主之间确实存在借贷关系，被告人欠失主人民币 8.6 万元在先。被告人及其妻为办理女儿出国事宜而向吕鸣山借款，但其女儿未能成行，后被告人与其妻因故发生矛盾，被告人之妻在当时不需用钱为其女儿办理出国事宜的情况下将署名为被告人的 1 万美金存单交给吕鸣山，吕鸣山亦表示接受。被告人之妻的行为系还款，即使其行为含有“为了消除吕鸣山怕借款不还的疑虑”和“安慰”的意思，也是一次借款过程的结清。被告人之妻的行为是为了以后便于再找吕鸣山借款而表示了一种“诚意”，这种“诚意”并不能改变还款行为的性质。其次，虽然双方并未明确表示存单系还款，但他们之间确有要回和返还欠款的意愿。存单虽署名被告人，在形式上所有权没有转移，但存单事实上已被吕鸣山占有，应视为吕鸣山的合法财产，吕鸣山可以在存单到期后兑取。正是由于被告人的盗窃行为给吕鸣山的财产权益造成了损害。最后，被告人采取秘密窃取的手段将该存单拿走后又实际兑取占有了存单中的 1 万美金，由于该存单是被被告人窃走的，而不是向吕鸣山要走的，吕鸣山并不知道存单为何人所窃，也就无权“继续要求被告人返还其欠款”，从而不可避免地会遭受经济损失。因此，被告人的这种行为完全符合盗窃罪的构成要件，应将该存单中的 1 万美金计入其盗窃的数额之中。

三、对帮助他人窃回本属于自己公司经营的财产的行为定性——廖承龙、张文清盗窃案[①]

2011 年 6 月，张华镇将一辆价值人民币（以下币种同）78 000 元的本田雅阁轿车委托被告人张文清经营的浙江省金华市百通汽车租赁有限公司出租。同年 7 月 21 日，被告人廖承龙使用伪造的名为“孙勤新”的机动车驾驶证，从张文清处租赁该本田轿车，签订租赁合同并交纳 2 000 元租车费后，将该车开回江西

① 最高人民法院刑事审判第一、二、三、四、五庭主办：《刑事审判参考（总第 92 辑）》，法律出版社 2014 年版，第 23 页。

省丰城市。7月28日，廖承龙以资金周转困难为由，向廖梅借贷45 000元，并将租来的本田轿车质押给廖梅，双方约定廖承龙在10日内归还50 000元本息以赎回该车。廖承龙将借款用于赌博，到期未能还款。同时，廖承龙向张文清陆续支付8 000元租金后未继续支付。同年11月5日，张文清因无法联系到廖承龙，遂赴丰城市找到廖承龙要车，廖承龙表示该车已被其当掉，无钱赎回。当晚，张文清与廖承龙在丰城市上塘镇找车未果，张文清回到金华市。11月7日，张文清通过浙江省某公司GPS定位系统发现该车停在丰城市上塘汽车站，遂于当晚到丰城市找到廖承龙。11月8日6时许，张文清、廖承龙来到上塘汽车站，廖承龙持张文清提供的备用钥匙，将该车从汽车站车库内开走并隐藏。11月9日廖承龙将该车交给张文清，张文清驾驶该车返回浙江途中被抓获。公安机关将该车发还给张华镇。

公诉机关以被告人廖承龙犯合同诈骗罪、盗窃罪，被告人张文清犯盗窃罪向法院提起公诉。

一审法院经审理后认为，被告人廖承龙以非法占有为目的，在签订、履行合同过程中，骗取对方当事人财物，数额巨大，其行为构成合同诈骗罪。被告人廖承龙、张文清以非法占有为目的，采取秘密手段窃取财物，数额特别巨大，其行为均构成盗窃罪。在共同盗窃中，廖承龙起主要作用，属主犯；张文清起次要作用，属从犯，应当依法减轻处罚。廖承龙在刑罚执行完毕后五年内再犯应当判处有期徒刑以上刑罚之罪，属于累犯，依法应当从重处罚。据此，以被告人廖承龙犯合同诈骗罪，判处有期徒刑五年，并处罚金一千元；犯盗窃罪，判处有期徒刑十一年，并处罚金二千元；决定执行有期徒刑十三年，并处罚金三千元；以被告人张文清犯盗窃罪，判处有期徒刑五年，并处罚金一千元。

一审宣判后，被告人廖承龙、张文清均提出上诉。廖承龙提出，其不属主犯，原判量刑过重。张文清提出，廖承龙与廖梅之间的质押合同无效，廖梅非法占有涉案车辆；其无非法占有他人财物的目的，其行为未侵犯他人财产所有权，不构成盗窃罪。

二审法院经审理后认为，原审对上诉人廖承龙定罪准确、量刑适当，廖承龙上诉所提其属从犯、原审量刑过重的意见不成立。上诉人张文清明知廖承龙无法回赎被质押的车辆，转而采取秘密手段窃取涉案车辆，仍积极为廖承龙提供帮助，其行为构成盗窃罪的共犯，故张文清关于不构成盗窃罪的上诉意见不成立。鉴于张文清帮助廖承龙盗窃的目的在于取回其受委托出租的车辆，主观恶性较小，又系从犯，对其可免予刑事处罚。据此，改判被告人张文清犯盗窃罪，免予刑事处罚，其余维持原判。

针对该案，审理法院认为，本案系二人共同盗窃处于债权人质押之下的财物，对被告人廖承龙构成合同诈骗罪、盗窃罪不存在争议。认为张文清伙同廖承龙盗走债权人质押下的汽车，虽然目的是为了维护自身合法权益，但因未采取正当、合法的方式主张权利，故不属于自救行为。张文清明知廖承龙无权私自开走质押给债权人的汽车，为挽回自身财产损失仍积极帮助廖承龙盗回汽车，构成廖承龙盗窃的帮助犯。

第一，张文清得知其公司出租的汽车被廖承龙非法质押后，为尽快挽回损失，遂要求并协助廖承龙将该车盗走，当时占有汽车的廖梅系通过合法途径占有该车，并进行了妥善保管。张文清返还汽车的权利要求完全可以通过诉讼、行政调解等方式实现，事后公安机关将该车返还车主的事实也证明了这一点。张文清擅自采用盗窃手段实现非法移转占有的目的，虽然具有一定正当性，但因不具有恢复权利的紧迫性，故不应认定是自救行为，应当承担相应的法律责任。

第二，廖承龙将骗得的租赁汽车质押给债权人廖梅，该处分行为未征得车主的同意，事后也未获得车主的追认，因此其与廖梅对质押汽车的处分无效。同时，廖梅查看过该车行驶证，明知该车车主并非廖承龙，还轻信廖承龙有权质押该车，其取得质押权的行为不属于善意取得，不能依照善意取得制度取得该车的质押权。但是，值得强调的是，虽然廖梅不享有该车的质押权，但鉴于其是基于合法借贷关系而占有该车，并履行了约定的对价给付义务，故其取得该车的临时监管权是合法的，而且这种监管权受刑法保护。同时，廖承龙盗窃后并未向廖梅声明是其将车盗回，意味着不论廖梅是否最终有权取得质押车的质权，其根据质押合同应当向廖承龙承担质押车被盗的损失。即不论廖梅是否合法取得质押权，如果廖承龙盗车事实未被发现，则廖承龙的盗窃行为将为自己带来一定的财产收益。正因如此，廖承龙的秘密窃取行为具有非法占有目的，符合盗窃罪的构成特征。

张文清为索回本属于自己公司经营的汽车，其不具有通过秘密窃取行为主张增加自己财产利益的目的，因此不具有非法占有目的。但张文清明知廖承龙具有非法占有目的，但其却放弃公力救济，转而在不具有迫切需求的情况下积极实施帮助行为，采用私力救济手段取回财物，属于盗窃罪共同犯罪中的帮助犯。这种私力救济手段如被滥用，将破坏社会正常秩序，损害法律尊严，也必然会引发新的社会矛盾，因此在法律上应当对张文清的行为给予否定评价。但张文清的犯罪行为毕竟有其特殊性，不同于常见的盗窃犯罪，且其行为虽然不具有自救行为要求的急迫性，但其最终目的是恢复受损的合法权益，在情理上具有目的的正当性，只是采用的方法不当，在伙同廖承龙实施盗窃行为的过程中，张文清始终基于恢复自身权利的目的对廖承龙进行帮助，要求廖承龙承担返还骗取汽车的责任，自己未直接动手盗窃。故二审法院综合考虑张文清的行为目的及其在共同犯罪中的地位、作用，改判其免予刑事处罚。

四、对伪造证明材料将借用的他人车辆质押得款后又秘密窃回的行为定性——孙伟勇盗窃案①

2010 年 4 月 26 日，被告人孙伟勇与梁建强、刘古银（均另案处理）经预谋，由梁建强向其亲戚弓寿喜借来一辆本田牌小汽车，并伪造了弓寿喜的身份证、机动车辆登记证书后，由刘古银冒充弓寿喜，与孙伟勇一起将该车以人民币 72 000元质押给被害人薛春强，并向薛春强作出还款赎回的书面承诺。得款后，孙伟勇与梁建强、刘古银共同分掉。同年 5 月 8 日，梁建强等人用事先另配的钥匙从薛春强处将车盗走并归还给弓寿喜。同年 7 月 5 日，孙伟勇被抓获，后检举了他人重大犯罪事实。

公诉机关以被告人孙伟勇犯盗窃罪向法院提起公诉。

法院经审理后认为，被告人孙伟勇秘密窃取他人财物，且数额巨大，其行为构成盗窃罪；孙伟勇系累犯，依法应从重处罚；孙伟勇在共同犯罪中起次要作用，系从犯，依法应予从轻处罚，同时，其又有重大立功表现，依法可予减轻处罚；孙伟勇认罪态度较好，且其家属自愿代孙伟勇退赃，对孙伟勇可酌情从轻处罚。据此以被告人孙伟勇犯盗窃罪，判处有期徒刑二年九个月，并处罚金 5 000 元的刑罚。

一审宣判后，被告人孙伟勇以量刑过重为由提起上诉。二审法院经审理后裁定驳回上诉，维持原判。

针对该案审理法院认为，被告人孙伟勇的行为构成盗窃罪一罪。理由是：孙伟勇虽然主观上具有非法占有的故意，但其伪造证件冒名质押，并从薛春强处取得质押款 72 000 元时，并未给薛春强造成损失，双方之间是一种民事行为。此时，孙伟勇的行为尚不构成诈骗罪。孙伟勇最终是通过盗窃行为实现非法占有的故意，薛春强合法占有的质押物脱离占有，导致财产损失。孙伟勇的盗车行为是一个单独的盗窃行为，应以盗窃罪一罪定罪量刑。具体如下：

第一，被告人孙伟勇与薛春强之间的质押行为属于单纯民事行为。在孙伟勇等人伪造了弓寿喜的身份证、机动车辆登记证等证件，并冒充弓寿喜对小汽

① 最高人民法院刑事审判第一、二、三、四、五庭主办：《刑事审判参考（总第 84 集）》，法律出版社 2012 年版，第 44 页。

车进行质押后，依照我国民事法律相关规定，薛春强仍能够取得对小汽车的占有权，并未受到财产损失。被告人孙伟勇等人伪造了弓寿喜的身份证、机动车辆登记证等证件，并由刘古银冒充弓寿喜对小汽车进行质押，对此，薛春强并不知情。薛春强在质押过程中对孙伟勇提供的证件进行了认真、必要的审查，并未发现有任何异常，已经尽到了合理的注意义务。该车辆质押的价款与实际价值之间差异不大，质押价格合理。因此，应当认定薛春强在设立质押时是善意的。虽然孙伟勇等人无权对该小汽车设置质押，但薛春强支付了72 000元的对价，基于善意取得制度，依法仍然能够取得对小汽车的质押权，且因小汽车已实际交付给薛春强占有，此时对薛春强来说，已经取得对小汽车的占有权，并不存在财产损失。对于受到财产损失的弓寿喜来说，依照《物权法》之规定，弓寿喜有权向孙伟勇等人请求赔偿。因此，被告人孙伟勇等人实施的冒名质押行为仍属民事法律调整的范畴。

第二，被告人孙伟勇伪造证件、将车辆冒名质押给薛春强的行为，不构成诈骗罪。在客观方面，诈骗罪的既遂表现为行为人采取虚构事实和隐瞒真相的欺骗方法，使受害人陷入认识错误，并基于该错误认识而实施了处分财产的行为，行为人因此获取数额较大的财物。在诈骗罪中，被害人处分财产必须是基于行为人虚构事实的欺骗行为，导致认识错误，从而表现为“自愿”处分财产。如果被害人处分其财产，不是基于这种认识错误，而是基于对价或者真实意愿，则不能认定构成诈骗罪的既遂。孙伟勇如果仅实施上述伪造证件进行冒名质押的行为，客观上不能造成薛春强的财产损失，主观上也是企图借助其后的盗窃行为，给被害人造成损失，达到非法占有财物的目的。换言之，被告人孙伟勇虚构事实，仅是为今后实施盗窃设置条件，因这种行为只是构成民事法律关系，并未实际损害法益，故不能认定为诈骗犯罪。

第三，薛春强的损失是由被告人孙伟勇等人的盗窃行为所致。如前所述，薛春强基于善意取得制度取得对小汽车的占有权，但根据风险责任承担规则，占有期间，风险一般由占有人承担。本案中，在薛春强占有小汽车期间，该小汽车的毁损、灭失风险，包括被盗的风险，由薛春强承担。孙伟勇等人从薛春强处盗窃质押的小汽车，客观上造成小汽车在质押期间灭失的既成事实，导致薛春强要为此承担抵押物灭失的责任。换言之，孙伟勇等人的盗窃行为，使薛春强因质押物的灭失而无法通过回赎收回先前支付的72 000元，又失去了质押物，致使薛春强受到财产损失；而孙伟勇等人窃取小汽车后归还给弓寿喜，免除了向弓寿喜的赔偿义务，又谋取了72 000元的非法所得。因此，孙伟勇盗窃质押物的行为应构成盗窃罪。

第四，被告人孙伟勇伪造证件冒名质押与盗窃质押物之间不具有牵连关系。虽然孙伟勇等人在作案前即预谋通过假冒他人证件的方式质押车辆，然后再窃取该质押物。整个作案过程是在一个统一的主观故意指导下实施的。但不能认为孙伟勇等人冒名质押的行为构成诈骗罪，其后窃取抵押物的行为构成盗窃罪，进而认为二罪之间具有手段与目的关系，且盗窃是为骗取财物这一目的服务的。因为孙伟勇等人先前的冒名质押行为并未造成薛春强财产损失，并未损害实际的法益，不能以诈骗罪论处。而牵连犯的前提是行为人实施的数个行为均构成犯罪且触犯不同的罪名，否则不能以牵连犯论处。在虚构事实时，孙伟勇并未非法占有被害人的财产，其非法占有被害人的财产是在盗窃后才得逞的，因此，不能将盗窃侵犯的财产也归入虚构事实的结果中进行评价，否则就是将一个危害结果进行了两次评价。因此，孙伟勇等人的行为仅构成一个盗窃罪，且盗窃数额应该以被害人的实际损失——72 000 元质押款来认定。

值得注意的是，盗窃罪是结果犯，应当以给公私财产所有权造成的直接损害为数额标准。该案中的薛春强占有小汽车是基于质押权，其对该小汽车只享有占有权，并未取得所有权。如果孙伟勇窃取小汽车后不向薛春强要求回赎小汽车，薛春强丧失的只是对小汽车的占有权和所支付的 72 000 元质押款的所有权，其实际财产损失仅限于 72 000 元。认为盗窃罪的数额应当以小汽车的实际价值来计算的观点，混淆了占有权和所有权的概念，将薛春强支付 72 000 元质押款获得质押权等同于其已经获得所有权，因而是错误的。同时也不能对行为人可能实施的行为将发生的结果评价为犯罪后果。本案中，孙伟勇等人窃取小汽车是为了将该车归还给弓寿喜，如果孙伟勇等人盗窃小汽车是为了将来在回赎时向薛春强索取“赔偿款”；则其盗窃数额就不是 72 000 元，而应该是薛春强因该小汽车被回赎而实际支付的“赔偿款”。该数额可能高于原来的质押款，也可能等于或低于质押款。虽然一旦孙伟勇向薛春强要求回赎小汽车，薛春强就要承担抵押物灭失的赔偿责任，为此要赔偿孙伟勇损失，但毕竟孙伟勇没有实施后续行为，也未发生薛春强支付“赔偿款”的结果。从主客观相统一的原则出发，不能将行为人可能实施的行为将导致的结果评价为犯罪后果，从而认定为犯罪数额。

五、对出质人窃回质押财产并向质权人索赔的行为定性——李含笑盗窃案[①]

2011 年 5 月 16 日，被告人李含笑向被害人陈辉煌借款 3 万元，期限三周，

① 最高人民法院主办：《人民司法(案例)》2015 年第 4 期。

约定利息 0.3 万元，同时将自己以 5.6 万元价格购买的东南牌轿车一辆质押给被害人陈辉煌。同月 18 日凌晨，被告人李含笑在回其暂住地某小区时，见上述质押轿车停放在该小区楼下，遂起贪念，用备用钥匙将该车连夜开走予以藏匿，并在事后被害人陈辉煌及公安机关询问车辆去向时否认自己开走质押轿车，之后被告人李含笑以质押在被害人陈辉煌处的车辆失窃为由，要求被害人陈辉煌赔偿。当月 30 日下午，被告人李含笑与被害人陈辉煌达成赔偿协议，约定被害人陈辉煌免除被告人李含笑 3.3 万元借款及利息的债务，并另需向被告人李含笑支付 2 万元赔偿款（该笔款项未支付）。经鉴定，该东南牌轿车价值 2.598 万元。2011 年 5 月 30 日，被告人李含笑因形迹可疑被公安机关传唤后，如实供述了上述事实。案发后，被告人李含笑家属向被害人陈辉煌代为赔偿 3.2 万元，并已取得被害人陈辉煌谅解。

公诉机关以被告人李含笑犯诈骗罪向法院提起公诉。被告人李含笑在庭审中提出自己开走抵押车辆是因为车辆有弄脏和刮坏的情况，并没有多想，只是后来在被害人陈辉煌打电话来询问自己车辆去向时，才想到借此与被害人陈辉煌达成赔偿协议。其辩护人对起诉书指控的事实及定性无异议，认为被告人李含笑以较小价值担保物骗取较大价值赔偿款的行为以诈骗罪定罪比较适合，同时认为被告人李含笑有自首情节，认罪态度好，其家属也积极退赃，故请求对被告人李含笑判处缓刑。

法院经审理后认为，被告人李含笑基于借款事实而将自己车辆抵押于被害人陈辉煌后，陈辉煌即享有对该车辆的合法占有权。被告人李含笑在未经被害人陈辉煌同意的情况下，以秘密方式将上述车辆开走并予以藏匿，进而要求无法归还抵押车辆的被害人陈辉煌赔偿损失，并最终获取赔偿款。上述事实足以认定被告人李含笑具有非法占有目的，且在客观上实施了秘密窃取他人合法占有的财物的行为，并造成了被害人陈辉煌的财产损失，符合盗窃罪的犯罪构成，因此被告人李含笑的行为应当以盗窃罪追究其刑事责任，且系数额巨大。公诉机关关于诈骗罪的指控罪名及辩护人关于被告人李含笑的行为应定性为诈骗罪的辩护意见不予采纳。被告人李含笑在罪行尚未被司法机关发觉，仅因形迹可疑，被公安机关盘问、教育后，主动、如实交代自己的罪行，其虽在庭审中对自己主观心理提出一定辩解意见，但对主要事实亦不予否认，因此应认定为自首，可以从轻或者减轻处罚。被告人李含笑家属在案发后积极代为退赃，并取得被害人陈辉煌的谅解，可对被告人李含笑酌情从轻处罚。因此决定对被告人李含笑减轻处罚。被告人李含笑有悔罪表现，可以适用缓刑。辩护人提出的适用缓刑的意见予以采纳。据此以被告人李含笑犯盗窃罪判处有期徒刑二年，缓刑三年，并处罚金人民币一万元。

一审判决后，被告人李含笑未提出上诉，检察院亦未提出抗诉，判决已发生法律效力。

针对该案审理法院认为，被告人李含笑窃回质押财产并向质权人索赔的行为，兼具盗窃与诈骗因素。窃回质押财产，数额巨大，构成盗窃罪；以质押财物失窃为由向质权人索赔，数额较大，又构成诈骗罪。李含笑窃回质押财产并向质权人索赔的行为，成立盗窃罪与诈骗罪的牵连犯，应从一重处即以盗窃罪定罪处罚。具体理由如下：

第一，被告人李含笑与被害人陈辉煌之间存在质权法律关系。质权是担保的一种方式，指债权人与债务人或债务人提供的第三人以协商订立书面合同的方式，移转债务人或者债务人提供的第三人的动产或权利的占有，在债务人不履行债务时，债权人有权以该财产价款优先受偿。质权分为动产质权和权利质权两种。本案中的质权属于动产质权，被告人李含笑作为债务人，为担保债务的履行，将其享有所有权的东南牌轿车一辆出质给债权人陈辉煌占有。在该质押关系中，李含笑作为出质人，承担在不履行到期债务时质权人对其质押车辆价款优先受偿的法律后果；陈辉煌作为质权人，对该质押车辆享有质权，即除行使占有权外，还可在李含笑不履行到期债务时享有对该质押车辆价款的优先受偿权，以此担保其债权的实现。

第二，被告人李含笑先盗后骗的行为成立盗窃罪和诈骗罪的牵连犯，应从一重处。李含笑秘密窃回质押车辆的行为构成盗窃罪当属无疑义。在质权法律关系中，设立质权并未改变出质人对质押财物的所有权，但对所有权会产生一定的限制。如因设立质押，出质人就暂时丧失对质押物的合法占有权，质权人则取得对质押物的合法占有权，同时享有优先受偿权、承担妥善保管质押物等义务。就本案而言，被告人李含笑窃回的尽管是自己拥有所有权的质押车辆，但因为该质押车辆处于质权人的合法占有之下，其实施行窃的目的并非仅仅是恢复对质押车辆的占有，而是为了消灭质权从而免除对陈辉煌的债务，并尽可能得到相应赔偿。相应地，李含笑窃回质押车辆的行为不仅将使陈辉煌丧失对该质押车辆的质权，即债权到期时无法实现债权或者享有优先受偿权，而且还会使陈辉煌承担因保管不善导致质押物被损毁、灭失的民事赔偿责任。且事实上，李含笑在窃回质押车辆后隐瞒真相，与陈辉煌达成赔偿协议，约定免除其 3.3 万元债务并获得 2 万元赔偿款。可见，李含笑窃回质押车辆与其窃取质权人所有的等值财物在行为性质上没有差异，陈辉煌合法占有的质押车辆失窃与其所有的等值财物失窃在法益损害上也没有区别。质言之，李含笑在主观上具有非法占有质权人财物的目的，客观上实施了秘密窃取质押物的行为，如果数额较大的，符合盗窃罪的构成要件。

第三，在盗窃数额的认定上，一般应以质押物的价值即车辆价值为盗窃数额，而不以债权损失的数额为准。具体而言，如果质押物的价值等于或者小于债权数额，此时债权损失的数额对应的就是质押物的价值，无论是将债权损失数额还是质押物价值认定为盗窃数额，没有差别。但是，如果质押物的价值大于债权数额，此时若将债权损失数额认定为盗窃数额，就会导致不合理的结果：第一，造成出质人处罚较轻，导致罪刑不相适应。因为他盗窃的是质押物，却以低于盗窃对象价值的债权损失数额作为其犯罪数额，人为地做了降格处理。第二，造成同罪不同罚，如在第三人而非出质人盗窃质押物的场合，毫无疑问应该将质押物的价值认定为盗窃数额，而对出质人盗窃的情况如将债权损失数额认定为盗窃数额的话，在盗窃质押物案件中盗窃数额的认定就会出现因人而异的奇怪现象。第三，造成与质权人的实际损失不一致，如果以债权损失数额认定为盗窃数额，说明质权人损失的就是债权，而实际上在质押物价值大于债权数额的情形，当债务履行期届满质权人未受清偿的，可以与出质人协议以质物折价，也可以依法拍卖、变卖质物，质物折价或者拍卖、变卖后，其价款超过债权数额的部分归出质人所有，不足部分由债务人清偿，即出质人窃取质押物的，给质权人造成的损失应该是质押物的价值，否则就会出现质权人因保管不当无需就超过债权部分向出质人承担民事责任的悖论。

当然，出质人窃回质押财产的盗窃案件具有一定的特殊性。对于出质人只是为了免除债务，在窃回大于债权数额的质押物后，并未就超过债权部分向质权人提出索赔要求或者接受质权人给予赔偿的情况，于出质人而言只是免除了与质权人之间的特定债务即非法占有与其所负债务等同的财物，于质权人而言损失的只是与出质人之间的特定债权，此时以债权数额认定为盗窃数额更符合刑法的主客观相一致原则。但无论如何，对于第三人而非出质人盗窃质押物的场合，都应以质押物价值认定为盗窃数额。本案中被盗车辆价值为 2.598 万元，属于质押物价值小于债权数额的情况，故被告人李含笑的盗窃数额应认定为 2.598 万元，而非债权数额 3.3 万元。李含笑以非法占有为目的，秘密窃取质押给债权人的车辆，价值 2.598 万元，数额巨大，其行为构成盗窃罪。另外，以质押车辆失窃为由索赔的行为又构成诈骗罪。被告人李含笑在秘密窃回质押车辆后，对被害人陈辉煌及公安机关关于是否已将质押车辆开走的询问均予以否认，使陈辉煌误认为质押车辆已失窃，从而与李含笑达成赔偿协议，除免除被告人李含笑的原有债务 3.3 万元外，约定另外支付 2 万元赔偿款。只是在该

2 万元赔偿款尚未支付的情况下本案案发，故李含笑实际骗取的金额为 3.3 万元。被告人李含笑以非法占有为目的，隐瞒窃取质押车辆的真相，骗取陈辉煌赔偿款 3.3 万元，数额较大，其行为又构成诈骗罪。

综合本案的全部案情，被告人李含笑的行为成立盗窃罪和诈骗罪的牵连犯，应从一重处即以盗窃罪定罪处罚。本案中，被告人李含笑以骗取被害人陈辉煌赔偿款(包括免除债务)为目的，实施了秘密窃取质押车辆的行为，前后两个行为属于手段与目的的关系，成立盗窃罪与诈骗罪的牵连犯，应根据牵连犯从一重处罚。根据相关司法解释等规定，对李含笑以盗窃罪定罪处罚属于较重的刑罚，应以盗窃罪追究其刑事责任。

六、对出质人窃回质押物的行为定性——宋平盗窃案[①]

2012 年 10 月 16 日，被告人宋平与被害人王元宵口头约定，由王元宵将 10 万元借给宋平，宋平则将其所有的奥迪轿车质押在王元宵处，还款期限为同年 11 月 15 日。借款到手后，宋平用预留的车钥匙于 11 月 30 日在江西省德兴市上海路农夫饭庄附近伙同舒某将质押给王元宵的奥迪轿车秘密开走。当王元宵发现车子不见时，便询问宋平是否将车子开走，宋平则予以否认，并谎称该车可能是被银行或车行开走。12 月 1 日，宋平又将该车质押给浙江义乌的楼某，借款 12 万元。经鉴定，质押物奥迪轿车的价值为人民币 24.3 万元。

公诉机关以被告人宋平犯盗窃罪向法院提起诉讼。

法院经审理后认为，被告人宋平盗窃他人财物，价值人民币 24.3 万元，数额巨大，其行为已构成盗窃罪。被告人对主要事实如实供述，可认定坦白，依法可从轻处罚。据此依以被告人宋平犯盗窃罪，判处有期徒刑五年，并处罚金人民币 5 万元。

一审判决后，被告人宋平不服，提出上诉。二审法院经审理后裁定驳回上诉，维持原判。

针对该案审理法院认为，盗窃罪保护的法益，除所有权之外，还应包括他人的占有(持有)权。被告人宋平窃回其自己所有但质押于被害人处的轿车的行为，主观上具有非法占有的目的，侵犯了质权人的合法占有权，构成盗窃罪。具体如下：

第一，口头质权合同成立有效，合法占有应受刑法保护。尽管物权法虽然明确要求当事人在设定质权时必须订立书面质权合同，但并没有明确规定口头

① 最高人民法院主办：《人民法院报》2014 年 6 月 12 日第 6 版。

订立质权合同归于无效，并且宋平与王元宵订立的头口质权合同并没有损害第三者利益，因此，物权法的强制性规定并不属于效力性强制性规定，不能以违反合同法的规定而认定宋平与王元宵之间的口头质权合同无效。本案中，宋平与王元宵虽然未按合同法的规定订立书面质权合同，但双方均履行了主要义务，且彼此接受。因此，宋平与王元宵之间的口头质权合同应认定有效，王元宵基于质押合同占有宋平的奥迪轿车于法有据，其合法占有权被宋平侵犯而遭受损失应受刑法保护。

第二，风险责任承担规则要求，合法占有须受刑法保护。根据民法风险责任承担理论，占有期间，被占有物的风险一般由占有者承担。本案中，王元宵占有奥迪轿车期间负有妥善保管的义务，因保管不善导致质押物被损毁、灭失的风险均由王元宵承担。宋平窃回轿车的行为不仅使王元宵因质押物的灭失而在债权到期无法实现债权或享有优先受偿权，而且还使王元宵因保管不善对宋平需承担赔偿责任，而宋平在窃走轿车后不仅免除了向王元宵偿还借款的义务，而且还能得到王元宵的赔偿。当王元宵发现奥迪轿车不见询问宋平时，宋平对此予以否认，并谎称汽车可能被银行或车行开走，这一系列行为反映出宋平主观上具有非法占有目的，故宋平的行为构成盗窃罪。

第三，他人合法占有的质押物，能成为出质人盗窃对象。其一，我国刑法理论认为，财产罪侵犯的主要客体是公私财产所有权，然而该理论已遭到学界的反思与批判，因为所有权说是根据民法通则和民法理论来论述所有权的含义的，而民法上的所有权与用益物权、担保物权相并列，如果认为刑法保护的是所有权，那么就意味着刑法并不保护担保物权，这显然与刑事立法精神和刑事司法实践相背离。其实，质权人虽然对于质押物没有所有权，但却对于质押物拥有支配权，质押物一旦被窃，质权人的占有权利也将因此受损，因此，盗窃罪的法益保护范围不能只局限于民法上的所有权，还应包括占有权。其二，将出质人窃回质押物的行为认定为盗窃罪，实践例证均认为，刑法第九十一条第二款规定的“管理、使用或者运输”都有占有的含义，既然由国家或者集体占有的私人财产以公共财产论，那么由他人占有之财物以他人财物论，亦在情理之中。刑法作前述规定是考虑到此类财物被盗或者灭失，国家和集体负有赔偿责任，最终财产遭受损失的仍是国家和集体。同理，他人占有、但非所有的财物被盗或者灭失，他人依法应当承担赔偿责任，实际遭受的损失仍是财物占有人。可见，行为人自己所有之物在他人占有期间，也应视为他人的财物，可以成为盗窃罪侵犯的客体。

此类情形的案例还有地方法院公布的如苏进君盗窃案[1]、吕伟勇抢劫案[2]、杨彪盗窃案[3]等。

综上，上述案件中，审理法院均一致认为行为人非法取回质押在他人处本人的财物应以财产罪认定。特别是在被告人叶文言等盗窃案中认为，本人所有的财物在他人合法占有、控制期间，能够成为自己盗窃（抢劫）的对象，但这并不意味着行为人窃取他人占有的自己的财物的行为都构成盗窃罪。是否构成盗窃罪，还要结合行为人的主观目的而定。如果行为人窃取是为了借此向他人索赔的，即具有非法占有目的，应当以盗窃罪论处。可见，实务部门是对此种情形下的占有保护是持肯定态度的。对此，支持所有权说的观点也认为“质权人在占有质押物期间，他人盗窃了质押物，此时侵犯的是占有而并非所有权”[4]。在廖承龙、张文清盗窃案中，法院认为，虽然廖梅不享有该车的质押权，但鉴于其是基于合法借贷关系而占有该车，并履行了约定的对价给付义务，故其取得该车的临时监管权是合法的，且这种监管权受刑法保护。显然，该裁判理由并非站在所有权说的立场，其实质意义是刑法应当保护这种占有。在李含笑盗窃案中，法院认为，质押权人因为设立质押而取得对质押物的合法占有权，并享有优先受偿权。案中的被告人实施窃取的目的并非是恢复对质押物的占有，而是为了消灭质权进而意欲免除债务并尽可能得到相应赔偿。其窃回质押物与窃取质权人所有的等值财物在行为性质上没有差异，质权人合法占有的质押物失窃与其所有的等值财物失窃在法益损害上也没有区别。在宋平盗窃案中，法院认为如果认为刑法保护的是所有权，那么就意味着刑法并不保护担保物权，这显然与刑事立法精神和刑事司法实践相背离。质权人虽然对于质押物没有所有权，但却对于质押物拥有支配权，质押物一旦被窃，质权人的占有权利也将因此受损，因此，盗窃罪的法益保护范围不能只局限于民法上的所有权，还应包括占有权。

通过对上述判例的考察可以认为，在此类问题上所有权说并未如其支持者认为的那样，得到审判实践的支持，而恰恰表明了审判实践对所有权说的“置之不理”。

---

① 湖南省常德市中级人民法院（2012）常刑二终字第41号刑事判决书。

② 上海市第二中级人民法院（2008）沪二中刑终字第410号刑事判决书。

③ 安徽省颍上县人民法院（2014）颍刑初字第00138号刑事判决书。

④ 于志刚、郭旭强：《财产罪法益中所有权说与占有说之对抗与选择》，《法学》2010年第8期。

第三章　财产犯罪基础理论与本土刑法文化的契合

财产犯罪理论本身是复杂的，我国现阶段的研究较多是对域外观点介绍，未能结合我国本土文化进行较好融合。纵观域外财产犯罪的理论与审判实践，不同国家、同一国家的不同历史时期对同一问题的观点并不完全一致，这与一国的社会治安状况、国民的财产观念、文化传统、刑事政策等密切相关。

比如日本第二次世界大战后，财产罪保护法益从本权说转为占有说，向扩大处罚范围方向发展有其现实的社会背景。“二战”后一段时期日本社会处于混乱状态，利用财产上权利义务关系混乱不法获取财产利益的犯罪常常发生，为了保护个人的财产就必须首先保护财物的占有本身，以实现财产秩序的恢复。且日本战后迎来了经济的高速增长，围绕财产的权利义务关系更加复杂化，财产的利益形态更趋多样化。所有者自身不占有财物而由他人占有、利用财物的形态大大增加。这种情况之下，财物占有自身的经济价值逐渐增大，作为刑法保护对象的必要性也在增加。况且在复杂化的利用关系中财物的占有到底基于何种权利也不容易明了，刑法首先就应该保护财物的占有以维护财产秩序。[①] 因此，对财产犯罪保护法益的这种认定，可以说是“治乱世用重典”的刑事政策思想的具体体现。

又如，在19世纪的英国，作为财产罪对象的财物只能是“他人的财物”，如果行为人能提出取得的财物是自己的这种“权利主张”，那就可以否定盗窃罪的成立。这种重视行为人主观思想的做法，与英国十一二世纪受罗马法、教会法的影响，在犯罪成立方面注重考察行为人的心理因素有关，也是英美法系国家“个人本位”文化思想在刑事立法、司法中的反映。

我国对于财产犯罪的诸多问题究竟应持何种立场，单纯进行理论思辨或者照抄照搬域外的做法并不合适。我国财产犯罪的审判实践，在很大程度上是本土文化的真实反映，有其合理性，需要进行系统归纳、总结。比如，行为人通过

① 章伟华：《财产罪基础理论研究——财产罪的法益及其展开》，法律出版社2012年版，第41页。

窃取方式取回自己所有但被他人占有的财产，最高人民法院发布的指导性案例认为不成立盗窃罪的主要原因在于：中国国民的财产观念更重视的是所有权；我国公权力对财产权利保护的不足也决定了公民通过非法手段取回自己的所有财产有其必然性；我国财产犯罪的法定刑过重，对侵犯占有权、所有权的行为不加区分以财产犯罪论处，势必会违反罪刑均衡原则；较之财产犯罪，无论是立法还是司法对贪污贿赂犯罪的处罚都过轻，扩张财产犯罪的成立范围会影响刑法的公众认同。

因此，在前一章节对我国审判实践尤其是争议类型财产犯罪审判实践的主流处理模式中的做法进行系统梳理后，有必要对其背后所体现的社会文化（本土文化）进行考察，进而提出更加符合我国实际的财产犯罪保护法益等相关基础理论。

第一节　刑法文化在财产犯罪释义中的作用

法律不是从来就有的，也不是永恒存在的，而是一种社会历史文化现象，因而是一个历史文化的范畴。法律（包括刑法）是人类社会发展至特定文明阶段的产物，并总是与特定的社会整体文明发展状况相应对、相衔接。因此法律与社会文化之间存在着一种持久的、多方面的、深刻的关系。同时，法律不是游离和超乎社会之外的自给自足的孤立存在，不是一种自然存在，而是人类社会文明发展至特定阶段为应对和解决生存与发展问题的一种智慧设计、文化创造。生活于地球上不同地域的不同民族，由于面对和遭遇具体生存和发展的问题与解决这些问题的程度和方法上的差异，形成了凝聚、沉积该民族知识、思维、价值、审美和生活样式的不同类型的文化，从而使作为社会文化组成部分和文化积淀物并承载社会文化使命的法律也各不相同、品格各异。而不同的文化类型（模式）赋予其法律不同的品格，因此释义法律、理解法律就必须与其赖以产生、存身立命的社会文化自觉勾连起来。唯此，才能精准地释义法律、并穿透法律规则的外在形式，洞悉法律的内在文化命意。①

一、思维方式与法律文化的发展

思维方式是稳定性、普遍性、持久性、定型性的思想模式。其非一两代人的思维方法，而是整个民族在其全部历史过程中都存在的思维模式，是一种在历

① 许发民：《刑法的社会文化分析》，武汉大学出版社2004年版，第1页。

史过程长期积沉下来的深层次的文化心理结构。[①] 这样的心理结构是文化的最高凝聚或内核，是一切文化的主体设计者和承担者。两种不同的思维方式对中西自然科学和哲学社会科学均产生了至深至远的影响。法律世界自当不可例外，并具体表现为感性与理性、实然与应然、经验与超验、事实与价值和个体权利与国家权力等一系列范畴之间的对立或合一的关系。[②]

同时，思维方式是文化中看不见、不易自觉的制约和控制因素，而一旦一种稳定的、模式化了的文化在它所影响的人看来是“理所当然”的，那么人们就会自觉或者不自觉地把暗含于思维方式的东西视为合理。事实上，人的思想和行为很多时候在更深层次是由无意识的文化密码所决定和制约的。一定的文化模式下的个体和集体，由于历史传统、教育和文化的获得性遗传的作用，都已事先形成了一种特定的思维方式和价值观念，或者说文化在他们思考之前、行为之前已把一套稳固的文化信息结构模型植入他们的潜意识之中了，这组文化信息是人们今后思想和行为的前结构和先在逻辑，在以后的社会实践中人们并未用自己的理性去审视它，也意识不到它。它以一种无意识的文化力隐蔽地起着作用，文化的民族性和社会历史性正源于此。文化对人的作用特点是不自觉性、无意识性的，而法律、刑法的创制与适用，违法、犯罪及人们对违法、犯罪的反应，无不受到文化的作用。因此立法模式、立法技术、审判方法、行刑艺术及法律效益，从现成的立法规定并不能得以全面的说明和深刻的阐发，原因也在此。[③]

由此，文化(包括刑法领域文化)一经形成模型，就会稳定地、连续地、隐蔽地发挥作用，它以潜意识的形式沉积在人的深层心理结构中，以无形而巨大的力量和容纳能力在模塑、修改着新的社会关系。中华法系早已不存在了，作为该法系的具象、有形的法律制度、法律设施、法律人物也早已成为故事，但作为文化现象的抽象、隐形的刑法文化却早已渗浸于中华民族的记忆库之中，融透于中华民族的血脉之内，顽强地发挥着作用、释放着能量。[④] 而文化，在简赅的意义上就是人化与化人的统合，人始终与文化相伴随，人始终是文化的主体；刑法是人的行为规则，反映在文化上就是居于统治地位者关于人的根本看法与价值预设；人非自然的存在体，人在本质上是社会的产物。作为社会意识形态的

---

① 刘进田：《文化哲学导论》，法律出版社 1999 年版，第 320 页。

② 许发民：《刑法的社会文化分析》，武汉大学出版社 2004 年版，第 120 页。

③ 许发民：《刑法文化与刑法现代化研究》，中国方正出版社 2001 年版，第 121 页。

④ 许发民：《刑法文化与刑法现代化研究》，中国方正出版社 2001 年版，第 148 页。

重要组成部分，刑法观念的形成、发展与变更，必然受制于一定的社会基础。可见，文化与刑法具有难以割舍的内在联系。现实的刑法不仅是当下主流社会文化的具象化、外在化，也与过去的传统文化血脉相连。刑法是一种集体性反应，而文化也是一种集体性反应。在刑法上，某些行为在某种社会中被视为犯罪、被认定为犯罪，主要是因为这种行为和那个社会的社会主流文化、集体性利益有矛盾。把犯罪标定为非法的和反社会的行为，也就说明它对所在的社会主流文化构成了严重的威胁与挑战，是一种反文化的行为；而对这种行为的反应和处置，世界各国也无不带上本民族的文化特点，因此文化也是阐释刑法的一个重要方面。一个国家的法律可以由该国的经济、政治和文化等多方面因素形成而产生，但犯罪、刑事责任和刑罚只有通过该国的文化来诠释才能获得更准确的理解。

二、立足刑法文化的意义

法律制度在变迁的同时获得人们的接受和认可，进而能有效运作的便利途径便是获得合法性——人们下意识的认同。[①] 即，一国的法治是一个民族的生活创造的。[②] 因此，“中国的法治之路必须注重利用中国本土资源，注重中国法律文化的传统和实践”[③]。这不仅是《论法的精神》等西方名著中“法律必须立足于本土文化”的观点重申，也是马克思主义“具体问题具体分析”方法论决定的，更是华夏民族在世界上保持自己文化和传统的必须。[④] 而传统是一种在历史上形成并延续到现在，能够对现实社会中人们的思想和行为产生重要影响的精神力量。任何文化都不能凭空构造，都是在既有文化模式的基础上发展起来的。任何民族都不能隔断自己的历史而凭空创造新的文化，也不能抛弃积累下来的文化成果而全盘接受外族文化，应在批判继承旧的文化基础上形成新的文化。

在法律的生成模式上，人们普遍认为存在两种主要途径：一是理性建构，二是经验积累。但是，近代以来，我国在相当长的一段时间内忽视了第二种模式，无论是在刑事立法还是刑法解释领域，过分强调理性建构的意义，这一教训在其他部门法领域是深刻的。改革开放以后，我国制定的大量民商事、经济立法，如破产法，虽然基于理性建构，但却被实践证明是有些水土不服的。如果缺

① 苏力：《法治及其本土资源》，北京大学出版社 2015 年版，第 17 页。
② 苏力：《送法下乡》，北京大学出版社 2011 年版，第 9 页。
③ 苏力：《法治及其本土资源》，北京大学出版社 2015 年版，第 6 页。
④ 何建良：《从本土文化的角度探讨中国法治的未来》，《法制与社会》2013 年第 7 期。

乏对社会现实经验的审视，刑法将难以符合现实，即使对于理性建构而言，也绝非空中楼阁，而应奠基于经验积累之上。因此，对于刑法立法、刑法解释而言，进行经验积累式的解说，实际上是让刑法回归生活的重要表现。可以说，对刑法进行本土文化的解释，是对刑法经验积累的重新回顾。毕竟，传统法律文化中的诸多内容是人类在与自然、外敌的斗争中多次试错行为的结果，是人类对付外界威胁和维持内部秩序的最优抉择的结果。①

而所谓刑法文化就是由社会的经济基础和政治结构决定、在历史进程中沉积下来、在人们关于刑法认识和刑法实践活动中流变着的、普遍而恒常的集体性精神模式或指向。该集体性精神模式是人们的思维模式，以及与之相关的认知模式、心态模式、评价模式和审美模式的集合。一个社会的文化与刑法文化并不是两种文化，它们之间存在着整体与部分、一般与特殊、共性与个性之间的关系。刑法文化是社会文化的组成部分，是社会文化系统的子系统。而一国的刑法又总是处于一国的社会总体文化覆盖之下，这就使得人们对刑法的认识和运用带上了民族文化的特色，由此形成一种不同于他国的刑法领域的具体化的特殊表现。因此，必须从社会总体文化对刑法文化的制约上理解刑法文化，社会总体文化会影响社会的方方面面，刑法自不例外。要正确理解刑法，就必须考虑刑法的目的及其调整的社会现实。刑法是一个复杂的法律社会现象，既是一个个法条，一种规范的构造，又是一种价值的载体、文化的表现和社会的存在。②刑法观念便正是在这样一种刑法文化中形成并持续而深刻地影响刑法的发展。而中国几千年所形成的刑法文化在刑法观念上则主要表现为：国家利益、社会秩序至上；重刑轻民、以刑为主，从《法经》直到《大清律例》，历代具有代表性的法典都是以刑为主，诸法混合编纂为一体；体现在刑法制度层面，即为引礼入刑，刑礼合一；诸法合体、并用，刑民不分等。③ 这些刑法文化在财产犯罪的保护法益等基础理论的释义中起着相当重要的作用。

第二节　刑法文化在财产犯罪基础理论中的契合性表达

一、注重国家、社会秩序维持契合占有说（或经济的财产说）

传统的刑法文化经过几千年的发展，已经形成了深厚的历史积淀，富有丰

① 徐光华：《刑法文化解释问题研究》，《武汉大学学报（哲学社会科学版）》2012 年第 2 期。

② 许发民：《刑法的社会文化分析》，武汉大学出版社 2004 年版，第 408 页。

③ 基于本书论述的需要，仅选取和财产犯罪保护法益相关联的部分。

厚的历史底蕴，并且传承下来，影响着现代人们的生活，民众的法律意识亦是在长期法律思想的灌输和法律实践中逐渐形成的，以至影响了人们的心理构成并因此而形成的一种传统的思维习惯的惰性。① 它作为当代中国人的“历史前见”，已深深地嵌入我们的法律精神，烙印在现代刑法中，影响着财产犯罪的基础理论。

在中国古代刑法文化中，儒家法律思想及其影响居于正统地位，作为中国传统政治法律文化资源的重要组成部分，对现代法治有着深远的影响，尤其是对现代刑法的发展，影响更是不容忽视。“儒家伦理千条万条，但归根结底不外乎从一个追求秩序情结衍生出来。”②在孔子那里，国家的治乱，取决于等级秩序的稳定与否，而其终极关怀便是建立这种社会秩序。即每个人在自己的位置上，遵守各自的规范，则整个社会就有序稳定，这种秩序主要便是由“礼”来进行构建。礼源于古代祭神祭祖的活动。中华民族进入文明门槛的前夕，礼便是先民生活中的一件大事。“礼”本来只对社会、人的行为起着外在的规范作用，可随着“礼”人为的制度化、法律化，便形成了中国古代社会独特的法律内容并具有法律的功能。违背礼义道德也就是触犯法律，礼义道德同法律一样，是一种外在的强制力量和行为规范。③ 因此，“人们习惯于‘礼’、‘法’并称，主张‘隆礼尊法’，其原因就在于中国古代法律从来就具有浓重的世俗伦理色彩。”④而礼法结合后，封建社会在立法、司法等方面的主导思想便是以刑罚维护礼教，以适应封建统治的需要。

与现代法治相比，“儒家法律思想所蕴涵的价值信念并不在于维护个人的自由，而在于为整个社会划定‘名分’，通过引发人们的崇高之情使其进行精神内省而非外求来稳定人生，从而造就一个和谐的社会秩序。”⑤正如我国学者梁治平考察中国法律文化中个人在社会中的地位，得出如下结论：中国传统文化完全不承认个人的存在。在这种社会（包括家族、集团）本位的法文化中，个人是十分渺小和微不足道的，它融化在庞大而发达的以伦理为纽带的社会关系的汪洋大海之中，社会秩序之于个体自由永远具有终极意义。⑥即便是统治阶级

① 陈鹏生等主编：《走向二十一世纪的中国法文化》，上海社会科学院出版社 2002 年版，第 107 页。

② 张德胜：《儒家伦理与社会秩序》，上海人民出版社 2008 年版，第 6 页。

③ 王学辉、王殿华：《中国固有法文化的特征及其价值思考》，《云南民族学院学报》1990 年第 2 期。

④ 王杰：《传统文化中的主体价值及其现代转换》，《中共中央党校学报》2006 年第 3 期。

⑤ 任强：《知识、信仰与超越》，北京大学出版社 2009 年版，第 168 页。

⑥ 许发民：《刑法文化与刑法现代化研究》，中国方正出版社 2001 年版，第 148 页。

的政治利益、主张和要求得以实现亦须获得伦理价值的支持，起码也应与伦理价值不相对立。因而，“儒家对‘礼治’的维护，突出表现的就是宣扬礼乃‘承天之道’以‘治人之情’。认为天道体现了上下尊卑的等级原则，所以顺应这一原则的‘礼’，是合乎天道的‘天理’，必须以此作为立法的指导。因而礼被概括为‘礼者，天地之序也’，‘礼也者，理之不可易者也’。”①

与此同时，包括中国在内的古代亚细亚走的不是“由家族至私有再至国家”的正常路径，而是“由家族到国家”的捷径，是在私有制发展得不够充分、血缘宗族关系未被彻底摧毁的情况下跃进到国家形态的。由于社会从家族直接闯进国家形态，社会分工和私有制发展得都不够充分，致使人与自然、社会之间的分裂与对立极不彻底。由此，在文化世界，感性与理性分裂得也不够彻底，感性冲动和理性冲动也未得到彻底和充分的发展，突出的则是感性和理性的完美结合，于是将人看成社会之一部分的儒家和把人看成自然界之一部分的道家的思想成为文化世界的主流思想。求静、求稳、求协调、求衡平、求统一和安定团结遂成为文化的主导观念。②

因而，结合上述“礼治”之维，我国传统的刑法文化从价值上就以维持大一统的国家、社会的稳定为归宿。从而，反映在刑法上，维持社会秩序成为其价值偏一性选择。③ 也就是说，只要有利于维持社会秩序，定罪量刑也不一定只援引法典作为根据。因此，刑法文化传统对犯罪圈的界定也会产生深刻、直接而重大的影响。由此，凡是不利于社会经济秩序稳定的具有危害性质的行为便被纳入犯罪圈。正是在此种意义上，财产犯罪保护法益理论中的占有说，或者经济的财产说便契合了此种文化背景，因而占有说或者经济的财产说具备了刑法文化上的正当性。

二、重视习惯作为（刑）法之外社会调节手段契合特定情形下的私力救济

法律的主要功能并不在于变革，而在于建立和保持一种可以大致确定的预期，以便利人们的相互交往和行为。从这个意义上来看，法律从来都是社会中一种比较保守的力量，而不是一种变革的力量，但这也并不否认在一定条件下法律可能或可以被用作一种社会变革的工具。正是由于这个原因，法律几乎总

① 吕安青：《先秦儒家法律思想探源》，《政法论坛（中国政法大学学报）》1998 年第 1 期。

② 刘进田：《文化哲学导论》，法律出版社 1999 年版，第 320 页。

③ 许发民：《论罪刑法定原则价值蕴涵的社会文化分析》，《淮阴师范学院学报（哲学社会科学版）》2004 年第 3 期。

是同秩序相联系，因而常被界定为一种能建立确定预期的正式制度。而确定的预期之所以重要，是因为只有在比较确定的预期下，我们才能进行一切社会交往和社会活动。可以说，我们的任何社会活动都建立在一大串我们认为比较确定的预期之上。而法律以及其他各种在功能上起这种作用的规则（习惯、惯例），就在许多领域（并非一切领域）保证着这个世界不会突然改换模样，不会失去我们赋予其的意义。也正因为如此，法律的稳定性和灵活性或变通，循法与变法一直是东西方法学中一个永恒的问题。但并非只有现代的成文法才能确立这种大致确定的预期，各种习惯和惯例也能起到这种作用。

事实上，习惯法在当今社会纠纷处理实践中仍然起着对法律的补充作用，甚至在一定程度上替代了法律的作用。因为习惯在长期的发展过程中会演变成一种民间文化，或者说它存在的根基在传统文化之中，尊重习惯是“文化”的本质内涵。“造成一国之基本、形成一国之国风，即习惯也。”[①]法治高度发达的西方社会，习惯法仍然是不可或缺的。“从表面上看，西方法治的基础是国家法，但是如果我们认真观察就会发现，不仅在英美法系国家各种地方性习惯普遍存在，就是在大陆法系国家，各种自治性团体规约也为数不少。由此可见，不仅是东方传统国家给习惯法留有相当空间，从而造成一种法律多元的格局，而且西方民主国家也给各种地方习惯和团体规约留下了广阔的空间。”[②]

因此，每个社会中，即使没有国家正式颁布的法律，由于社会生活的需要，也总是会形成一些习惯，实际上起到法律的作用。而且在比较简单的社会中，这些习惯甚至比成文法律更为便利和有效，它降低经济学上所说的交易成本，对各种社会交往起到了建立预期、规制人们行为的作用。在“引礼入刑，礼法合一”的传统刑法文化中，基于风俗及习惯而形成的习惯法是“礼”的重要组成部分。这些习惯产生于人们的日常生活，是人们日常生活中的准则，其根植于人们的日常生活和人情之中。[③] 同时，由于传统社会不允许某种“秩序真空”的存在，越是国家法难以调节的地方，习惯法就越加显得重要，它们渗透于社会的诸多领域。这些传统的、民间的、民族的文化习俗，较法律更为重要，不可一律将其摒弃。[④] 正如孟德斯鸠指出的：“法律应该与国家的自然状况相联系；与气候

---

① 胡旭晟：《20 世纪前期中国之民商事习惯调查及其意义》，《湘潭大学学报（哲社版）》1999 年第 2 期。

② 李可：《习惯法——一个正在发生的制度性事实》，中南大学出版社 2005 年版，第 328 页。

③ 曾宪义等主编：《礼与法：中国传统法律文化总论》，中国人民大学出版社 2012 年版，第 198 页。

④ 汤唯：《法社会学在中国——西方文化与本土资源》，科学出版社 2007 年版，第 184 页。

的冷、热、温相联系；与土壤和面积相联系；与农民、猎手或牧民等各种人民的生活方式相联系。法律须与政体所能承受的自由度相关联，还要和居民的宗教、癖好、财富、人口、贸易、风俗以及礼仪相关联。最后，法律条款彼此之间有内在的关系；它们和各自的渊源，和立法者的宗旨以及和奠定法律基础的事物秩序相关联。应该通过以上这些观点来考察法律。”[①]可见，在孟德斯鸠看来，法律应当与习惯相适应，或者说法律起码不会仅仅是单纯的成文法条。

从另外一个方面来说，社会生活中形成的习惯和惯例起着重要的作用，甚至是法治的不可缺少的组成部分。这不仅因为法律不可能规定一切，各种习惯惯例才能起作用，而且更为重要的是许多法律往往只是对社会生活中通行的习惯惯例的确认、总结、概括和升华。从这个角度来看，国家制定法的出现和增加只是由于社会生活，特别是经济生活方式变化而引起的制度变迁之一。当然，国家制定法有国家强制力的支持，似乎容易得以有效贯彻；其实能得到有效贯彻执行的法律，往往是那些与通行的习惯惯例相一致或相近的规定。一个只靠国家强制力才能贯彻下去的法律，即使理论上再公正，也肯定会失败。正如哈耶克所言：“在一个传统和惯例使人们的行为在很大程度上都可预期的社会中，国家的强制力可以降低到最低限度。”[②]因此，尊重传统文化，对刑法进行文化解释，是刑法获得公众认同的一个重要方式。[③]

然而，传统是一种在历史上形成并延续到现在，能够对现实社会中人们的思想和行为产生重要影响的精神力量，所以刑法文化传统对犯罪圈的界定也会产生深刻、直接而重大的影响。比如西方法律文化的基本特征之一，就是社会生活和国家管理尽可能多地依靠法律，一切均以法律来衡量。而东方法律文化的基本特征之一是国家管理和社会生活尽量少地依赖法律。许多问题宁可用家族、祠堂和宗族来解决。而且法文化传统的基本特色是义务本位、法即刑，表现在治理犯罪问题上，即刑法只管具有严重后果和社会危害性的行为，对于那些社会危害程度并非严重的行为便由刑法等成文法以外的规范，比如习惯、惯例等进行调节。尽管罪刑法定原则排斥习惯法，但只是排斥习惯法作为入罪的根据，并不排斥习惯法作为出罪的根据。因为习惯法在吸纳某些社会道德观念，消解成文法的僵硬性，使一个案件的处理更加合乎情理方面所起的作用是不可否认的。如德国学者耶赛克虽然承认罪刑法定原则对于习惯法的排斥性，

---

① ［法］孟德斯鸠：《论法的精神（一）》，许家星译，中国社会科学出版社 2007 年版，第 15 页。

② 苏力：《法治及其本土资源》，北京大学出版社 2015 年版，第 9 页。

③ 徐光华：《刑法文化解释视域下的习惯法》，《法学杂志》2011 年第 10 期。

但其含义为：任何人不得仅仅根据习惯法受处罚。并且，对行为人有利的习惯法，例如建立新的合法化事由，则是允许的。[①] 日本学者大塚仁也指出，习惯和条理在刑法上并非毫无意义。关于构成要件的理解和违法性的判断根据等，不少情形下应根据习惯和条理。例如关于构成要件的解释，《日本刑法》第 123 条妨害水利罪中的水利权一般是由习惯法所承认的，第 218 条保护责任者遗弃罪中的保护责任也可以说是以习惯和条理为根据的。关于违法性，也往往从条理上的观点承认广范围的超法规的阻却事由。另外，虽然形式上没有采取废除的程序，但是已经完全不适合今日社会的法规，往往在习惯法上解释为废除了其适用。[②]

一方面，习惯法对正式刑法制度施加或显或隐的重要影响，甚至在实际上置换和改写了制定法。即习惯法不但在刑罚量定上举足轻重，有时甚至对犯罪的成立也发挥致命影响：在定罪上，习惯法主要是沿着出罪化的方向发挥影响。习惯法上的合理性往往成为一种正当理由，逼迫和挤压严格的制定法逻辑，使一起本来意义上的制定法犯罪被转化为非犯罪处理。当然，有时也会呈现出相反的面向，即制定法也可能迫于习惯法的压力，对于根本不构成犯罪的行为予以犯罪化处理。此时的习惯法，则呈现出一种入罪化的作用方向。在量刑上，习惯法基本是作为一种酌情从轻、减轻处罚的事由而存在，即主要是沿着削减刑罚的方向发挥机能。另一方面，也要看到，在制定法受到习惯法的置换或扭曲之际，习惯法本身也将受到制定法的挤压和塑造。两种法律传统的关系并非是单方面的强制和压迫，而是相互的竞争与博弈。[③]

正是"习惯法的这种看似矛盾的双重性"[④]，表现在犯罪治理问题上，便是国家无法提供足够并有效的公力救济，一律禁止私力救济便成为不可能，同时也是不现实的。

因而被社会习惯所允许的私力救济行为，特别是在财产犯罪中的私力救济行为便迎合了上述刑法文化传统，是一种根植在人们脑海中的、挥之不去的思维惯性。从这个意义上说，财产所有权人的私力救济行为在一定意义上应被排除财产犯罪的范围外。

---

① [德]耶赛克·魏根特：《德国刑法教科书(总论)》，徐久生译，中国法制出版社 2001 年版，第 165 页。

② [日]大塚仁：《刑法概说(总论)》，冯军译，中国人民大学出版社 2003 年版，第 67 页。

③ 杜宇：《表达与实践：当代刑法中的习惯法》，《中国社会科学报》2010 年 5 月 4 日。

④ 梁治平：《清代习惯法：社会与国家》，中国政法大学出版社 1996 年版，第 27 页。

三、缓和的违法一元论立场的肯定

一国的法律体系包含着民事法律、行政法律以及刑事法律等部门法，这些部门法在调整多元化的利益诉求中，各自在其法律部门中形成并发展了具有其部门特点的法秩序，并由此形成了国家的整体法秩序。这些不同的部门法秩序是在具体的司法实践中必会出现"刑民"交叉与"刑行"衔接等的问题。如何处理民事违法性、行政违法性与刑事违法性之间的关系，亦即，在法秩序统一性下，不同法域之间的违法判断究竟是必须保持统一，即违法一元论，还是应当具有相对性，即违法相对论，就属于具有共性的问题。

法秩序的统一性，是指在由宪法、刑法、行政法、民法等多个法域所构成的整体法秩序中不存在矛盾，法域之间也不应做出相互矛盾、冲突的解释。法秩序虽然是由不同的规范、按照不同的目的、由不同的法领域组合而成，但这些要素体现了法秩序是"以民族共同体的力量和高度作为目标，将散落于各个方向的追求和思想加以集中"，最终在目的诉求（即利益保护）上达成一致、得以统一。[①] 法秩序的统一性作为一种要求，适用于立法与法解释，在从规范的角度观察各个法规范之时，就要求法规范的集合体不应该是一种自我矛盾的统一体，因而法秩序的统一性就必然要求排除诸规范之间的矛盾，进而要求违法判断的统一性。法规范作为国家意志的直接体现，是一种行为规范，对于同一法律事实，不得既允许又禁止，自然要求在所有法域之间一元地、统一地进行违法判断，通常所谓"比照法秩序的整体精神"正是此意。在此意义上，违法判断的统一性无疑是立法者、司法者与解释者应该最大限度追求的理想状态。但是，现实社会必然蕴含各种矛盾，这种社会矛盾也当然会反映于作为规制社会矛盾的法规范之中，因而法规范之间存在某种矛盾或冲突，不仅有其社会存在论上的根据，更是法规范的宿命；而且，各个法规范的目的与法律效果各不相同，对违法性程度的要求也当然不同，因而违法判断的相对性又不可避免。这样，就需要协调法秩序统一性与违法判断相对性之间的矛盾，寻求最佳的"调和点"。[②]

在违法一元论的内部存在严格的违法一元论和缓和的违法一元论之分，两者对具体问题的看法不完全相同。其二者与违法相对论之间的区别，通常就通过对刑事违法的认定在以下两个问题上的不同回答来进行确认：(1) 具有构成要件符合性的行为被民法或者行政法等所容许，在刑法上该行为的正当性是否

---

① 陈少青：《法秩序的统一性与违法判断的相对性》，《法学家》2016 年第 3 期。

② 王昭武：《法秩序统一性视野下违法判断的相对性》，《中外法学》2015 年第 1 期。

也应当被承认;(2) 被民法或者行政法等禁止的行为在刑法上具备构成要件符合性,该行为在刑法上是否总是违法且应值得刑罚处罚。

由于严格的违法一元论主张,作为犯罪成立条件之一的违法性判断应当在整体的法秩序中进行一元的判断,即在某一法领域违法的行为在其他法领域则不能被认为是正当的;反之,某个法领域适法的行为在别的法领域便不能被解释为违法行为。由于将法视为行为规范,而行为规范必须是统一的,所以严格的违法一元论在德国是压倒性的多数说。可见,从严格的违法一元论处发,上述两个问题的结论便是:(1) 具有构成要件符合性的行为被民法或者行政法等所容许,在刑法上该行为的正当性也应当被承认;(2) 被民法或者行政法等禁止的行为在刑法上具备构成要件符合性,该行为在刑法上总是违法且带有可罚性的。可是,如果从严格的违法一元论出发,在(2) 的场合下即便对于民事上轻微的违法行为,只要符合犯罪构成要件,都可能会作为犯罪来处理,完全没有考虑各个不同法律领域的特定目的机能以及不同法律效果性质的差异,有所不妥,进而便有了缓和的违法一元论。

缓和的违法一元论一方面主张刑事违法性判断应就全体法秩序进行统一性评价,另一方面违法在不同的法领域有不同的表现形式或者处于不同的阶段,不同法领域有不同目的,所要求的违法性的质和量也有所不同。① 如果坚持缓和的违法一元论立场,则上述两个问题的结论便是:(1) 具有构成要件符合性的行为被民法或者行政法等所容许,在刑法上该行为的正当性也应当被承认;(2) 被民法或者行政法等禁止的行为在刑法上具备构成要件符合性,该行为在刑法上不一定具有违法且带有可罚性的,这便是与严格的违法一元论的不同之处。

违法相对论则认为,现实的各个部门法包含着各种各样的矛盾,没有必要全部消除这些矛盾,只要在法秩序目的所必要的范围内、在可能的前提下消除矛盾就够了,没有必要将其绝对排除,因此在刑法违法性的判断上,便应当以是否值得刑罚处罚这一判断为前提。② 即违法相对论认为的违法性在民法、刑法和行政法等领域是相对的或者多义的,相应地法秩序也应具有多义性。从其立场出发,则上述两个问题的结论便是:(1) 具有构成要件符合性的行为被民法或者行政法等所容许,在刑法上该行为也有成立犯罪的可能性;(2) 被民法或者行政

---

① 童伟华:《财产罪基础理论研究——财产罪的法益及其展开》,法律出版社 2012 年版,第 193 页。

② 王骏:《财产罪中违法一元论与违法多元论对立之展开》,《中国石油大学学报(社会科学版)》2013 年第 4 期。

法等禁止的行为在刑法上具备构成要件符合性，该行为在刑法上也可能不具有违法且可罚性的。但此种结论(1) 便与整体法秩序之间发生了赤裸裸的冲突。

由上可见，违法一元论的立场大体上是可取的，但严格的违法一元论是不可取的。承上述，根据严格的违法一元论，民法或行政法上禁止的行为符合构成要件的场合下，在刑法上也应被认为具有违法性或者可罚性，如盗窃他人一分钱的行为人在民法上是不法行为，在刑法上也应该被视为是符合构成要件的违法犯罪行为，这显然不妥当。当然，严格的违法一元论立场的持有者也会以可罚的违法性理论对其进行反驳，认为盗窃一分钱不具有刑法上可罚的违法性，进而不以犯罪论处。但一旦严格的违法一元论持有者如此解释，则其实质上已经是站在了缓和的违法一元论的立场来。因此，刑法上的违法性应当是在质和量上达到一定程度的违法行为，缓和的违法一元论立场既坚持了法秩序的统一性，又考虑到各个不同法律领域的特定目的和机能，因而是可取的。

而这一点与中国传统刑法文化的契合性便体现在：由于中国传统刑法文化中“重刑轻民，刑民不分”的特点，使得对于行为违法性的判断一方面受到“诸法合体”的影响而倾向于违法一元论的立场；同时在“重刑轻民”的制度性规定下，承认部分犯罪的认定依赖于民法知识并肯定刑法作为民法的保障法同时，其实质便是强调刑法的相对独立性。而上述的缓和的违法一元论立场便是这一传统刑法文化的观念的集中反映。因此，对于财产犯罪的判断，刑、民领域的违法性判断不能相互冲突，并承认刑法和民法在解释技术上的相异之处。既允许刑法和民法之间必要的差别，又要遵循统一的违法基准，这也是保护国民预期可能性的要求(也是罪刑法定原则的重大意义之一)。即，当民法不认为是违法的行为时，不能得出犯罪的刑法判断；当民法认为是违法的行为时，刑法对于是否犯罪可以基于其本身的目的、机能等进行独立判断。[①]

综上，刑法文化主导观念对刑法灵魂和民族主体生命特征的客观反映一旦形成即具有一种恒久的稳定性和巨大的历史惯性，其不仅是刑事立法的精神源头，[②]也制约着刑事司法。所以，我国财产犯罪法益保护等基础理论必须立足于我国现实的审判实践及其背后的刑法文化，尊重、超越传统而并非恢复传统，同时吸收借鉴他国的学说观点，以此修正并形成具有我国特色的财产犯罪法益保护基础理论。

---

① 童伟华：《财产罪基础理论研究——财产罪的法益及其展开》，法律出版社 2012 年版，第 201 页。

② 刘守芬等：《刑法文化与犯罪预防控制的研究》，中国人民大学出版社 2012 年版，第 7 页。

第四章　我国财产犯罪法益保护理论修正与完善

第一节　财产犯罪法益保护理论评析

一、所有权说的缺陷

所有权说适合于财产权利义务关系简单、财物流动性较低的社会经济生活状况，在自给自足的经济形态下有其存在的合理性。因为在社会经济发展水平低下、财物流转极少的背景下，财物基本上都处于所有者的支配控制之下，占有归属于所有者，由此以所有权作为财产犯罪的保护法益具有合理性。毕竟所有权是财产关系的基础也是事实。[①] 因此，所有权说认为财产犯罪要求行为侵害了财产的所有权，需要对财产具有实质的侵害这一点来说，所有权说具有限制财产罪处罚范围的积极意义。但相应地该说便会导致他人基于占有（合理或不合理的）在刑法上不受保护的结论，对于司法实践中发生的“第三人以不法手段盗窃、抢劫、抢夺他人无权占有的赃物或违禁品案件”[②]，将无法认定为构成犯罪，而这将不利于社会秩序的维护，与刑法的社会保护功能相悖。因此，所有权说在理论上和实践中存在的诸多疑问和难题表现如下：

第一，所有权说与刑法理论的发展不相协调，过于缩小了财产犯罪的处罚范围。当下，刑法理论一般认为财产犯罪的犯罪对象已经不再仅局限于财物，理论界与实务界对财产性利益可以成为财产犯罪的对象已逐渐形成共识。如果承认财产性利益可以成为侵犯财产罪的犯罪对象，债权就可以成为侵犯财产罪的保护法益。而债权同包括所有权在内的物权是两种性质完全不同的权利。同时，我国《物权法》确立了所有权（含国家所有权、集体所有权、私人所有权、建筑物区分所有权）、用益物权（含土地承包经营权、建设用地使用权、宅基地使用权、地役权，同时该法确认海域使用权、探矿权、采矿权、取水权、养殖权和捕捞

① 张红昌：《财产罪中的占有研究》，中国人民公安大学出版社 2013 年版，第 6 页。

② 根据盗窃罪的司法解释，盗窃违禁品应当按照盗窃罪处罚，也并不能看出司法解释在这里将盗窃罪的法益理解为所有权。

权受法律来保护,这些权利在性质上属于准用益物权)、担保物权(含抵押权、质权、留置权)以及作为类物权的占有制度。[①] 而所有权说却仅将刑法中财产犯罪的保护法益限定为所有权,忽略了用益物权、担保物权等权利形式,显然与刑法理论的发展不相协调。即便如此,由于所有权只是一种抽象的权利,财物的经济效益主要是由对财物的占有、管理而取得的,所以保护所有权最终又会落实到保护占有本身。[②] 可见,所有权说的理论缺陷是显而易见的。

第二,所有权说可能会使刑事诉讼法限于困境。比如,在不法原因给付的场合下,行为人贩卖假毒品获取钱款的,或者受托转交贿赂款而消费掉贿赂款的,或者受托保管赃物而侵吞的,或者受托代为销售赃物的谎称只售得少量钱款而侵吞部分销售款的,等等,因为是出于不法原因交付钱款和财物,所以钱物的交付方按照民法和合同法的规定,不具有返还请求权,即在民事法上不享受合法的权利,故接受钱物的一方纵然实施诈骗、侵占行为,也不能构成诈骗罪、侵占罪。可见,如果严格坚持所有权说,则在财产犯罪案件中,对指控的犯罪要对所有权关系加以证明,这样会使公权力介入过度(例如官员存放于情妇家的财物被盗,刑事司法上就没有必要确定谁拥有所有权),可能侵害个人隐私,在社会转型期也可能难以做到这一点。同时也会导致刑法判断始终受制于民法——民法上对所有权难以确认的场合,财产犯罪就不成立,从而使得刑事裁判失去其独立性与及时性。[③] 这也与诉讼程序中“先刑后民”的一般规则相冲突。

第三,所有权说在实践中也遇到无法合理解决的难题。例如,所有权说不能解释为什么诈骗、抢劫赌资的行为构成诈骗罪、抢劫罪,因为它不能说明该诈骗、抢劫罪侵犯了谁的所有权。也许有论者认为这种情况下行为人侵犯的是国家的所有权,但是所有权取得的时间应以交付的时间为标准来确定。就没收而言,国家现实地实现了没收行为时,才取得对所没收之物的所有权。在国家还没有没收赌资的情况下,不享有对赌资的所有权。诈骗、抢劫还有没收赌资的行为,当然没有侵犯国家的财产所有权。[④] 如,行为人偷回被司法机关扣押的本人财物的,或行为人将质押在债权人处的本人财物偷回的,所有权说认为,司法机关对财物进行查封、扣押的,该措施并不是对行为人财产所有权进行剥夺,在法律性质上,其仅作为一种财产保全措施存在。既然如此,那么依法被扣押、

① 梁慧星:《物权法》,法律出版社 2016 年版,第 68 页。

② 陈洪兵:《财产罪法益上的所有权说批判》,《金陵法律评论》2008 年第 1 期。

③ 周光权:《刑法各论》,中国人民大学出版社 2016 年版,第 84 页。

④ 张春雨、刘中发:《窃取公权力支配下的本人财物之行为定性研究》,《中国刑事法杂志》2009 年第 8 期。

查封的财物所有权仍然属于行为人，所以取走或者处置被依法扣押、查封财物的行为并不构成财产犯罪。[①] 但若行为人偷回后再索赔的则构成盗窃罪。对此，所有权说又认为这是因为行为人事后的索赔行为侵犯了占有人的财产所有权。[②] 但若第三人盗窃，所有权说会认为财物被盗后，所有权人会索赔，这样第三人便侵犯了占有人的财产所有权。可一旦所有人不索赔，是否就意味着第三人没有侵害占有人的财产所有权进而不构成盗窃罪呢？换句话说，此种情形下第三人盗窃他人财物行为的罪与非罪取决于所有权人索赔与否？对此，所有权说又认为，若第三人将财物盗窃，所有权人放弃索赔，虽然没有造成管理单位的财产损失，但仍然侵犯了所有权人的财产所有权，[③]等等。

但事实上，所有权说又认为在某些情形下根据该说得不出该结论的也存在刑罚处罚的必要性，于是便只能提出各种理由。比如，李某花 5 000 元购得摩托车一辆，半年后，其友王某提出借用摩托车，李某同意。王某借用数周不还，李某碍于情面，一直未讨还。某晚，李某乘王某家无人，将摩托车推回。次日，王某将摩托车丢失之事告诉李某，并提出用 4 000 元予以赔偿。李某故意隐瞒真情，称："你要赔就赔吧。"王某于是给付李某摩托车款 4 000 元。后李某恐事情败露，又将摩托车偷偷卖给丁某，获得款项 3 500 元。按照所有权说，因为李某对摩托车享有所有权，其取回摩托车只是行使所有权的行为，理应不构成盗窃罪。于是所有权论者不得不论证说："如果财物所有人采取秘密窃取手段盗窃他人保管之下的本人财物后又进行索赔的，实际上侵犯了他人财产所有权，符合盗窃罪的本质特征，应以盗窃罪论处。"[④]言外之意，之所以构成盗窃罪，是因为李某索赔的缘故。若如此，则构成的也应该是诈骗罪。不过，李某取得摩托车并非王某基于认识错误处分财物的结果，所以不符合诈骗罪的构造，不可能构成诈骗罪。其实，本案构成盗窃罪，是因为尽管王某迟迟不还无偿借用的摩托车，但王某对摩托车的占有也是一种值得保护的法益，李某侵犯这种占有，当然构成盗窃罪。又如，行为人将头痛粉谎称是毒品而贩卖获取购毒者的钱款的，是否构成诈骗罪？按照所有权说，因为购毒者是出于不法原因给付"毒品"款的，显然不具有所交付钱款的返还请求权。因此，贩毒者不构成诈骗罪应是当然的结论。但所有权说论者却认为，"由于行为人主观上不具有制造、贩卖毒

① 高翼飞：《侵犯财产罪保护法益再探究——为本权说辩护》，《中国刑事法杂志》2013 年第7 期。

② 徐光华、郭晓红：《我国财产犯罪的保护法益应坚持所有权说——以非法取回自己所有而为他人占有的财产类案例的"同案异判"为例》，《政治与法律》2013 年第 3 期。

③ 沈志民：《再论财产罪保护法益》，《人民检察》2011 年第 15 期。

④ 陈兴良：《盗窃罪研究》，载陈兴良主编：《刑事法判解》，法律出版社 1999 年版，第 14 页。

品的故意，客观上所制造、贩卖的对象也不是毒品，而是利用假毒品诈骗他人钱财，如果数额较大符合诈骗罪构成要件的，应按诈骗罪论处。”①认为构成诈骗罪显然有悖所有权说理论的一贯性。②

可见，所有权说理论自身的不自洽所导致其在财产犯罪法益保护等问题上的缺陷是显而易见的。因此，有人认为所有权说是比本权说还要顽固的学说。③ 可能该批评不留情面，但通过对审判实践的考察及其背后本土刑法文化的梳理，所有权说应当被摒弃并不仅在于理论上的缘由。换句话说，即便其在当前中国财产犯罪法益保护的各种学说中依然处于强势地位，④也不应再“顽固”地坚持所有权说。

二、占有说的不足

占有说绝对禁止私力救济，因而产生了财产犯罪处罚范围过宽的弊端。具体而言：

第一，全面认可占有，导致处罚过宽。如果认为任何占有状态都值得保护，那么，权利人从盗窃犯手中夺回、抢回或者骗回自己的财物也符合盗窃罪、抢劫(或抢夺)以及诈骗罪的构成要件，只不过可能存在作为自救行为阻却违法的情形，显然不妥当。

第二，全面认可占有，违反法秩序统一性的原理。占有说对于在民法上不具有权源的财物予以刑法保护，或者反之，对于民法上具有权源的财物不予以刑法保护，即明明是不法的占有，却还要进行保护，这有违刑法维持社会秩序的本来目的，违反了法秩序统一性的原理，让刑法处于绝对的独立于民法的地位，进而让国民根据一般观念也会得出的结论，反而在占有说那里得不出该结论。

第三，占有说偏离财产犯罪的规范目的。财产犯罪的规范目的是维护财产秩序，而不是保持社会稳定的抽象秩序，占有说明显偏离了财产犯罪的规范目的，可能导致将侵犯财产犯罪作为破坏社会管理秩序罪看待的后果。⑤

第四，认为盗窃罪的法益是保护单纯的占有，则不能说明盗窃后又毁坏财物的所谓不可罚的事后行为的不处罚的根据。如盗窃犯盗窃他人财物以后又将财物毁损，根据所有权说或者修正的所有权说，盗窃罪侵犯的是他人的财物

① 高铭暄、马克昌主编：《刑法学(下编)》，中国法制出版社 1999 年版，第 1055 页。

② 陈洪兵：《财产罪法益上的所有权说批判》，《金陵法律评论》2008 年第 1 期。

③ 陈洪兵：《财产犯罪之间的界限与竞合研究》，中国政法大学出版社 2014 年版，第 3 页。

④ 张明楷：《刑法学研究的五个关系》，《法学家》2014 年第 6 期。

⑤ 周光权：《刑法各论》，中国人民大学出版社 2016 年版，第 85 页。

所有权，盗窃后的事后毁损行为可以在盗窃罪的构成要件中被包括评价——最终都是侵犯了他人的所有权。但是根据占有说，盗窃罪保护的法益是占有，而故意毁坏财物罪的保护法益却是所有权，二者的保护法益不同，盗窃罪便不能包括评价故意毁坏财物罪，这样一来就要作为两罪并罚，但司法实务中却并非如此。

第五，占有说认为，占有应当理解为独立的法益，与所有权相独立，如果允许以欠缺所有权名义为名侵犯他人的占有的话便意味着许可无秩序的私斗。相对于所有权保护，刑法规定财产犯罪在机能上更加着重于保护占有所表现出来的财产秩序。[①] 因此，占有说完全禁止私力救济，认为在法治国家权利的被害人为了恢复权利应当遵循法定的救济方式，即便是权利的所有人，也应当禁止通过私力救济恢复权利。即占有说强制权利受害者进行民事诉讼，难免存在过度奉行法治国思想之嫌。

总之，从财产法益的最终根源或者本体来看，由于所有权说的出发点是为了保护实体的利益，但由于其对某些侵犯财产犯罪行为，如违禁品、赃物等难以提供有力的解释，客观上使得一些合理的财产利益不能得到有效的刑法保护，故而让占有说“乘虚而入”。从保护财产的角度来说，占有说的初衷是为了保护实体的利益，认为不保护占有就难以保护实体的利益，从出发点看保护占有本来只是手段，但最终却由保护占有转化成财产罪的保护法益。这主要在于占有本身没有财产实体利益的内容，将保护占有变成财产秩序维持，从而使得以占有为内容的财产犯罪的法益变得空洞和抽象化。[②]

三、中间说的问题

由于中间说要么是基于所有权说而进行的修正，要么是基于占有说而进行的修正，因此中间说说到底还是依托于所有权说或者是占有说作为其基础进行修正（或者说修复）。

第一，基于所有权说的中间说在具体问题的解释上仍然存在不明确的地方。比如，在基于所有权说的中间说，即修正的所有权说认为刑法对财产的保护原则上应当是所有权，例外地从维持秩序的需要承认占有在特殊情况下也是财产罪的法益。虽然这种修正的所有权说对于司法实践中一些案件的处理具有较大优势，但是其并没有明确何为“例外的特殊情况”，且只是局限于较少的

① 童伟华：《财产罪基础理论研究——财产罪的法益及其展开》，法律出版社 2012 年版，第 39 页。
② 童伟华：《财产罪的法益——修正的“所有权说”之提倡》，《安徽大学法律评论》2009 年第 1 期。

案件，适用范围也极为有限。[①] 又如，在所有权保留的买卖合同行为中，出卖人移转财产的占有于买受人，而仍保留对该财产的所有权，待对方当事人交付价款或履行特定义务时，该财产的所有权才发生移转。当出卖人在所有权尚未转移时，擅自从买受人处取回该财物的，有的基于所有权说的中间说认为出卖人的行为成立犯罪，理由是即便到了履行期限买受人的占有这一保护法益仍然存在，但是对于买受人的占有为何值得保护，修正的所有权说也不能提供令人信服的解释。

第二，基于占有说的中间说的观点认为侵犯财产罪的法益首先是财产所有权及其他本权，其次是需要通过法定程序改变现状（恢复应有状态）的占有，而在非法占有的情况下，相对于所有者恢复权利的行为而言，该占有不是财产犯罪的保护法益。但是，在民法上，以所有权为代表的诸项权能是权利或者是权利主体所享有的利益，而占有，即便是"需要通过法定程序改变现状（恢复应有状态）的占有"，仅仅是一种事实状态，二者不是同一个层次上的概念。同时，将"需要通过法定程序改变现状的占有"作为财产罪的保护利益，就会出现这样的问题：盗窃他人所非法持有的毒品之后加以销毁的场合，就会出现行为人的行为除了构成盗窃罪之外，还构成故意毁坏财物罪的问题。因为，故意毁坏财物罪的保护法益是他人财物的所有权，不是他人的占有。如果说上述场合下的盗窃罪的保护法益是一定条件的"占有"的话，则事后的毁坏行为只能评价为毁坏财物的犯罪，盗窃他人非法持有的毒品之后予以销毁的行为就要被评价为盗窃罪和故意毁坏财物罪。但是，从刑法的谦抑性的角度来讲，将仅仅处于盗窃罪的延长线上的行为逐一认定为新的犯罪行为，显然不妥当，也违背了混合说限制财产犯罪的成立范围的初衷。[②]

基于占有说的中间说主张，从国家机关处盗回财物的行为应一律认定为盗窃罪，甚至连主张"纯粹占有说"的陈洪兵教授也对此表示强烈赞同：只要认定对财物的占有是财产犯罪的保护法益，认识到了国家机关合法占有财物的这一事实并转移财物占有即表示其具有非法占有的目的。[③] 但这一结论值得推敲。国家机关对所有权人财物的扣押行为是合法的、暂时的，在所有权人接受处罚后财物终究要返还给所有权人的而非没收。因而在国家机关占有所有权人所

---

① 姚万勤：《盗窃罪保护法益的理论嬗变与司法抉择——新修正的所有权说之提倡》，《时代法学》2014 年第 4 期。

② 黎宏：《论财产犯罪的保护法益》，《人民检察》2008 年第 23 期。

③ 陈洪兵：《论经济的财产损害——破解财产罪法益之争的另一视角》，《刑事法评论》2013 年第 32 卷。

有财物的期间，所有权人盗回自己所有的财物只是短时间的而非终局性的非法占有，财物所有人的目的也并非是为了非法占有而是为了维持自己对财物的终局性合法占有。在这个意义上可以认为其根本不具有非法占有的目的；并且将所有权人说成是对自己财物的“非法占有”，恐怕也是一般国民所不能接受的。在这个问题上，陈兴良教授的看法是较为妥当的：要看行为人客观上是否具有索赔的行为从而判断主观上是否具有非法占有的目的。[①]

中间说为了将所有权人相对于非法占有者恢复权利的行为排除在外，设置了一个刑法保护应通过合法程序恢复合法占有状态的例外。但同是对财物的非法占有，为什么非所有权人的行为侵犯了财产犯罪的保护法益而所有权人没有呢？这有违反刑法面前人人平等原则的嫌疑。[②] 此外，基于占有说的中间说认为第三者从盗窃犯人处夺取赃物时，盗窃犯人对赃物的占有是需要刑法保护的，而当所有者取回盗窃物品时，盗窃犯人的占有是无需刑法保护的，两者的不同刑法评价便招致了该学说对占有相对化的批判，即为何所有者取回盗窃物品时盗窃犯人的占有不值得刑法的保护？因为不论是第三者还是所有者，盗窃犯对所窃财物的占有状态始终是一种一致的客观存在，怎么能因与行为人的关系不同而得出截然相反的结论？

不仅如此，中间说中的平稳的占有说以及合理的占有说难免标准过于模糊和主观化，其“平稳的占有”以及“合理理由的占有”，不过是凭感觉得出的结论，甚至可以说都是先有结论罢了。[③]

第三，中间说最大的问题，同时也是与占有说的真正对立在于：被害者一方“是否存在值得保护的利益”应在犯罪成立的哪一阶段进行判断。中间说认为应在构成要件阶段判断，占有说则认为所有的占有侵害都具备夺取罪的构成要件，夺取者是否有私法上的权限是违法性阻却的问题。例如，盗窃他人的所有物，所有人偶尔发现物的所在而擅自取回的。根据中间说，在和所有权人的关系上盗窃犯人的占有不值得保护，应当否定所有权人的行为符合盗窃罪的构成要件。但是占有说批判，上述考虑所有权人的权利包含在盗窃犯人的占有之中，否定了构成要件该当性和违法阻却事由判断的区别，并认为，如果所有权人擅自取回被盗财物不符合盗窃罪的构成要件的话，那么，相对于正当防卫中对

---

① 陈兴良：《判例刑法学(下卷)》，中国人民大学出版社 2009 年版，第 568 页。

② 刘俊杰：《旧题新做：财产犯罪的法益——以民刑关系为出发点的定位》，《湖北工业职业技术学院学报》2015 年第 6 期。

③ 陈洪兵：《论经济的财产损害——破解财产罪法益之争的另一视角》，《刑事法评论》2013 年第 32 卷。

于防卫者而言加害人的生命就不属于法益，应否定防卫者的行为符合故意杀人罪的构成要件，这是难以被接受的。这种重视占有的外观的中间说如果在判断中加入了对行为者(即所有权人)的考虑是没有道理的。简言之，如果将基于权利而擅自取回被盗物的理由纳入构成要件，就如同认为正当防卫中防卫者的杀人行为不符合杀人罪的构成要件一样，所以对于是否存在值得保护的利益应在违法性阶段进行判断。

根据占有说的观点，侵害占有本身符合财产罪的构成要件，作为违法性阻却事由，只有在行为人(所有权人)采取的行为具有必要性、紧急性的前提下，以相当的手段实施才能得到承认。如盗窃犯人将盗窃的自行车停在院子里，无论所有权人是否有必要当场取走自行车，所有权人将院子里的锁撬坏取走自行车的行为，可能因为手段不相当而不能阻却违法性。可是即使支持占有说的观点也未必完全否认财产犯的最终目的是为了保护所有权，即便行为的必要性、经济型、手段的相当性这些要件没有满足，也可认定为阻却行为人的违法性，否则权利行使中阻却违法性的事由实际会很少。此外，修正的占有说还被认为存在偏离了占有的立场，欠缺理论的连贯性以及违反了犯罪的判断顺序等问题。[①]

综上可见，修正的所有权说和修正的占有说等中间说最大的问题是其明确性问题。中间说的初衷是为了克服所有权说和占有说的不足而向两者中间靠拢的学说，但这也恰恰是模糊空间产生的根源。[②]

第二节　我国财产犯罪法益保护理论再考察

一、我国财产犯罪保护法益的确定

(一) 财产犯罪法益保护理论的价值蕴涵

由于刑法是通过文字来规定构成要件的，可是由于文字的多义性、变化性以及边缘意义的模糊性等特点，决定了根据文字的字面含义对构成要件做出形式解释会有一定的弊端，要么导致将一些不具有实质的法益侵害行为认定为犯罪，要么将一些具有法益侵害的行为不认定为犯罪。甚至一旦司法实践中或理论推演中发现的、无法解决的问题，坚持恪守罪刑法定原则，最终都会以立法完善建议作为结论。因此，对于刑法的理解不能仅仅限于个别法条本身的含义，

① 张红昌：《财产罪中的占有研究》，中国人民公安大学出版社 2013 年版，第 27—28 页。

② 童伟华：《财产罪基础理论研究——财产罪的法益及其展开》，法律出版社 2012 年版，第 53—54 页。

而应当探求其条文之间的结构性逻辑关系和其之后的法理，追寻法理背后的法律精神。刑法条文传递的仅仅是字面意思，潜藏在刑法条文后面、稳定一致的法理、公平正义的法律精神才是支撑刑法条文的灵魂；刑法条文是概括的、原则的，甚至是抽象的，仅仅依照其字面意思很难应对日新月异的社会生活，而隐藏于后的法理和法律精神则是灵动的，能够应付纷繁复杂的社会现实。[①] 这需要对刑法条文进行符合法律精神的客观目的解释，而刑法的解释与适用，不是一种简单的逻辑进程，也不是对某种事实以法律规范形式所作的归纳。

“法律发现实质上表现为一种互动的复杂结构。这种结构包括着创造性的、辩证的，或者还有动议性的因素，任何情况下都不会仅仅只有形式逻辑的因素，法官从来都不是‘仅仅依据法律’引出其裁判，而是始终以一种确定的先入之见，即由传统和情境确定的成见来形成其判断。”所以，“一种唯理的（在广义上）法哲学必须是不仅只注重法权形式、概念和逻辑上的结构，而且还要先关注其内容”。[②]而这一切便需要对刑法规定的犯罪构成要件的解释不能仅从形式上进行，亦不应去寻找什么立法者原意。应当“在既有图式[③]、前见[④]的引导下作出初步判断，并在此指引下寻找法律根据，限制或扩大法律的适用范围，不放弃自己珍爱的实质理性立场而拒绝在形式理性面前低头是出于对实质理性的

---

① 于志刚：《刑法总则的扩张解释》，中国法制出版社 2009 年版，前言部分。

② 详见［德］阿图尔·考夫曼：《后现代法哲学》，法律出版社 2000 年版，第 22 页；张明楷：《刑法的基本立场》，中国法制出版社 2002 年版，第 127 页。

③ “图式”概念最早由康德提出。他认为，知识来源于感性经验，但感性经验提供的只是具体的物质形态，是特殊的、个别的、具体的，不具有任何普遍性，但却可以从中得到普遍的知性概念和范畴。认知心理学、认知语言学认为，人是一个主动的信息探求者，并不是消极地等待着环境刺激而产生反应的被动个体。个体内部已有的知识、经验及其结构对其心理活动和外部行动会产生决定性影响，人的行为、动作的产生以及言语活动都受到个体内部心理活动的调节和控制。这种个体内部已有的知识、经验和结构称为图式。图式表征了人已有的知识，如熟悉买卖情景的人大脑中会以典型的买卖场景为原型建立买卖图式，该图式中有买主、商人、货币、商品、讨价还价等各种变量。当他观察到可能是买卖的情景时，已有图式被激活，当下情景和已有的图式开始建立联系，如果与图式一致，就可以确定该情景是买卖。不具有相应图式的人很难理解与该图式相关的事物。参见王政勋：《从图式理论看刑法解释立场——一个实证的考察》，《中外法学》2009 年第 3 期。

④ 在诠释学哲学中，图式被称为“前见”。前见是一切理解得以产生的基础。在阅读文本之前，总是对该文本有一个完全性的预期，正是在这种完全性的预期的指导下才开始了对文本的理解。根据认知心理学和诠释学哲学，解释者的前见以图式方式在理解和解释过程中发挥作用。那么对于法官来说，他既然在进行认知活动，在进行理解和解释活动，他的前见也必然通过图式对刑法文本的理解、解释和适用起作用。在解释过程中，解释者不是被动的接受文本信息，而是在其图式的指引下，经过材料驱动和概念驱动，通过对文本信息的剪辑和整合、预测和推理，解读出文本的意义。每一个解释者的前见不同，大脑中的既有图式不同，这种解读必然带有浓厚的个人性、历史性，解释立场必然是客观解释、实质解释。参见王政勋：《从图式理论看刑法解释立场——一个实证的考察》，《中外法学》2009 年第 3 期。

追求，是为了使法律规定能够和案件事实、客观情势、大众预期相适应”①，从而实现刑法的目的。而犯罪的本质是侵害（或威胁）法益，刑法的目的是保护法益和保障公民自由人权。刑法理论和司法实践在解释某一犯罪的构成要件时，必须以本罪的保护法益为指导，对其作实质的解释，才能实现刑法的目的。因此，对某一犯罪的构成要件进行实质的解释，首先必须确定其所保护的法益是什么，然后在刑法用语可能具有的含义内确定构成要件的具体内容。即“对构成要件的解释不能停留在法条的字面含义上，必须以保护法益为指导，使行为的违法性与有责性达到值得科处刑罚的程度；在遵循罪刑法定原则的前提下，可以做出扩大解释，以实现处罚的妥当性”。

可见，一个罪名的保护法益在对该罪名的构成要件的解释认定中势必起到至关重要的作用，其在具体罪名构成要件的解释过程中充当着导向的作用。因此，与其说刑法分则中具体罪名的构成要件规定了什么内容，倒不如说是该罪名的保护法益决定了什么内容。因而，对于具体罪名保护法益的确定，必须围绕着能够起到指导解释行为的违法性行为展开，且该行为具有科处刑罚的意义并且能够达到值得科处刑罚的程度。当某种行为并不处于刑法用语的核心含义之内，但具有处罚的必要性与合理性时，应当在符合罪刑法定原则的前提下，对保护法益作扩大解释。对于扩大的范围，如前田雅英的著名论断：“解释的实质的允许范围，与实质的正当性（处罚的必要性）成正比，与法文通常的语义距离成反比。”②反之则可以做出限制解释。质言之，在遵循罪刑法定原则的前提下，可以作出不利于被告人的扩大解释，从而实现处罚的妥当性。③ 刑法解释是人们为了保证刑法的正确适用而理解、选择、决定刑法条文含义的过程。④因此，“解释者完全可能朝着理想的方向得出解释结论。事实上，解释者的智慧，表现在既遵守罪刑法定原则，不超出刑法用语可能具有的含义，又使解释结论实现正义理念，适合司法需求”⑤。

因此，对于财产犯罪的保护法益而言，所有权说和占有说面临最大的问题是各自在对有些财产犯罪行为的认定上出现了处罚漏洞或者是过度处罚，而中间说却在修正个别问题的时候又产生了新的问题，如此等等。财产犯罪究竟是

① 王政勋：《从图式理论看刑法解释立场——一个实证的考察》，《中外法学》2009 年第 3 期。

② 李东海主编：《日本刑事法学者（下）》，法律出版社、成文堂 1999 年版，第 328 页。

③ 张明楷：《实质解释论的再提倡》，《中国法学》2010 年第 4 期。

④ 陈忠林：《刑法的解释及其界限》，载中国刑法学年会文集：《刑法解释问题研究》，中国人民公安大学出版社 2003 年版，第 42 页。

⑤ 张明楷：《刑法学研究中的十关系论》，《政法论坛（中国政法大学学报）》2006 年第 3 期。

采取所有权说还是占有说，抑或是意图修正前两者的中间说，这些都不是最终的目的，最终是为了妥当合理地认定犯罪，保护应该由刑法出面进行保护的法益。在当今纷繁复杂的社会中，不同的主体在不同的时空情景下会出现不同的利益诉求，法律特别是刑法在对其进行规制或者是保护的时候，理当区分不同情形以区别对待。比如，一般认为刑法第236条规定的强奸罪的保护法益是女性的性自主权，其既遂标准是“插入说”。但是当对象是幼女的时候则其保护法益便不再仅是女性的性自主权，幼女的身心健康亦是，因而其既遂标准便是“性器官的接触说”。同样，在刑法分则中对于不同的犯罪主体、不同的手段方式、不同的时空条件等进行轻重有别的定罪量刑亦是随处可见。之所以如此，就是为了在不同的条件下尽可能地对不同的利益进行区别保护，以实现刑罚的公平正义。所以，对于财产犯罪的保护法益的确定亦是如此，理当根据所保护的对象进行区别对待。

（二）我国财产犯罪保护法益理论的修正与完善

承前所述，这种理论不自洽且具有明显漏洞的所有权说，在审判实践的“置之不理”现状下，不可能得到注重国家、社会经济秩序维护的刑法文化的支持。在当前改革已经进入新常态的市场经济环境中，日益复杂化的利益关系使得财产的占有是基于何种权利不甚明了。比如国企改革，在破除所有制的魅化之后，效率的提高便依存于此时财产的现有状态。以财产现有状态为基点产生并带动的经济活性便是其价值所在。因此，认可财产的这样一种现有状态，并维护由这种状态形成的财产秩序，便是刑法的任务。占有说便契合了此种要求。而对于占有说存在扩大处罚范围之嫌的批评，基本局限在所有和占有分离并且产生冲突的情形下，且当行为人是所有权人。同时，此种情形也大体上是各种中间学说的理论前提。因此，可以将行为人分为与财物无关的第三人和所有权人，进行分别判断，具体而言：

第一，在市场经济环境下，将保护经济财产秩序的重任交由刑法来实现是必然的。在复杂化、多样化的现代经济社会中，财产权利关系纷繁复杂，财物的利用形态也具有多样化的特征。财物不必始终处于所有权者的控制支配之下，占有越来越具有与权利相分离的状态，占有财物也不一定必须具有权利的标签，占有背后的权利关系也难以查明，保护占有本身的需要越发强烈。[①] 因而对财物的控制支配关系构成了社会经济秩序的重要基础，财产罪的保护法益便相应地应以此为首要。是故，对于行为人是与财物无关的第三人非法获取财物

① 张红昌：《财产罪中的占有研究》，中国人民公安大学出版社2013年版，第19页。

的，在注重国家、社会经济秩序维护的刑法文化的支持下，以占有说作为保护法益进行判断。“法律不可能相对于被盗者而保护侵占者，但却可以相对于妨碍其占有的其他任何人对其提供保护。在被盗者与侵占者的纠纷中肯定是被盗者胜诉，但侵占者可以针对任何第三人保护其占有。”①

一般而言，物脱离所有权人支配的方式有两种：出于其意愿或者违背其意愿。如果所有权人自愿将物交给承租人、使用借贷人、受寄托人等，那么所有权人可提起基于合同关系的对人之诉——返还之诉。在出现侵占的情况下便可能存在行为人的刑事责任。如果所有权人出于清偿目的自愿将物交付，而实际上其所清偿的债务不存在或者无效，则所有权人可以通过基于准合同关系的对人之诉要求返还。在欺诈、勒索等情形下可能产生行为人的刑事责任。

进而，如果有人违背占有人的意愿，以盗窃、抢劫或抢夺等方式夺走其物，便涉及占有保护与所有权人之间的权利保护的关系问题。如果占有保护能够涵盖所有违背占有人意志侵夺的情形，那么占有救济与基于合同与准合同的对人之诉结合起来就能针对任何一种导致损害且违背占有人意志的剥夺占有的行为。② 因此，只要确定所有权人并非在行使上述诉权，此时财物的占有背后均能体现出一定的经济财产价值，当其被侵害时便理当得到刑法的完全保护。

第二，由于秩序本身过于抽象，有些秩序本身没有意义，或者说无法体现经济财产价值。同时，占有只是所有权能的一部分，当占有和所有分离时，对占有的判断便不能空谈占有本身，其背后是否体现一定的经济财产价值应当作为此种情形下的实质判断。如果占有的背后体现不出一定的经济财产价值，则该占有便没有动用刑法保护的必要，特别是对于财物所有权人行使其所有者权利的情形而言。因而，**对于行为人是所有权人非法取回他人占有的本人财物的，在重视习惯作为(刑)法之外的社会调节手段和对缓和的违法一元论立场肯定的刑法文化的支持下，以修正的占有说——具有经济财产价值的占有作为保护法益进行判断，财产犯罪的数额便应立足于占有者的经济损失进行具体判断。**

由于在占有说持有者看来，占有应当理解为独立的法益，与所有权相独立，如果允许以欠缺所有权名义为名侵犯他人的占有的话便意味着许可无秩序的私斗。相对于所有权保护，刑法规定财产犯罪在机能上更加着重于保护占有所

① ［意］鲁道夫·萨科、拉法埃莱·卡泰丽娜：《占有论》，贾婉婷译，中国政法大学出版社 2014 年版，第 20 页。

② ［意］鲁道夫·萨科、拉法埃莱·卡泰丽娜：《占有论》，贾婉婷译，中国政法大学出版社 2014 年版，第 22 页。

表现出来的财产秩序。[①] 因此，占有说完全禁止私力救济，认为在法治国家，权利的被害人为了恢复权利应当遵循法定的救济方式。但是在本书看来，上述批评具有片面性。承前述，本研究已经将财产犯罪中的行为人分为与财物无关的第三人和所有权人进行分别判断。因此，在行为人是具有权源的所有者的情形下，按照前述占有说的批评，私力救济便并非欠缺所有权名义。同时，禁止通过私力救济也必须有适用前提，即公权力救济能及时有效，否则将出现财产保护明显不力的尴尬。事实上，任何社会都不可能完全禁止公民在一定的限度内的私力救济。这不仅是因为公权力救济并非随时随地都触手可及，更重要的是私力救济本身也是对犯罪行为的一种威慑，是整个社会安定有序的自然基础。所以，在财物所有者和占有者之间，特别是财物所有者和非法占有者之间，一律禁止私力救济可能会产生相反的效果。

二、特定情形下财产犯罪保护法益争议问题辨析

针对前文特定情形下的财产犯罪保护法益争议问题，具体论述如下：

第一，获取他人非法占有之物的情形下的行为人是与财物无关的第三人，根据占有说，以财产罪论处理当无疑。

第二，对于取回他人合法占有情状消失后仍非法占有其所有之物和取回他人非法占有其所有之物的两种情形，在占有说和中间说中的平稳的占有说看来，此二种情形下的占有是值得刑法保护的。但在本文的具有经济财产价值的占有说来看，该情形固然存在占有秩序，但此种情形下的占有处于和所有分离的状态，此时对占有的判断便不能从形式上空谈占有本身，其背后是否体现一定的经济财产价值应当作为此种情形下的实质判断。此种情形就是属于财物所有权人行使其所有者权利，占有者的占有秩序本身便不具有意义，也无法体现出其应有的经济财产价值，对于行为人（所有权人）而言，该占有仅仅是一种形式上的不具有经济财产价值的占有。因而该占有便没有动用刑法保护的必要，行为人不构成财产犯罪。

第三，对于取回自己所有而由他人合法占有之物的情形，如前文所考察的，此类案件数量占了十多年审判实践的绝大部分，因此，结合判例分述如下[②]：

---

① 童伟华：《财产罪基础理论研究——财产罪的法益及其展开》，法律出版社 2012 年版，第 39 页。

② 需要注意的是，前文对判例的考察仅为了证明并非像所有权说认为的那样，审判实践支持所有权说，并不意味着本书完全赞同前述案例中的所有结论。

(1) 当行为人仅仅是窃回(担保)财物,事后不索赔也不接受合法占有人的赔偿的,不构成盗窃罪,但需要行为人提供证据证明。由于此种情形下的占有对于合法占有人而言具有经济财产价值,司法机关可以直接推定窃回(担保)财物的行为具有消灭债务的主观故意,进而导致合法占有人的财产损失。如果不这样认定,则尽管债权人失去担保,依然享有通过民事诉讼的途径让债务人偿还债务的权利,若以民事诉讼的结果来认定债权人是否实际受损,其实质便是不承认刑法所具有的相对独立属性,是站在绝对的违法一元论的立场所进行的判断。

(2) 当行为人窃回(担保)财物是为了消灭债务的,并且也和合法占有人达成了免除债务协议的,则此时占有人的损失便可以认为是由行为人的盗窃行为造成的,因而构成盗窃罪,数额便是债务数额。[①] 比如甲将自己价值 6 万元的轿车抵押给乙,借款 5 万元。事后甲将轿车偷回并卖掉。乙发现车被偷后与甲达成债务免除协议,则甲盗窃罪的数额便是 5 万元。若行为人不仅仅要求免除债务,还要求赔偿的,总和尚未超出(担保)财物价值数额的,依然可以认为占有人的损失是由行为人的盗窃行为造成的,以盗窃罪定处,数额是总和。比如甲将自己价值 10 万元的轿车抵押给乙,借款 6 万元。事后甲将轿车偷回并以 8 万元卖掉。乙发现车被偷后与甲达成债务免除协议,同时乙应甲的要求赔偿甲 3 万元,则甲盗窃罪的数额便是 9 万元,卖掉的 8 万元可作为违法所得予以追缴。

(3) 由于通常情形下(担保)财物的价值数额大于债务数额,但是在例外情形下也可能出现(担保)财物的价值数额小于债务数额的情况。此时若出质人窃回(担保)财物后与占有人达成以(担保)财物的价值数额为限免除债务的,剩余部分继续偿还的,则盗窃数额为(担保)财物的价值数额。比如甲将自己价值 10 万元的轿车抵押给乙,借款 15 万元。事后甲将轿车偷回并以 8 万元卖掉。乙发现车被偷后与甲达成免除 10 万元债务的协议,则甲盗窃罪的数额便是 10 万元。若达成免除全部债务的,由于(担保)财物的价值数额小于债务数额,出质人只是盗窃(担保)财物,其窃取行为不可能超出(担保)财物价值数额,则对于超出(担保)财物价值数额的部分应当成立诈骗罪,与盗窃罪数罪并罚。比如甲将自己价值 10 万元的轿车抵押给乙,借款 15 万元。事后甲将轿车偷回并以 8 万元卖掉。乙发现车被偷后与甲达成免除 15 万元债务的协议,则甲盗窃罪

---

① 行为人非法取回被查封、扣押的财物的,应当以行为人应当缴纳的罚款数额为犯罪数额,同时也构成非法处置查封、扣押的财产罪,理当从一重论处。但实践中,可能应当缴纳的罚款数额尚未达到数额较大便仅以非法处置查封、扣押的财产罪论处。

的数额便是10万元,诈骗数额5万元,两罪并罚。同时在极少数的情形下,当担保财物的价值数额小于债务数额,行为人窃回担保财物后不仅要求免除债务,还要求赔偿的(债权人也愿意赔偿),且债务数额和索赔数额总和超过(担保)财物的价值数额的,对于超出部分的损失则可以认为是行为人的欺骗所致,应当认定为诈骗罪,数罪并罚。毕竟行为人只是盗窃(担保)财物,其窃取行为不可能超出(担保)财物价值数额。

(4) 当行为人以抢劫、抢夺、敲诈勒索的方式取回(担保)财物的,此种情形下,占有人明知是行为人所为。因此,当(担保)财物的价值数额低于债务数额的,则以(担保)财物的价值数额认定为抢劫、抢夺、敲诈勒索的数额;若(担保)财物的价值数额大于债务数额(以及索赔数额)的,则以债务数额(及索赔数额)为犯罪数额。

需要注意的是,上述探讨的情形是行为人是所有权人,当行为人是第三人时则不可适用上述规则。换句话说,若行为人是无关的第三人以窃取的方式取回(担保)财物的,则直接适用占有说进行判断。

三、不法原因给付与财产犯罪

(一) 国外不法原因给付与财产犯罪理论述评

民法上不法原因给付制度的本质在于,通过否定制造不法原因的人具有返还请求权,来禁止行为人从自己实施的不法行为中获得利益;这与英美法中"clean hands"原则的出发点是一致的,即"只有自己尊重法律的人才能要求法律的尊重"。[①] 不法原因给付物能否成为刑法中诈骗、侵占罪对象,即所谓民法不保护的对象,刑法能否予以保护,各国所持理论观点及司法实践不尽相同。

关于不法原因给付与诈骗罪,德国刑法理论将判例分为四种类型进行讨论:(1) 欺骗被害人做出不法原因给付后,拒绝提供反向给付,也不退还财物。例如,卖淫女假装提供卖淫服务,在对方支付嫖娼费后溜之大吉。又如,行为人一开始就没有替对方杀人的意思,在收到杀人酬金后逃走。(2) 骗取违禁品后不支付对价。例如,明知对方所出卖的是盗窃的汽车,骗取汽车后溜走。(3) 欺骗对方做出违反伦理的给付后,自己拒绝提供反向给付。例如,欺骗杀手为其杀人后,拒绝提供杀人酬金。又如,欺骗对方提供卖淫服务后,拒绝支付嫖娼费。(4) 在对方提供不法原因给付后,以欺骗的手段免除不法债务。例

① 详见[日]久须本:《不法原因给付と损益相杀》,《法政论集》2008年版,第649页;[日]佐伯仁志、道垣内弘人:《刑法と民法の对话》,有斐阁2001年版,第54—55页。

如，嫖客在对方提供卖淫服务后，以假币支付费用后溜走。又如，受委托销售赃物，谎称仅卖得少量的钱款。德国判例一般认为，骗取对方支付的杀人酬金以及骗取对方预付的毒品款的，成立诈骗罪，而以假币支付作为违反伦理的卖淫行为的对价的，则否认诈骗罪的成立。也就是骗得财物的，成立诈骗罪，骗免不法债务的，否认诈骗罪的成立。学说上，对于前者一般也肯定诈骗罪的成立，对于后者也倾向于否认诈骗罪的成立。① 日本刑法理论上，将不法原因给付与诈骗，分为财产取得型和不法债务免除型，对于前者，理论与判例一般肯定诈骗罪的成立，对于后者则存在一定的分歧。②

肯定骗取不法财物成立诈骗罪的理由主要是，如果没有行为人的欺骗，对方就不会交付财物，而且事实上所交付的财物本身是合法财物，因而值得刑法保护。否定骗免不法债务成立诈骗罪的理由是，提供的给付是违反法律、伦理的，是不受法律保护的债务。但也有学者认为，骗免这种债务同样会给行为人造成经济上的损失；如果否认诈骗罪的成立，则不利于维护财产秩序。③

关于不法原因给付与侵占，主要有三种类型：(1) 赠贿委托型，即受托转交贿赂款的人将其占为己有；(2) 侵吞购毒款型，即受托购买毒品却将货款占为己有；(3) 侵吞赃物型，即受盗窃犯委托销售赃物，而将赃物或者销售款占为己有。国外刑法理论中，承认委托信任关系值得保护的，一般肯定委托物侵占罪的成立；否定存在值得保护的委托信任关系的，主张不成立委托物侵占罪，而成立脱离占有物侵占罪；否认给付者具有返还请求权的，认为无罪，在保管赃物的情形下仅成立赃物犯罪。④ 此外，日本林幹人教授主张区分不法原因给付与不法原因委托，前者是终局性的利益移转，给付者不具有返还请求权，对方不构成侵占犯罪（如行贿就是终局性给付，受贿者消费掉贿赂款物的，不成立侵占犯罪）；后者不属于终局性的利益移转，仅仅是由于不法原因而将占有转移给对方，并没有转移所有权的意思，因而行为人具有返还请求权，接受者占为己有的，成立委托物侵占罪。⑤ 这种二分说，在日本还得到了大谷实、西田典之、伊东研祐、山中敬一、井田良、曾根威彦等知名学者的支持，⑥在我国也得到部分

① [日] 坂井爱：《不法原因给付と诈欺罪》，《日本法学》2008 年第 73 卷 3 号。

② [日] 佐久间修：《刑法各论(第 2 版)》，成文堂 2012 年版，第 223 页以下。

③ [日] 浅田和茂、井田良编：《刑法》，日本评论社 2012 年版，第 554、558 页。

④ [日] 大塚裕史：《刑法各论の思考方法(第 3 版)》，早稻田经营出版 2010 年版，第 111 页以下。

⑤ 详见[日] 林幹人：《财产犯の保护法益》，东京大学出版会 1984 年版，第 169 页以下；[日] 林幹人：《不法原因给付における“给付”の意义——批判に答えて》，《上智法学论集》2001 年第 45 卷第 2 号，第 43 页以下。

⑥ [日] 大塚裕史：《刑法各论の思考方法(第 3 版)》，早稻田经营出版 2010 年版，第 115 页。

学者的支持。[①] 但对于林幹人教授的二分说，民法学者却不以为然：所谓区分不法原因给付与不法原因委托（即寄托），完全是刑法学者基于不法原因给付的误解而形成的观点；民法上也不存在所谓“不法原因寄托不属于不法原因给付”的理论，也没有“不法原因寄托”的术语，换言之，不法原因寄托在民法上就属于不法原因给付。[②]

关于不法原因给付与委托，国内有赞成区分不法原因给付与委托的观点，即不法原因给付时不成立侵占罪，不法原因寄托时成立侵占罪；[③]有认为一律不成立侵占罪的观点；[④]有主张不成立侵占罪但可按相关犯罪预备犯的共犯论处的观点。[⑤] 等等，不一而足。

（二）不法原因给付与财产犯罪的关系辨正

关于不法原因给付，我们认为：

第一，肯定骗取不法原因给付物成立诈骗罪、否定侵吞不法原因给付物成立侵占罪，以及区分不法原因给付与不法原因委托，认为前者因没有返还请求权而不成立侵占罪，后者因并未丧失返还请求权而肯定侵占罪的成立，这些其实都是源于对不法原因给付原理以及刑法与民法功能差异的误解。不管是诈骗还是侵占，是给付还是委托，给付的原因存在不法，都是不可否认的，若提起民事诉讼，法院不会支持其请求。例如，被人骗走杀人酬金后到法院起诉要求返还杀人酬金，法院恐怕会直接把原告交给警察。同样，因为对方侵吞了受托转交的贿赂款，行为人也不可能提起民事诉讼请求返还。因此，在骗取或者侵吞杀人酬金、购买毒品款、贿赂款、赃物等典型不法原因给付的情形中，不管是否作为犯罪处理，不法原因给付物最终都会被没收，给付行为人最终都不可能得到返还。因此，我们在讨论不法原因给付应否作为诈骗罪、侵占罪处理时，根本不应考虑给付行为人是否存在返还请求权、其财产权是否值得保护。我们只应首先考虑，这种行为有没有给对方造成经济的财产损害。另外，从维护社会财产秩序的角度，刑法上应否纵容这种行为，有没有一般预防的必要。比如实践中行为人设置圈套诱骗被害人参与赌博，按照事先约定的圈套骗取其钱财

---

① 详见童伟华：《日本刑法中“不法原因给付与侵占”述评》，《环球法律评论》2009 年第 6 期，第 121 页；李齐广、谢雨：《论刑法中的不法原因给付与侵占罪》，《政治与法律》2010 年第 5 期。

② ［日］佐伯仁志、道垣内弘人：《刑法と民法の对话》，有斐阁 2001 年版，第 46 页以下。

③ 童伟华：《日本刑法中“不法原因给付与侵占”述评》，《环球法律评论》2009 年第 6 期。

④ 付立庆：《论刑法介入财产权保护时的考虑要点》，《中国法学》2011 年第 6 期。

⑤ 详见刘明祥：《论侵吞不法原因给付物》，《法商研究》2001 年第 2 期；于志刚、郭旭强：《财产罪法益中所有权说与占有说之对抗与选择》，《法学》2010 年第 8 期。

的，或者行为人以抽“老千”的方式赌博，诈骗他人的钱财的都按照诈骗罪论处。[①]

第二，区分诈骗与侵占，认为侵占不法原因给付物不成立犯罪的思考方法，也不合理。因为行为人的非法占有目的是产生于接受给付时还是之后，往往很难证明，而难以查明的结果，不应导致罪与非罪截然不同的结论。因此，要么都肯定犯罪的成立，不成立诈骗罪就成立侵占罪，要么任何犯罪都不成立。

第三，国外因为委托物侵占罪与脱离占有物侵占罪法定刑存在差异，如日本刑法，故即便刑法条文上没有写明必须存在委托信任关系，但为了说明法定刑的差异，理论上往往强调，成立委托物侵占罪必须存在值得刑法保护的委托信任关系。因此，在上述不法原因给付与侵占的讨论中，才会得出虽不成立委托物侵占罪但成立脱离占有物侵占罪的结论。而我国刑法第 270 条，虽然第 1 款与第 2 款的对象分别是所谓代为保管的财物和遗忘物，但由于法定刑完全一样，故我们在解释侵占罪时，大可不必强调成立第 270 条第 1 款的侵占罪必须存在委托信任关系。其实，第 270 条第 1 款与第 2 款的对象的区别仅在于，前者是基于一定根据的占有，后者是暂时没有任何人占有（如路上的遗忘物）或者偶然由行为人占有的财物（如邮局误投到自家信箱的包裹）。我们在解释中国刑法条文时，不考虑本国刑法与国外刑法的差异，而一概照搬国外的刑法理论，似乎是一种普遍性现象，这值得我们反思。

第四，按照预备犯的共犯处理，也是行不通的。根据共犯的实行从属性原理，在对方尚未着手实行时，一般不值得作为共犯处罚，所以，预备犯的共犯通常是不可罚的。例如，在赠贿委托中，行为人是不可能作为行贿罪预备犯的共犯进行处理的。

第五，在侵吞所保管的赃物案中，仅评价为赃物犯罪是不合理的。因为赃物犯罪与侵占罪是完全不同性质的犯罪，虽然日本刑法因为将赃物犯罪规定在财产罪中，而认为是侵害赃物原所有权人追索权的犯罪，但在我国刑法中，赃物罪属于妨害社会管理秩序罪中妨害司法罪的一种（当然，该罪本质上是侵害国家法益而不是侵害社会法益的犯罪），所保护的法益是国家的司法，完全不同于保护财产权的侵占罪。而且，当行为人不知道所保管的财物属于赃物而予以侵吞时，由于事实上属于不法原因给付而不成立侵占罪，不明知是赃物也不能成

① 比如实践中的“刑事判决书（2014）奉刑初字第 311 号”褚春林诈骗案，“刑事判决书（2003）沪高刑终字第 100 号”吴玉龙诈骗案等，便是如此。

立赃物犯罪,结果只能是无罪,这恐怕不能被人接受。因此,我们认为,若仅认定为赃物犯罪,便不能评价行为侵害财产权、危害社会财产秩序的一面,至少应认为,成立赃物犯罪与侵占罪的竞合,从一重处罚。

四、行使权利与财产犯罪

(一) 国外行使权利与财产犯罪理论述评

狭义的行使权利是指窃回被他人非法占有的赃物的情形,前文已经有所论及,即不以财产犯罪论处,此不赘述。广义的行使权利还包括以欺骗、暴力、胁迫手段行使债权。比如甲将其越野山地自行车以 1 000 元卖给乙,约定乙付款后第二天来取车。乙按约来取车时,甲认为自己卖得便宜了,便再问乙要 500 元。乙不肯,甲也不让取车。遂乙纠集若干人等强行将车取走。根据我国物权法第 23 条的规定,动产物权的设立和转让,自交付时发生法律效力。上述案例中的债务人甲在尚未履行债务的时候,对债务的标的物自行车依然拥有所有权,而债权人对该标的物则只有请求权而没有所有权。但是债权人可以通过行使债权,最终便可以取得标的物的所有权。但乙没有通过正当途径行使其债权而是以不正当的手段行使其债权,因此乙是否构成财产犯罪便是问题的关键。对此,学者们所持的观点并不一致,有的主张行使权利是无害化的行为,不应入罪;有的主张不应一概而论,同样是行使权利也谨慎区别对待,不同情形结论可能迥异,并不排除入罪的可能性。

国外刑法理论重点讨论的,是以恐吓手段促使债务人还债是否构成恐吓罪的问题。[①] 关于行使权利,日本早些时候的判例一般认为只要在权利范围内就不成立恐吓罪,超出权利范围的,仅就超出部分成立恐吓罪,所获得的财物或者财产性利益在法律上不可分时,全部成立恐吓罪,这基本上是本权说的立场。后来,随着判例立场整体上由本权说向占有说转变,认为即便所交付的财物或者财产性利益属于权利的范围之内,但若恐吓手段逾越了正当范围,则不管是否可分,全部成立恐吓罪。在理论上,持构成恐吓罪的肯定说占多数。肯定说认为,采取恐吓手段转移财物或者利益,成立恐吓罪,如果在权利范围内,并且所使用的手段是必要而且相当的,就阻却违法性。但恐吓罪否定说也很有影响。否定说认为,肯定说是将物或者财产性利益的交付直接理解为财产损失,这就导致财产损害概念有名无实,显然不妥当。只要在权利范围内,债务人就不存在财产性损失,故应否定成立恐吓罪;如果手段不当,可能成立暴行罪或者

① [日]木村光江:《财产犯论の研究》,日本评论社 2008 年版,第 13 页。

胁迫罪，而且可能以手段的必要性、相当性为由阻却违法性。[①]

对此，国内有观点认为，只要具有民法上的权利（如所有权、债权）就不构成财产罪，因为行为人没有非法占有的目的。在这个问题上，陈兴良教授的观点具有代表性。陈兴良教授指出："财产犯罪的有因与无因的问题，即我们通常所说的有无纠纷。如果客观上采取了属于财产犯罪的手段，但之前存在经济纠纷，或其他特殊的原因。在这种情况下，行为人即使实施了刑法所规定的某些财产犯罪手段取得了财物，也不能构成财产犯罪。这在认定财产犯罪上是一个重要的因素，也是财产犯罪与某些民事纠纷相区分的标志。"另外，"从法律上讲，行使权利的行为是不构成犯罪的。即，当行使权利获得某种财产性利益时，不构成财产罪。如果行为人不当地行使权利，其手段触犯了刑法其他罪名，应当按照手段行为定罪，而不能按财产犯罪定罪，这是一个基本原则。"[②]

（二）行使权利与财产犯罪关系的实证考察

我们认为，尽管是不正当行使权利，但既然是权利的行使行为，就说明还是有其正当性依据所在，只是手段不正当而已。刑法与民法等法律的共同目的是保护权利或者法益，最终应当从法益衡量的方面判断行为有无阻却违法性。以不正当手段行使权利，实际上是债权人的债权行使和债务人的所有权或占有保护如何平衡的问题。在债权的价值和被不正当手段侵害的所有权或占有的价值等同情况下，就可以认为总体上没有财产法益侵害，行为阻却违法性。当然侵害他人法益构成犯罪的理当以其论处。因此，对于行为人以非法手段实现其债权的，在重视习惯作为（刑）法之外的社会调节手段的刑法文化的深刻影响下，"欠债还钱，天经地义"的传统维系着国民的法感情。因此，若行使的权利是现实存在的且可以行使的（比如债权已经到期等）一般应当排除财产犯罪，毕竟此种情形下债务人的整体财产不存在实质性的损害。[③] 实践中的典型案例有：被告人陈帮蓉做中药生意时与同行史可蓉相识，二人在生意上互有来往。1997年8月，史可蓉要求陈帮蓉供货一百余公斤虫草，陈帮蓉即以自有资金并向其亲友借款收购154公斤虫草，史可蓉验收后提出资金紧张，与陈帮蓉约定1997年10月25日付清货款人民币78万元，并出具了欠条。期满后，史可蓉未给付

---

① 详见[日] 曾根威彦、松原芳博编集：《重点问题刑法各论》，成文堂2008年版，第147页以下；[日] 西田典之、山口厚、佐伯仁志编：《刑法の争点》，有斐阁2007年版，第196—197页。

② 陈兴良：《论财产犯罪的司法认定——在北京德恒律师事务所的演讲》，《东方法学》2008年第3期。

③ 付立庆：《论刑法介入财产权保护时的考量要点》，《中国法学》2011年第6期。

货款且下落不明，陈帮蓉经多次追讨未果。后通过其他人以假装与史可蓉做生意的方式，诱使其携带现金交易，然后以暴力方式抢回55万元，并出具“收到55万元还款”的收条，又令史可蓉写下“还欠陈帮蓉23万元货款”的欠条一张，尔后离开现场。当天，陈帮蓉将所得款项大部分归还债主，并到新都县公安局城西派出所备案。史可蓉等人离开现场后，也即向公安机关报案。次日，陈帮蓉被公安机关刑事拘留。

公诉机关以被告人陈帮蓉犯抢劫罪向法院提起公诉。被告人陈帮蓉辩称，其是在追索合法债务，不具有非法占有他人财物目的，不构成抢劫罪。被告人陈帮蓉的辩护人亦认为，陈帮蓉主观上不具有非法占有他人钱财的目的，不具有社会危害性，其行为不构成犯罪。

一审法院经审理认为，被告人陈帮蓉在收取债务的过程中，对方一再声明该款不属于其债务人所有，陈帮蓉应当明知自己的行为会侵犯其债务人以外其他人的财产所有权，仍执意不听申辩，亦不采取其他相应措施，采取威胁和暴力手段，当场劫走现金，主观上具有非法占有他人钱财的故意，以抢劫罪，判处被告人陈帮蓉有期徒刑十年，剥夺政治权利一年，并处罚金人民币十万元。一审宣判后，被告人陈帮蓉不服上诉。二审法院经审理认为，被告人陈帮蓉与史可蓉之间确实存在合法的债权债务关系。史可蓉长期拖欠陈帮蓉虫草货款78万元，且在此后的两年时间内下落不明。陈帮蓉发现史可蓉仍在做虫草生意后，即设计诱使其前来交易，采取以语言相威胁并打两耳光的不合法手段，当场强行占有史可蓉等人随身携带的钱款，用于抵偿史可蓉所欠债务。陈帮蓉当场书写“收到人民币55万元”的收据并强迫史可蓉书写“欠陈帮蓉款人民币23万元”的欠条，表明陈帮蓉上述行为的目的仅是追讨其合法的债务，不具有非法占有的目的，因此，对于陈帮蓉的行为不应以抢劫罪定罪处罚。在强行追讨债务过程中，陈帮蓉对史可蓉采取的语言威胁和打两耳光的手段，虽然在一定程度上侵犯了他人的人身权利，但情节显著轻微，社会危害性不大，可不认为是犯罪，并据此宣告被告人陈帮蓉无罪。[①]

此外，《刑法》第238条第3款关于非法扣押、拘禁他人索要债务以非法

---

① 参见人民法院报：《债权人非法讨债不应以侵犯财产罪定罪——陈帮蓉涉嫌抢劫宣告无罪案》，中国法院网 http://old.chinacourt.org/html/article/200509/01/176017.shtml（访问日期：2015年6月16日）。类似的案件再如，1999年2月，黑龙江省庆安县冰淇淋经销商王某发现一支冰淇淋有布头，遂向冰淇淋厂家索赔50万元，厂家认为这是敲诈勒索而报案，公安将王某拘留。一审法院以敲诈勒索罪判处王某有期徒刑三年，缓刑三年。王某不服上诉，二审法院改判无罪。参见陈宝昆、罗智伟：《消费者“敲诈”无罪》，《检察日报》2001年6月1日。

拘禁论处，以及非法扣押拘禁他人索要非法债务、行为人仅以其所输赌资或所赢赌债为抢劫对象，一般不以抢劫罪定罪处罚等司法解释也是对此进行了肯定。

再如，对于实践中过度维权行为，行为人在自己的权利受到侵害之后，以威胁、胁迫等方式提出明显超出实际损失巨大数额的赔偿请求，考虑到索要行为毕竟事出有因，实践中没有作为财产犯罪处理。如大学生黄某于2006年2月9日购买了一台华硕笔记本电脑，在使用过程中多次出现异常现象，经过华硕售后几次检修后，发现该笔记本电脑机内原装正式版 Pentium-m7602.0GCPU 被更换为工程测试样品 ES2.13GCPU，而英特尔公司明确规定其不能用于最终用户产品。黄某发现之后，委托代理人与华硕公司进行多次和解谈判。谈判中，其代理人周某提出了要求华硕公司按照其年营业额0.05%进行惩罚性赔偿，数额为500万美元。此后，华硕公司向警方报案称其受到敲诈勒索。这导致2006年3月7日当事人黄某及周某被刑事拘留并被批准逮捕。但在其被羁押了十个月后，黄某等人的行为被认定为无罪。[①]

总体而言，我们认为以欺骗方法实现债权的行为，“既然行为性质属于行使权利，即只是实现自己的合法权利，就表明行为本身没有侵犯对方的财产；既然行为本身没有侵犯财产，就不可能成立属于侵犯财产罪的诈骗罪。虽然行使权利的手段具有欺骗性质，但不能仅根据这种手段性质认定行为构成诈骗罪。如同不能仅根据暴力、胁迫性质认定行为构成抢劫罪一样。”[②]关于行使权利与恐吓，以胁迫手段取回对方非法占有的本人财物的，不应认定为敲诈勒索罪；以胁迫手段行使债权的，原则上无罪，即如果没有超出权利的范围，具有行使权利的必要性，而且其手段行为本身不构成刑法规定其他犯罪，就应认为没有造成对方财产上的损害，不宜认定为犯罪；损害赔偿请求权的行使，原则上不成立敲诈勒索罪。[③]

---

① 参见百度百科《勒索华硕案》，http://baike.baidu.com/link?url=UR24DJ0hUkfG12AdjXxlwq0vrVVDDZUWOaDMeeaKYu-jaxbiKeSPRBCABmLyU8Pwu0HOU7iSLJZdF8wB7s_BtK（访问日期：2016年9月3日）。类似的案件再如：2004年9月，吴某购买了某食品厂生产的20块月饼，在吃的时候发现一块月饼馅中有月饼皮，怀疑是陈馅制作，遂找厂家索赔，并称如不赔偿就找媒体曝光，厂家负责人表示不要曝光，可以赔月饼，吴某拒绝，要求赔偿五千元。后双方在约定的地点见面，吴某拿到四千元现金时，被公安人员抓获。2005年2月，检察机关以敲诈勒索罪提起公诉。同年3月在法院开庭前，检察机关又撤销起诉，并建议公安机关撤销案件。参见肖本山：《消费纠纷领域敲诈勒索罪的认定》，《法学》2009年第5期。

② 张明楷：《诈骗罪与金融诈骗罪研究》，清华大学出版社2006年版，第239页。

③ 张明楷：《刑法学(第四版)》，法律出版社2011年版，第871—872页。

第三节　我国财产犯罪占有法律属性辨正

占有是我国财产犯罪法益保护理论中的重要法律概念。对占有的解释与理解以及司法实务中的惯常做法，常导致人们对财物占有法律属性和定性的分歧，下面本书将从三个方面探究对财物占有法律关系的定性。

一、事实占有与观念占有

理论上一般认为，刑法中的占有是对财物的事实性支配，相对于强调观念性占有的民法占有，更具有事实性。刑法中的占有不以“为了自己的意思”为必要，还包括为了他人的占有；由于强调支配的现实性，故刑法中的占有不包括民法所承认的代理占有、间接占有、占有改定等观念性占有，也不包括尚未形成现实性支配的占有继承。[①] 民法理论认为，在脱离占有后，本权人还可以成为间接占有人，因而，间接占有只是一种观念占有。[②] 民法理论还认为，无论被害人是被杀害在荒郊野外，还是死在家里，对于死者身上的财物都能发生占有继承。刑法理论中，虽然也有个别学者认为，取走死者身上的财物是对继承人占有权[③]或所有权[④]的侵犯，但刑法理论一般认为：“既然财物的占有者已经死亡，他就不可能在客观上继续支配财物，也不可能有支配财物的意思。而且，死者身边或者身上的财物，不管相对于先前的杀害者、还是相对于无关的第三者，性质应是相同的。所以，肯定死者的占有存在疑问。”[⑤]取走死者身上的财物只能成立侵占罪，而不是盗窃罪（死在室内而且存在其他空间管理人的，才成立盗窃罪）。[⑥]

刑法虽然一般不承认民法上的观念性占有，但不可否认，如今在刑法解释论领域，有将观念上的占有扩大化的趋势。[⑦] 最典型的事例是关于封缄物的占有。关于封缄物的占有，国外主要有外包装及内容物均属于受托人占有的受托

---

① 详见［日］西田典之：《刑法各论（第六版）》，弘文堂 2012 年版，第 142 页；张明楷：《外国刑法纲要（第二版）》，清华大学出版社 2007 年版，第 540—541 页。

② 隋彭生：《论占有之本权》，《法商研究》2011 年第 2 期。

③ 黑静洁：《论死者的占有——对“占有”概念的重新解读》，《时代法学》2012 年第 2 期。

④ 井厚量：《第三人从死亡现场取财构成何罪——不侵犯现实占有的取财行为能否构成盗窃》，《中国政法大学学报》2012 年第 1 期。

⑤ 张明楷：《刑法学（第四版）》，法律出版社 2011 年版，第 875 页。

⑥ ［日］山口厚：《刑法各论（第 2 版）》，有斐阁 2010 年版，第 183—184 页。

⑦ 郭晓红：《民、刑比较视野下的刑法“占有”研究》，《法律适用》2011 年第 9 期。

人占有说，外包装及内容物均归委托人占有的委托人占有说，以及外包装属于受托人占有但内容物属于委托人占有的所谓区别说之间的对立，判例及理论多数说主张区别说。[①] 国内也存在受托人占有说[②]、委托人占有说[③]、区别说[④]的分歧。区别说面临着两点质疑：一是侵占整个封缄物的，成立法定最高刑仅为五年的侵占罪，而仅侵害其中内容物却成立法定最高刑可达无期徒刑的盗窃罪；[⑤]二是认为行为人仅占有着封缄物的外包装而不占有着其中的内容物，似乎也不符合生活常识。[⑥] 主张受托人占有说的刘明祥教授认为："民法上的占有并不等于刑法上的占有，前者可以是观念上、规范上的占有，后者则必须是事实上的占有。正因为受托者事实上支配着被包装物。委托者只在观念上、法律上支配，事实上失去了控制，所以，只有受托者才是刑法上的占有者。不管受托者是取得被包装物的整体，还是抽取其中的内容物，都应该定为侵占罪。"[⑦]其实，之所以在封缄物占有的问题上，区别说能成为国外刑法理论与判例的通说，[⑧]正是刑法也承认观念上的占有的体现。固然封缄物持有者在物理上占有着封缄物的全部，但这仅是就事实而言的。从规范意义上讲，受托人之所以对财物进行包装，甚至加锁，其目的就在于防止受托人支配处分其中的内容物，表明委托人无意将内容物的占有让渡给受托人。而且，既然已进行了严格包装甚至加锁，受托人仍然打开包装取走其中内容物，也表明行为的违法性与有责性达到了科处盗窃罪刑罚的程度。我国刑法第 253 条第 2 款关于邮政人员窃取内容物构成盗窃罪的注意性规定，正是出于这种考虑。所以，对于违法性与有责性严重的情形，也会在一定范围内肯定观念上的占有，以有效保护公民的财产法益和维护邮政、快递、集装箱运输等特定行业的公信力。

刑民占有上的差异源于二者占有制度功能上的差异。民法上占有制度的功能，一方面在于确定占有的地位，以明确占有人与真正权利人的权利义务界

---

① ［日］浅田和茂、井田良编：《刑法》，日本评论社 2012 年版，第 522 页。

② 详见于世忠：《侵占罪与盗窃罪的界定》，《法制与社会发展》2002 年第 3 期；纪翔虎、蔡永彤：《侵占罪中"代为保管"认定的难点与消解——兼论侵占罪与盗窃罪的分野与厘定》，《中国刑事法杂志》2008 年 11 月号。

③ 林学飞：《论刑法中的占有——〈最高人民法院公报〉相关案例的回顾与评析》，《浙江社会科学》2011 年第 5 期。

④ 详见张明楷：《刑法学（第四版）》，法律出版社 2011 年版，第 877 页；周光权：《刑法各论（第二版）》，中国人民大学出版社 2011 年版，第 118 页。

⑤ 刘明祥：《论刑法中的占有》，《法商研究》2000 年第 3 期。

⑥ 林东茂：《刑法综览（修订五版）》，中国人民大学出版社 2009 年版，第 349 页。

⑦ 刘明祥：《论刑法中的占有》，《法商研究》2000 年第 3 期。

⑧ ［日］前田雅英：《刑法各论讲义（第 5 版）》，东京大学出版会 2011 年版，第 257—258 页。

限，并对财产的现实支配状况予以法律化；另一方面在于保护该占有，以维护社会稳定与秩序。与之不同的是，刑法上的占有本身不构成财产归属与支配秩序的一部分，而只是对物的一种事实支配状态，其一方面在于保护该占有状态，另一方面在于根据该占有确定占有人与侵夺该占有的人的行为性质。① 换言之，民法理论注重的是对权利的保护，观念上的占有在较大的范围内得到承认，而刑法上的占有强调的是更为现实的占有，脱离物理占有的社会观念的占有仅仅在较小的范围内得到承认。② 与此相关的是，刑民占有的目的也存在明显不同。民法上的占有最根本的目的在于确定占有人对物的权利，因此，要求占有对象的合法性，非法占有不能成为民法上占有的对象。而刑法中的占有最本质的目的还在于确立一种秩序，而基于维护秩序的考虑，非法的占有在一定范围内也能得到刑法的保护。③ 例如，盗窃犯对赃物的占有由于是非法占有而不被民法承认，但刑法，在财产罪法益问题上无论是持本权说立场，还是持占有说立场，都承认赃物的占有相对于第三人而言值得保护。因为，如果刑法不承认赃物的占有以及违禁品的占有，将导致黑吃黑现象泛滥，而毫无财产秩序可言。从这个意义上讲，刑法是通过对财物现实支配的保护，达到维护财产秩序的目的。至于现实支配财物的人是否享有最终性权利，则是民事法上权利归属判断的问题。

二、金钱的占有

民法理论一般认为，金钱随着占有的转移，所有权也随之转移，即占有与所有一致原则。④ 之所以如此，是因为：(1) 货币之本质使然。货币的本质就在于充当交易媒介与支付手段而流通，以便利交易，并且货币本身即为代替物或种类物，在流通中也就无必要识别其个性特征。所以，除现实中的实际支配即占有权外，不可能还同时存在法律上的可能支配权即所有权。(2) 货币之价值使然。货币的价值并非其本身材质的价值，而是国家依法赋予社会民众基于国家信用而接受的价值，所以，货币的价值是抽象的。(3) 交易之需要使然。如果货币的占有与所有权可以分离，则人们在接受货币之际，尚需逐一调查支付货币之人(占有人)是否对该货币拥有所有权，否则难免遭受不测之损害。若如此，则人人害怕接受货币，货币的流通功能将丧失殆尽。所以，从交易的角度

① 周光权、李志强：《刑法上的财产占有概念》，《法律科学(西北政法学院学报)》2003 年第 2 期。

② 郭晓红：《民、刑比较视野下的占有之“观念化”》，《法学杂志》2011 年第 11 期。

③ 郭晓红：《民、刑比较视野下的刑法“占有”研究》，《法律适用》2011 年第 9 期。

④ ［日］山川一阳：《金钱所有权という概念と犯罪》，《日本法学》第 76 卷第 4 号(2011)。

看，货币的所有权也必须与其占有相统一。[①]

按照上述民事法理论，消费所保管的作为不特定物的金钱的，属于将自己占有下的自己的所有物占为己有，因而不成立侵占罪。但是，“民事法之所以认为金钱的所有与占有一致，是因为对于金钱这种流通性极高的交换、结算手段，为了保护交易的动态安全，即便不适用即时取得原则，也有必要认定所有权的移转。”与此相对，“刑法则是保护行为人之间静态法律关系。”[②]刑法理论一般认为，封金（如贴封条）及限定用途的金钱的所有权并不随占有一起转移，将其占为己有的，属于将自己占有下的他人的所有物占为己有，成立侵占罪。原因在于，既然贴上封条或者限定用途，委托人的本意就在于，不允许保管金钱者为了自己的目的而随意消费该金钱，这时的金钱具有特定物的性质；如果认为所有权与占有同时转移，因不符合“自己占有的他人所有物”的侵占罪对象要件，而不成立侵占罪，仅能作为民事上债权债务处理，或者在规定了背信罪的国家将之评价为背信罪，就会与保管的其他财物在刑法的保护上明显失衡。[③] 不过，虽然肯定了封金及限定用途的金钱所有与占有分离，但如果保管人具有填补所消费金钱的意思与能力，如受托保管十万元现金，同时自己在银行拥有不少于十万元的存款而暂时挪用所保管的金钱，通常认为这种情形下，保管人缺乏非法占有的目的，而不成立侵占罪。[④] 从这个意义上讲，所谓金钱的所有权，其实是金额所有权或者价值所有权。保管者无需返还最初受托保管的货币，只要返还同种同额或者非同种但同值的货币即可。

三、存款的占有

有学者指出，“存款”具有不同的含义：其一是指存款人对银行享有的债权，其二是指存款债权所指向的现金。不管从事实上还是从法律上，存款人都占有了债权；至于存款所指向的现金，则由银行管理者占有，而不是存款人占有。[⑤] 储户与银行间是消费寄托关系，因而存款人享有存款债权，银行占有存款指向的现金，这一点谁都不会否认，但将存款仅仅看作一种债权，还值得商榷。

---

① 张庆麟：《论货币的物权特征》，《法学评论》2004 年第 5 期。

② ［日］西田典之：《刑法各论（第六版）》，弘文堂 2012 年版，第 237 页。

③ 详见［日］前田雅英：《刑法各论讲义（第 5 版）》，东京大学出版会 2011 年版，第 375 页；［日］伊藤真：《刑法各论（第 4 版）》，弘文堂 2012 年版，第 220—221 页。

④ ［日］大谷实：《刑法讲义各论（新版第 3 版）》，成文堂 2009 年版，第 303 页。

⑤ 张明楷：《刑法学（第四版）》，法律出版社 2011 年版，第 876 页。

"资本主义最重要的发明是创造了对货币的所有权形式,如银行账户、债权、股票等,它们都可以在需要时转换成现金,企业也可据此筹集到所需资金。这些对货币的所有权形式,只要能够很容易变现,就能替代货币作为一种储藏手段。"①因而,从金融学的角度讲,存款就是货币的一种所有权形式。事实上,拥有存款的人随时可以取现,将钱存入银行与将钱放在自家保险柜里,没有本质的不同,刷卡消费甚至比用现金付账更为便利。因此,将存款仅仅看作一种债权,把存款与存款所指向的由银行占有的现金截然分离,可以说是一种过时的观点。而且,不管是将存款看作是债权,还是看作物权,都与作为有体物的现金一样,可以被盗、被骗、被侵占、被抢、被毁(如强迫存款人将存款转账给无关的第三人),这是不争的事实。存款与现金的差别仅在于,多了银行"保管"这层保险,因而盗窃、抢劫他人银行卡的,只要尚未取现或者转账,存款人就不会遭受实际的损失;盗窃银行卡尚未取现、转账的,仅属于盗窃罪预备,抢劫银行卡尚未取现、转账的,就银行卡本身而言虽然属于抢劫罪既遂,但就卡中存款而言,仅属于犯罪预备。

综上,我们的结论是,无论是存款债权还是存款指向的现金,存款人均享有占有及所有权。这样有利于诈骗、敲诈勒索、受贿罪既未遂的认定。欺骗或者恐吓他人将钱打入自己名义的或者与其有关系的第三人账户的,即便尚未取现或者转账,也成立诈骗、敲诈勒索罪的既遂;行贿人将银行卡交到受贿人手上或者将钱款打入受贿人的账户,即成立受贿罪的既遂。

我们肯定"存款=存款债权=存款指向的现金",并不意味着账号名义人当然占有着存款。在金融法上,存款名义人就是存款的占有及所有权人,因而名义人可以凭身份证进行挂失,也可以补卡后取现、转账。但这只是出于金融管理、金融交易的便利以及银行免责的需要,而推定账号名义人就是存款的占有及所有权人。至于存款名义人是否为真正的存款权利人,则属于民事法上权利归属判断的问题。银行账号相当于银行为每个储户提供的保险柜,保险柜中的财物完全可能归属于名义人以外的人占有和所有。实践中借用他人的身份证办理银行卡,或者将自己名义的银行卡借给他人使用的现象并不罕见。这就好比将自己的房子租给或者借给他人使用,虽然房产名义人还是出借人,但房中财物的占有和所有权完全可能属于别人。因此,我们认为,存款只属于对存款拥有最终实质性权限的人;不对存款享有占有和所有权的人支取存款的,构成

① [美]马丁·迈耶:《大银行家:电子时代的货币、信用与银行》,何自云译,海南出版社2000年版,第23页。

盗窃、诈骗等夺取罪；对存款具有占有但不享有所有权，而利用处分存款的，成立侵占罪。

例如，D与X外出打工，同住一室。由于X为未成年人，X的父母托付D照顾X。D将自己的身份证借给未成年人X使用，X冒用D的姓名进入一家公司工作，公司用这张身份证给X办理了银行卡发放工资。X将身份证还给D，并将银行卡交给D保管。D在保管期间瞒着X到银行将卡中的大部分存款转入自己的银行卡。对于此案，张明楷教授认为："由于D从法律上占有了X的财产，对法律上占有的财物可能成立侵占罪，所以，对D的行为应以侵占罪论处。"①虽然银行卡的名义人是D，而且D现实保管着该卡，但是否就意味着被害人X委托D保管并占有着卡中存款呢？若认为只要对存款具有随时取现的可能性，就取得了存款的占有，而不追问行为人是否具有正当的取款权限、是否拥有对存款的实质性权利，则盗、骗、抢、拾得他人银行卡并知悉密码后取现的，恐怕也只能成立侵占罪了。② 进而，若认为具有处分可能性就意味着占有了财物，则出门旅游前委托邻居保管钥匙，邻居拿走房中财物的，也只是成立侵占罪了。这恐怕不能被人接受。正如日本学者所言："出门旅行前委托熟人保管存折和印章，熟人擅自使用存折、印章取款的，即便事实上存在取款的可能性（可谓处分可能性），但熟人并没有取款的正当权限。因此，这种场合不应承认存款的占有，熟人擅自取款的，不是成立委托物侵占罪，而是成立盗窃罪。"③虽然X是用D的名义办理银行卡，但银行卡中的存款是X的薪金所得，跟D一点关系都没有；X将卡交给D，即认为X委托D保管卡，也只是保管"卡"本身而已，绝没有委托D保管占有卡中存款的意思，况且两人同住一室；而银行卡，不过相当于银行保险柜的钥匙；④X将D名义（或许法律上占有着存款）的银行卡是交给D保管，还是交给其他人保管，存款的占有归属不会因此不同，即均应属于X占有并所有；将银行卡交予他人保管，与出门前将家门钥匙交给他人保管一样，都不会改变财物的占有归属；因此，D擅自使用实质上属于X的银行卡取款，侵害了X对于存款的占有及所有，应该成立盗窃罪或诈骗罪。

又如，2009年2月，甲所在村的村委规定，欲申请宅基地者，必须预先向村委交付3万元保证金，如果申请得以批准，该3万元作为宅基地的使用费用由

① 张明楷：《诈骗罪与金融诈骗罪研究》，清华大学出版社2006年版，第660页。

② ［日］桥爪隆：《银行预金の引出しと财产犯の成否》，《研修》第735号（2009），第4—5页。

③ ［日］桥爪隆：《银行预金の引出しと财产犯の成否》，《研修》第735号（2009），第5页。

④ ［日］山川一阳：《误振込による预金债权の成否と犯罪》，《警察学论集》第64卷第2号，第150页以下。

村委进行相应处理；如果申请没有被批准，村委将退还 3 万元。甲申请后，将一本以自己的姓名开户、存有 3 万元现金的活期存折交给了村委，并告知会计存折密码。同年 5 月，甲的申请被批准。2010 年 6 月，甲在建房过程中急需用钱，无意中获知，其向村委交付的 3 万元存折，村委并未提出该款。于是，甲以存折丢失为由，持自己的身份证到银行挂失了该存折，后取出 3 万元用于建房。对于该案，有人认为构成侵占罪，甚至有人认为属于民事纠纷而不构成犯罪。[①] 若认为这种案件也只是成立侵占罪而不成立夺取罪的话，恐怕连如下案件也会被认为仅成立侵占罪了：乙向甲追讨十万元欠款，甲身边没有现金，于是将记载有十万元存款的自己名义的存折交给乙并告知密码，作为还款；在乙取款之前，甲赶到银行以自己的身份证进行挂失、取款。就因为名义人是某人，某人具有凭身份证挂失、取款的银行法上的“权限”，就只成立法定刑远低于盗窃、诈骗罪的侵占罪？至此，侵占罪结论的荒谬性显而易见。

关于存款的占有，错误汇款和银行错误记账形成的存款占有归属问题，也值得讨论。因为汇款人错误汇款或者银行错误记账，致使存款名义人账号多出不属于自己的存款的现象，在司法实践中并不少见。如果认为名义人占有并所有这笔存款，则不成立财产犯罪；如果认为名义人对这笔存款占有但并不所有，名义人利用处分这笔存款的，属于将自己占有下的他人的所有物占为己有，成立侵占罪；若认为名义人既不占有也不所有这笔存款，则成立盗窃、诈骗等夺取罪（以下称“夺取罪说”）。

关于错误汇款（以下均包括错误记账），张明楷教授认为，账号名义人从银行柜台取现的，成立诈骗罪或信用卡诈骗罪；在柜员机上取现或转账的，成立盗窃罪。[②] 这是国外夺取罪说的观点。李强博士主张按照侵占罪处理，但同时对自己的结论还有所犹豫。[③] 杨兴培教授主张将错误记账的情形作为民事上的不当得利处理。[④] 周光权教授也认为，错误记账的情形属于典型的不当得利，不构成财产犯罪。[⑤]

夺取罪说（即成立诈骗罪、盗窃罪与使用电子计算机诈骗罪）与脱离占有物侵占罪说（以下简称“侵占罪说”）之间的根本对立就在于，收款人是否占有着错汇的存款。存款名义人无论事实上还是法律上都占有着自己账号中的存款，包

---

① 贾潞斌、牛庆辉：《如何认定刑法上“非法占有的故意”》，《中国检察官》2011 年第 11 期。

② 张明楷：《许霆案的刑法学分析》，《中外法学》2009 年第 1 期。

③ 李强：《日本刑法中的“存款的占有”：现状、借鉴与启示》，《清华法学》2010 年第 4 期。

④ 杨兴培：《“许霆案”的技术分析及其法理思考》，《法学》2008 年第 3 期。

⑤ 周光权：《侵占罪疑难问题研究》，《法学研究》2002 年第 3 期。

括错汇的存款，正如信箱所有者占有着信箱中的财物一样。夺取罪说通常否认存款债权，或者即便承认存款债权，也否定其具有正当的取款权限，但即便如此，也不可否认存款名义人占有着存款的事实，至于针对所占有的存款是否具有利用处分的权限，则另当别论。很明显，夺取罪说把存款的占有与所有“二合一”了。本书认为，收款人占有着存款，只是由于不具有最终的实质性权利，故其无权以所有者身份对所占有的存款进行利用处分；若能够证明收款人对于所占有的存款产生了利用处分的意思即非法占有目的，客观上也存在变占有为所有的行为，则成立侵占罪；而且，对一般人而言，突然发现自己账号上多出一大笔钱，难免产生诱惑，将多余的存款占有己有的有责性也明显低于侵害占有的夺取罪，而与侵占误投的邮件或拾得的遗忘物相当。因此，对于侵吞错误汇款的行为，无论从违法性还是有责性，均具有以侵占罪论处的实质性理由。①

至于无罪说，主要理由有两点：一是存款债权不是侵占罪对象中他人的“物”，侵占存款属于利益侵占，顶多成立背信罪；二是按照民事法理论，属于不当得利，汇款人享有不当得利返还请求权，不予返还的，作为民事违法处理就够了。本书认为，存款债权不同于一般的债权，由于其随时支取的可能性而具有准物权的性质，存款人也拥有着存款项下的金额所有权，因而完全可以成为侵占罪的对象；找钱诈骗与误投邮件案也属于民事法上的不当得利，但不影响刑法上评价为侵占罪；“不能以某种行为属于民法上的不当得利为由，否认该行为构成财产犯罪。换言之，民法上的不当得利，也可能构成刑法上的侵占、盗窃、诈骗等罪。”②因此，是作为不当得利的民事行为处理，还是作为财产犯罪处理，取决于行为的法益侵害程度。为了与“找钱诈骗”、“误投邮件”以及“捡拾遗忘物”案件相协调，侵吞错汇存款的，有必要作为侵占罪予以规制。因此，无罪说并不可取。

综上，本书认为，收到错误汇款的名义人占有着存款，但不具有所有权，如果作为所有权人对存款进行利用处分的，成立侵占罪。

---

① 详见［日］大塚裕史：《刑法各论の思考方法（第3版）》，早稻田经营出版2010年版，第291页；［日］穴沢大辅：《いわゆる“误振込・误记账”事案における财产犯の成否（2・完）》，《上智法学论集》第48卷3・4号（2005），第111页；参见［日］锄本丰博：《CDかードの不正使用と“预金の占有”（下）》，《白鸥法学》第23号（2004），第195页；李强：《日本刑法中的“存款的占有”：现状、借鉴与启示》，《清华法学》2010年第4期，第165页；黎宏：《论财产犯中的占有》，《中国法学》2009年第1期，第124页；黑静洁：《存款的占有新论》，《中国刑事法杂志》2012年第1期，第53页。

② 张明楷：《不当得利与财产犯罪的关系》，《人民检察》2008年第13期。

第五章　财产犯罪目的论的法律价值

非法占有目的在财产犯罪中是否应当存在一直都是学者们争论的焦点。在刑法未作明文规定的情况下，非法占有目的是否是财产犯罪中取得型犯罪的必要主观构成要件？德国与日本的学者给出了“必要说”与“不要说”的观点。而在肯定了非法占有目的的情形下，又产生了排除意思与利用意思两者是否应当存在的理论分歧。多年来学者们对这些问题都各执己见，至今难有定论。

我国亦是如此，虽然我国在刑法分则第五章侵犯财产罪中并未规定非法占有目的，但在理论界、实务界都约定俗成地认为非法占有目的是成立盗窃罪、诈骗罪等取得型犯罪所必须具备的要件。正是由于理论界、实务界的一致认可，故我国少有学者对非法占有目的的存废问题提出异议，在非法占有目的方面的学说相对较少。这使得在实践中由于得不到相关理论的指导与支持，非法占有目的在盗窃等取得型犯罪中的运用过于生硬，不能很好地体现非法占有目的的法律价值。

在理论上解决非法占有目的的问题，不仅能为司法实践提供便利，同时对落实法律的精神、维护法律的尊严与统一都具有十分重要的意义。本章将通过考察德国与日本两国相关理论观点，并结合我国实际情况，对非法占有目的的法律价值做一探讨，以期更好地理解取得型犯罪的理论学说，为实践提供理论依据。

第一节　非法占有目的的理论学说评析

财产犯罪可以分为取得型犯罪（如盗窃罪、诈骗罪、抢劫罪、抢夺罪、敲诈勒索罪等，本文重点讨论盗窃罪）与毁弃型犯罪（如故意毁坏财物罪、破坏生产经营罪，以下简称毁弃罪）。无论是我国还是德国、日本，通说几乎将非法占有目的认定为取得型犯罪的必备主观构成要件。但我国由于实务界与理论界的约定俗成，鲜少探讨非法占有目的存废的问题。相较于我国，德国与日本在这方面的学说发展得更为成熟，也更为精细且深入，从丰富和完善我国的刑法理论的角度，有必要考察同为大陆法系的德国与日本的理论学说。

一、我国非法占有目的理论学说

我国在刑法分则的条文中并未明确非法占有目的是否属于取得型犯罪的主观构成要件，但1998年3月17日起实施的《最高人民法院关于审理盗窃案件具体应用法律若干问题的解释》[①]（现已被废止）第1条曾规定："根据刑法第二百六十四条的规定，以非法占有为目的，秘密窃取公私财物数额较大或者多次盗窃公私财物的行为，构成盗窃罪。"作为盗窃罪必备的主观要件存在，这也直接地表明了"非法占有目的"在我国取得型犯罪中的地位。

我国刑法理论界通说认为，除毁弃罪和挪用型犯罪（如挪用公款罪、挪用资金罪、挪用特定款物罪）之外，均在犯罪故意以外还要求具有非法占有目的（即非法占有目的系超主观要素），但对于非法占有目的的内容，非法占有目的的机能（意义），基本上没有进行过认真讨论。[②]（本书中有章节专门论述非法占有的目的，在此不赘述）我国在非法占有目的相关理论上的缺失，导致在实践中运用过于抽象，且随意性较大，故有必要对国外相关理论进行考察，以资借鉴。

二、德国非法占有的理论学说

《德国刑法》第242条明文规定："行为人以使自己或者第三者违法地占有的意图而拿走他人可移动的物品的，处五年以下的自由刑或者金钱刑。"[③]以及第263条诈骗罪必须"意图使自己或第三者获得不法财产利益"。[④] 从上述两条可以看出，德国刑法要求盗窃罪、诈骗罪必须具有非法占有目的。

德国刑法理论中要求非法占有目的应当包含两个要素：一是，排除占有，即行为人意图夺取他人的财物（如盗窃他人财物的行为），所采取的破坏权利人对财物的支配关系（即消极要素）。但如果行为人只是想一时使用财物，在取得财物时便具有归还财物的意思（如使用盗窃），则不构成消极要素，不成立犯罪。二是，建立占有，是指行为人使自己或第三者成为财物的"主人"（即积极要素）。

上述两个要素的结合虽然能解决大部分的问题，但对缺少消极要素的使用

---

① 《最高人民法院关于审理盗窃案件具体应用法律若干问题的解释》于1998年3月17日起实施，但在《中华人民共和国刑法修改正案（八）》颁布实施后，该司法解释已被2013年4月4日起实施的《最高人民法院、最高人民检察院关于办理盗窃刑事案件适用法律若干问题的解释》取代。本书中出现该司法解释只为说明"非法占有目的"曾存在于司法解释中。

② 陈洪兵：《财产犯的排除意思与利用意思》，《辽宁大学学报（哲学社会科学版）》2012年第3期。

③ 冯军译：《德国刑法典》，中国政法大学出版社2000年版，第146页。

④ 张明楷：《论财产罪的非法占有目的》，《法商研究》2005年第5期。

盗窃却形成了处罚的空隙。如盗用他人交通工具的行为，正是由于发现了这样的漏洞，《德国刑法》第 248 条 b 规定了盗用交通工具罪："行为人违反有权者的意志使用动力交通工具或者自行车的，处三年以下的自由刑或者金钱刑，如果该行为没有在其他的规定中被用更重的刑罚加以威吓的话。"①若行为人有对交通工具使用且返还的意思，而无排除有权者的意思，便不能认定具有非法占有目的。相反若行为人加以利用交通工具之后，将其弃之，则构成盗窃罪。从该条可以看出德国刑法认为若仅有利用财物的意思而没有排除占有的意思，就不具有非法占有目的。②

通过考察德国的理论学说，可以发现德国的取得型财产犯罪必须具备非法占有目的，并进一步要求非法占有目的需包含两个要素：一是排除侵占，二是建立占有，而在处理暂时使用的问题时，将暂时使用交通工具的行为另作规定。在德国大多数取得型犯罪，是否具有非法占有目的是其定罪的标准。

三、日本非法占有目的理论学说

日本学者对于非法占有目的的研究较为精致，不同学派的学者"针锋相对"，激烈的辩论，使得非法占有目的理论学说更为丰富，更具指导意义。

目前日本的非法占有目的主流理论学说一般分为两种观点，第一种观点是"非法占有不要说"（以下简称"不要说"），支持该学说的学者认为，盗窃罪等取得型犯罪无须非法占有目的，只要行为者是故意所为即可；第二种观点是"非法占有必要说"（以下简称"必要说"），学者认为非法占有的存在有区分此罪与彼罪、罪与非罪的机能。并且根据非法占有目的的内涵不同，必要说还存在三种不同的理解，一是只要存在排除意思即可，即指排除权利人，并将他人的财物占为己有；二是只需存在利用意思，即指遵从财物的用途，并进行利用及处分的意思；三是上述两个的结合，即非法占有目的既要求排除意思，又要求具有利用意思。

日本判例与刑法理论通说都支持"必要说"，认为非法占有目的是指行为人排除权利人对财物的支配关系，并将他人的财物作为自己或者第三人的财物，且还需要按照该财物的经济用途加以利用、处分的意思。这个定义应当分为两个部分来看，前半段系排除意思，其作用将使用盗窃排除在外，具有限定可罚的机能；后半段系利用意思，这是用于区分毁弃罪与盗窃罪的机能，具有区分犯罪

① 《德国刑法典》，冯军译，中国政法大学出版社 2000 年版，第 148 页。

② 张明楷：《论财产罪的非法占有目的》，《法商研究》2005 年第 5 期。

个别化的机能。

但持非法占有目的"不要说"的学者认为，如盗窃罪等取得型犯罪，只需具有主观故意即可，非法占有目的存在与否并不影响定罪。作为"不要说"的支持者，日本学者大塚仁教授提出了"必要说"的不合理之处，一是毁弃罪与盗窃罪之间的区别。他认为既然非法占有目的系主观构成要素，若行为人开始便以毁坏财物的目的夺取财物，但夺去之后并未实施毁坏行为，只是将财物放置。由于行为人主观上具有毁坏财物的目的，不具有非法占有目的，故依据"必要说"应当认定该行为构成毁坏财物罪。并且由于行为人并未实施毁弃行为，故单纯放置的行为应当被认定为毁坏财产罪的未遂，而未遂的行为刑罚不可罚，那么这将不利于保护被害人的财产。二是若行为人以毁坏财物的目的夺取财物，但夺取之后产生了利用财物的意思(即遵从财物的经济用途加以利用或处分的意思)。依据"必要说"行为人主观上毁坏的目的，但并未实施，故只能构成毁坏财物罪的未遂。事后产生利用的意思对财物加以处分利用的，具备非法占有目的，但非法占有目的产生于财物的夺取行为之后，该场合只能存在构成占有罪的余地，因此该种场合只能成立脱离占有物侵占罪。① 在该场合下，权利人并未将自己的财物交给行为人占有，行为人与权利人之间缺乏委托信任的关系。三是盗窃罪与不可罚的使用盗窃罪之间的区别。他认为使用盗窃之所以不认定为盗窃罪，究其原因并非其不具有非法占有目的，而是因为暂时擅自使用他人财物的行为，只要其财产的物体和价值都几乎未被夺取，就应当认为其不可罚。② 故即使不依赖非法占有目的作为判断的标准，也能区分两者之间的关系。

而针对大塚仁教授"不要说"提出的相关质疑，持"必要说"的相关学者也进行了回应，一是"必要说"认为"不要说"无法说明盗窃罪与毁坏财物罪的差异。二是，盗窃罪是状态犯，盗用行为的可罚性要根据夺取占有时的情况进行判断，即使对事后的客观利用程度是否具有可罚的违法性的判断，也必须考虑行为人夺取占有时的利用意思。所以有必要将非法占有目的作为主观要件。③ 总体而言，在日本非法占有目的"必要说"仍然占据通说地位。

---

① 张红昌：《财产罪中规定非法占有目的的质疑》，《中南大学学报(社会科学版)》2009 年第 6 期。

② 尹晓静：《财产犯罪中非法占有目的之否定——"侵害占有、建立占有"客观分析之提倡》，《政治与法律》2011 年第 11 期。

③ 张明楷：《论财产罪的非法占有目的》，《法商研究》2005 年第 5 期。

第二节 非法占有目的的法律意义

通过上述对学说的梳理,我们可以发现德国与日本在实践中都认为非法占有目的系取得型犯罪的必备要件。日本"必要说"认为取得型犯罪非法占有目的存在的理由主要有三点:其一,非法占有具有区分盗窃罪与毁弃罪的机能;其二,非法占有目的具有区分盗窃罪与不可罚的使用盗窃的机能;其三,非法占有目的是盗窃罪的刑罚重于毁弃罪的理由。[①] 而"不要说"的学者对"必要说"所提出的存在理由产生质疑。那么究竟非法占有目的是否具有以上所述机能,这些机能又是否是非法占有目的存在的理由?下文将重点进行探讨。

一、非法占有目的具有区分盗窃罪与毁弃罪的机能

在分析是否能够区分盗窃罪与毁弃罪的机能之前,应了解这两者之间本质的区别。首先是取得型犯罪(例如盗窃罪),行为人出于利用财物的目的,对他人的财物进行夺取,即行为人必须具有非法占有的目的,其结果是行为人获得了财物的使用价值。其次是毁弃型犯罪(例如故意毁坏财物罪),行为人出于毁坏财物的目的,夺取财物后进行毁坏,其最终结果是使财物不可再被利用。

故根据上述两者之间的区分,"不要说"认为非法占有目的没有区分盗窃罪与毁弃罪的机能,其原因在于盗窃罪与毁弃罪都有各自的客观行为与主观故意,在犯罪故意之外将目的性因素作为判断两个罪名的区别,不仅没有必要,而且还会引发大塚仁教授所提出的单纯放置行为和利用行为的问题。

虽然"不要说"的解释有其合理因素,但实则忽略了行为与责任同时存在的原理。如以毁坏的目的夺取财物后,放置的行为。行为人在取得财物时主观上并没有非法占有目的,那么该行为就不能认定为盗窃罪或是诈骗罪。更何况抢劫、盗窃、诈骗、抢夺等往往针对财物的犯罪基本上都属于状态犯[②],只要是犯罪行为实行完毕之后,不法状态依然存在的犯罪都能够被囊括其中,所以前述放置的行为应被囊括其中。看待行为是否构成犯罪,不应只看最终的放置行为,而是应该全面地对整个行为进行剖析。再者毁弃罪中的毁坏行为并非仅指对物体进行物理上的变更或是消灭物体的行为,还应该包括丧失或者减少财物

---

① 张红昌:《财产罪中规定非法占有目的的质疑》,《中南大学学报(社会科学版)》2009 年第 6 期。

② 所谓状态犯,指发生侵害一定法益的事实同时,犯罪行为虽然结束,但在其后侵害法益的状态依然存在。当这种存续的侵害法益的状态还受构成要件评价时,不另成立他罪。

本身价值和效用的一切行为。如行为人夺取财物后单纯放置的行为，看似对财物未有任何损耗，但是对于被害人来说，其丧失了对财物的一切权利，这难道对被害人来说不是损毁？这也不禁引起反问：刑法仅是保护财物本身的损毁有无，而不保护被害人的权利？再如以毁坏的目的夺取财物后，遵从物的经济价值进行使用或处分的行为。根据主客观相统一原则，主观上具有毁坏财物的目的，虽然客观上未实施该行为，但这并不影响对毁坏财物罪的定罪。

根据上述分析可知，“不要说”过于注重客观行为。虽从逻辑上观察客观行为确实能便于区分盗窃罪与毁弃罪，但难以分清两者之间区分的界限。依据“不要说”所言，盗窃罪表现在客观上系夺取财物占有的行为，毁弃罪表现为毁坏财物的行为。若仅凭客观判断，如对于故意实施夺取财物的行为，同时又毁坏财物的行为该如何定性？如下述两个案例便能证明，在既有夺取财物又有毁坏财物的场合，“不要说”存在扩大处罚的弊端。

案例一：佟永刚等盗窃案[①]

(1) 2013 年 2 月 26 日，被告人李某驾车伙同被告人佟永刚窜至北京市清河农场 581 鱼池附近，被告人佟永刚用弹弓和钢珠将被害人王某停放在该地的大众速腾牌小轿车（车牌号：津 DK1233）的车窗玻璃砸碎，盗窃车内黑灰色皮质仿制 LV 牌单肩包一个（经鉴定，价值人民币 1 050 元整），内有现金人民币 12 100元及账本等物品。

(2) 2013 年 2 月 2 日，被告人李某驾车伙同被告人佟永刚窜至北京市昌平区小汤山镇未来科技城神华工地，被告人佟永刚用弹弓和钢珠将被害人张一某停放在工地的现代牌越野车（车牌号：京 MJ3418）的车窗玻璃砸碎，盗窃车内笔记本电脑包一个，内有联想 THINKPAD 笔记本电脑一台及证件。经鉴定，被盗电脑价值人民币 2 840 元。

(3) 2013 年 2 月 5 日，被告人李某驾车伙同被告人佟永刚窜至北京市顺义区天竺保税区旁的航城广场附近，被告人佟永刚用弹弓和钢珠将被害人张二某停放的丰田牌越野车（车牌号：京 P5CC51）的车窗玻璃砸碎，盗窃车内笔记本电脑包一个，内有三枚铜质公章。经鉴定，被盗公章价值人民币 590 元。

(4) 2013 年 2 月 18 日，被告人李某驾车伙同被告人佟永刚窜至北京市顺义区南法信镇首航国际建筑工地，被告人佟永刚用弹弓和钢珠将被害人段某停放在工地西门的大众捷达小轿车（车牌号：京 GUM092）的车窗玻璃砸碎，盗窃

① 参见北京市第一中级人民法院(2013)一中刑初字第 3101 号刑事判决书。

车内笔记本电脑包一个，内有东芝牌笔记本电脑一台。经鉴定，被盗电脑价值人民币 1 770 元。

法院认为，被告人佟永刚、李某以非法占有为目的，结伙用故意毁坏财物的方式多次秘密窃取他人财物，数额较大，其行为已构成盗窃罪，依法应予惩处。北京市清河人民检察院指控被告人佟永刚、李某犯盗窃罪的事实清楚、证据确凿，指控罪名成立。

案例二：关某、张某盗窃案①

2014 年 3 月，被告人关某、张某驾车来到白河县城关镇滨河路，张某望风，关某将被害人王某丰田越野车、熊某保时捷凯宴越野车、卫某道奇越野车、蒋某北京现代越野车的后车窗玻璃用工具锤砸破，进入车内盗窃财物，张某配合将盗窃的财物转移。二人从王某车内盗走五粮液酒 1 件(6 瓶)，泸州醇窖酒 2 瓶、索尼照相机 1 部、玉溪香烟 1 条等物，总价值 5 832 元；从蒋某车内盗走现金 900 元，被砸的另外两辆车未有财产被盗。盗窃财物价值共计 6 732 元。事发后经鉴定被砸坏的四辆车车窗玻璃给被害人造成损失共计 19 399 元。被告人为了实现盗窃之目的，采用破坏性手段造成被害人财物损毁，属于盗窃的犯罪情节和后果。本案盗窃财产数额 6 732 元，毁坏财产数额 19 399 元，均达到“数额较大”标准。

经审理认为，被告人关某、张某以非法占有为目的，砸坏多辆汽车玻璃，盗走车内财物，价值人民币 6 732 元，数额较大，其行为已构成盗窃罪。两被告人在盗窃财物过程中采用破坏性手段，另造成他人财物损失 19 399 元，其行为同时又构成故意毁坏财物罪。

根据《最高人民法院、最高人民检察院关于办理盗窃刑事案件适用法律若干问题的解释》第十一条：“盗窃公私财物并造成财物损毁的，按照下列规定处理：(一) 采用破坏性手段盗窃公私财物，造成其他财物损毁的，以盗窃罪从重处罚；同时构成盗窃罪和其他犯罪的，择一重罪从重处罚；(二) 实施盗窃犯罪后，为掩盖罪行或者报复等，故意毁坏其他财物构成犯罪的，以盗窃罪和构成的其他犯罪数罪并罚；(三) 盗窃行为未构成犯罪，但损毁财物构成其他犯罪的，以其他犯罪定罪处罚。”故本案的两被告人应构成盗窃罪从重处罚。

通过上述两个案例可以发现，在故意实施夺取财物的行为，同时又毁坏财物的行为的场合，客观行为上既有故意损坏财物的行为，又有盗窃的行为，若依

---

① 刘家琛主编：《刑法及司法解释新制度新罪名通释》，人民法院出版社 2009 年版，第 262—263 页。

照“不要说”只根据行为人客观行为作判断，那是否可以认为由于两个案例中行为人都具有毁坏财物和夺取财物的行为，应认定构成故意损坏财物罪和盗窃罪，两罪应当数罪并罚。显然在案例一和案例二中仅凭客观行为定罪量刑扩大了处罚，由于案例一与案例二中故意损坏财物的行为都只是窃取财物的一种手段，窃取财物才是行为人的目的。手段行为（即指行为主体为了实现自己的意愿而采取的具体实施步骤、方式和方法）与目的行为是不同的，手段行为是目的行为的体现。“不要说”将客观行为都归为目的行为，这显然在处理上述类型的案例时存在问题。故本书认为，上述两个案例的行为人以非法占有目的窃取财物并造成财物损毁，应当以盗窃罪从重处罚，而非盗窃罪与故意损坏财物罪数罪并罚。

综上所述，非法占有目的具有区分盗窃罪与毁弃罪的机能，原因在于：

第一，非法占有目的使得盗窃罪与毁弃罪的界限更为分明。张明楷教授曾举过这样一个例子，甲进入六楼（最高层）的被害人乙家中，搬出电视机后，从五楼与六楼之间的过道将电视机从窗户扔出至楼下毁坏。若甲是由于乙家窗户太小，无法扔出电视机，故特意搬至楼层间扔下，应当成立故意毁坏财物罪。但如果甲发现乙正巧回到家中，为了防止乙发现自己的盗窃行为，而将电视机扔下楼的，那就应该认定为盗窃罪。[①] 从例子中可以看出，甲的定性全凭其是否具有非法占有目的。若是依照“不要说”仅观察行为人的客观行为，无论是甲出于何种目的，其行为的结果都造成了电视机的毁坏，那么都应构成故意毁坏财物罪。这样定罪显然不合理，且不说盗窃罪的刑罚比故意毁坏财物罪的刑罚更重，更重要的是违反了罪责刑相适应原则。因此，非法占有目的是区分两罪的关键所在。

第二，非法占有目的使得盗窃罪明显区别于毁弃罪的主观目的。众所周知，非法占有目的作为人的一种主观思维活动，除了犯罪嫌疑人的供述外，其他人都无法直接获知其内心所想。但是行为人的行为却可以反映其目的，而这个目的又将引导行为。这就为司法实践中通过行为人的客观表现或行为认定其是否具有“非法占有目的”提供了依据。而且，我国刑事诉讼法明确要求“不轻信口供”，只有口供，没有其他证据证实的，不能认定。所以，我们必须且只能通过对行为人客观行为的分析来推定其是否具有“非法占有目的”。

“不要说”认为只依靠客观行为便能区分盗窃罪与毁弃罪之间的差别，这样的区分过于粗糙。必须承认客观行为是由行为人的目的所引导的，非法占有目

---

① 张明楷：《论财产罪的非法占有目的》，《法商研究》2005 年第 5 期。

的的推定[①]其实是一种由果溯因的反向思维模式。这种由果溯因的反向思维在大多数情况下是符合实际的，但也有人会提出质疑，这种反向思维并非所有情况下都符合实际。为此，在适用推定时，就必须允许和重视行为人提出反证，并以反证的成立与否确定推定的成立与否。因为，推定是根据真实的基础事实作出的优势盖然性结论，有一定的或然性，以反证来对“非法占有目的”加以验证，是克服推定这一局限性的一条行之有效的规则。

所以“不要说”仅凭客观行为必然不能区分两者之间的区别，应当有一个反向思维推定的过程，找出行为人实施该行为的目的，即非法占有目的。如张明楷教授上述所举的案例，在客观行为上都毁坏了财物，但是使行为人做出这样的举动的主观因素明显不同。

二、非法占有目的有区分可罚性的使用盗窃与不可罚的使用盗窃的机能

在分析问题前，首先应当将使用盗窃的概念予以明确，使用盗窃，传统意义上是指行为人将不以非法占有为目的所窃取的他人财物，在不使该财物发生质变或减少价值的条件下，使用后加以归还的行为。使用盗窃应当具备以下几个要件：一是具有一般盗窃罪的客观行为，即夺取财物的行为；二是没有非法占有目的，行为人在未经所有人同意的情况下，擅自使用（这种使用只对所有人行使所有权有轻微妨碍），但并非以长期占有、使用为目的；三是以行为人归还财物的行为作为客观的构成要件。例如，某甲系一少年，与某乙并不相识，某日未经某乙同意，将停于路旁的计程车私自驶往他处，供自己练习驾驶之用，事后仍将该车驶回停于原处。[②] 从概念中可以看出使用盗窃是否可罚应当以行为人是否以非法占有为目的窃取他人财物为标准。

对于上述所言，“不要说”学者并不认同这样的判断标准，他们认为，只要具有故意，即行为人对侵害占有的事实有认识，这就具备了构成犯罪的主观要件。因此，即使行为人窃取他人财物只是一时的使用，但由于其客观上有窃取他人财物的事实行为，主观上又有故意，那么就应该构成盗窃罪。还有学者认为判断对某种使用盗窃行为有无必要动用刑罚处罚，关键要看其社会危害性程度是否严重。而决定这种行为的社会危害性程度的因素，主要来自客观方面；[③]更

① 推定，是指根据事实之间的常态联系，基于某一确定的事实而推断另一不明事实的存在。其中，已查明的事实为基础事实，未查明需要推定的事实为推定事实。

② 谢兆吉、刁荣华：《刑法学说与案例研究》，汉林出版社 1976 年版，第 213 页。

③ 刘明祥：《刑法中的非法占有目的》，《法学研究》2000 年第 2 期。

有学者进一步提出，使用盗窃是否具有可罚性，与非法占有目的无直接的关系，关键在于行为本身是否具有可罚性，如果行为人的一时使用，并未对财物的价值产生很大的消耗，这种使用盗窃便不可罚。反之，财物的价值消耗很大，便应当依照盗窃罪来处理，即可罚的使用盗窃。

通过上述论述可以看出，“不要说”学者在处理使用盗窃的可罚与否时采取了较为消极的做法。首先以判断财物消耗程度，作为定罪的依据，这显然不合理，如德国《刑法》中的盗用交通工具罪虽然否定了需要非法占有目的的意思，但该罪也并非以交通工具的损耗作为定罪的标准，这说明了损耗并非系衡量可罚与否的标准。其次，客观行为本身固然重要，但无法忽略主观因素。主观因素对行为人的行为影响是积极的，客观行为是行为人思想的体现，对犯罪嫌疑人、被告人追究刑事责任，必须同时具备主客观两方面的条件。所以本书认为，非法占有目的在判断使用盗窃是否可罚中起到了关键作用。非法占有目的的排除权利人的意思主要体现在强调“排斥他人对其财物的控制而获得对该财物类似所有人的控制”以及“取得财物本体与财物经济价值”的意图。[①] 而使用盗窃更强调暂时使用财物的行为，行为人具有返还财物的意思，在使用之后将财物返还原处，这就表明行为人主观上并没有排除意思，那也就没有非法占有目的，所以不能成立盗窃罪。但若是使用人未将财物归还，那么就可以认定行为人具有排除意思，并具有非法占有目的，应当成立盗窃罪。所以行为人是否具有非法占有目的才是判断是可罚性使用盗窃还是不可罚性使用盗窃的评判标准，而非依据财物的损耗。

三、非法占有目的系盗窃罪的刑罚重于毁弃罪的理由

一直以来人们都困惑于为何取得型犯罪较之毁弃罪，对财物的伤害更小，但是在大多国家刑法中通常规定了比毁弃罪更重的刑罚。

“不要说”学者认为在毁弃罪之中，行为人实施的毁坏行为对物造成了致命的打击，从而使得财物不具有回复的可能性，而在盗窃的场合之中，行为人系为了利用财物而盗取，这样并不会造成财物的损毁，故财物具有回复的可能性。但刑法却规定盗窃罪的刑罚更重，其原因并非是“必要说”所认为的盗窃罪存在利用意思，而是利用意思正是超越主观故意的非法占有。一些“不要说”学者认为“盗窃罪之所以受到重于毁弃罪的处罚，不是仅仅因为两罪的主观要件不同，而毋宁是由来于各自的行为形态所具有的法律意义的差异，其间在作为财产罪

① 张小虎：《论盗窃罪的非法占有目的要素》，《法学杂志》2014 年第 12 期。

的刑罚评价上存在不同。”①

本书并不赞同“不要说”学者认为的盗窃罪的刑罚重于毁弃罪的理由是因为行为形态之间的差异。本书认为非法占有目的应是盗窃罪的刑罚更重于毁弃罪的理由，其原因在于：

第一，取得型犯罪的贪利性操控行为人的主观意志。众所周知，在取得型犯罪中盗窃罪再犯率非常高，这是由取得型犯罪本身的贪利性所决定的。由于财物对行为人具有很大的诱惑力，行为人因此而产生贪念，从而操控了行为人的主观意志，不仅要夺取财物还要利用财物。从这一点上来说，将非法占有目的纳入犯罪构成要件是非常必要的。

第二，非法占有目的是目的犯不可缺少的主观超过要素。非法占有目的独立于犯罪，属于主观超过要素。“不要说”认为仅存在盗窃故意就可以，不需要非法占有目的。盗窃故意是指行为人只要认识到自己的行为构成盗窃，并对该事实有足够的认识即可。但“不要说”忽略了盗窃犯罪是目的犯，对于目的犯而言，行为人除了要对自己行为有认识，还要对财物有特别的“欲望”。如同为目的犯的刑法第240条拐卖妇女、儿童罪，本罪要求必须“以出卖为目的”。但由于目的的不同，可能就构成了其他罪名，如以勒索财物为目的，就构成绑架罪。再如，偷盗婴幼儿的，以出卖为目的构成本罪的从重情节，如果不是以出卖为目的偷盗婴幼儿的，就可能构成拐骗儿童罪。

目的犯的目的通常超出构成要件客观要素的范围，称其为超过的内心倾向。在这一点上，要把目的与故意区别开来，故意需要以符合构成要件的客观事实作为行为人表象的对象。但是，目的犯的目的常常无法处在构成要件客观要素的范围之内。所以对目的犯的处罚，是处罚其具有特定目的行为的危险性，多不以发生具体结果为必要。

正如西田典之教授所言：“在法益侵害的这一点上，可以说并无恢复可能性的损坏罪要更为严重，然而盗窃罪的处罚却比损坏罪要更严厉，这是因为试图利用财物这一动机目的更值得谴责，并且从一般预防的角度来看，这也更有抑制的必要性。如果这样的话，即便是同样的侵害占有的行为，也只能根据该行为究竟是以取得利用可能为目的还是以妨害利用为目的的这种主观心态来区别盗窃罪与损坏罪。因此，这个意义上的非法占有目的就是主观的责任要素。”另外，“财物的毁弃，如果是从财物的永久不能利用这一点来看可以说要比盗窃罪的法益侵害性更高，但是毁弃罪作为缺乏非法占有目的的粗暴犯，一般预防

① ［日］大塚仁：《刑法概说（各论）》，冯军译，中国人民大学出版社2003年版，第213页。

的必要性没有那么高的角度出发的话，其法定刑要比领得罪低一些。”①综上所述，盗窃罪的利用目的与毁弃罪的妨害利用目的区分的关键是是否具有非法占有目的。

第三节　非法占有目的基本内涵

在肯定了非法占有目的在盗窃罪等取得型犯罪中必不可少之后，有必要进一步探讨非法占有目的的基本内涵。

日本刑法理论界对非法占有目的的基本内涵一般分为三种学说。第一种学说认为，行为人排除权利人，并将他人的财物作为自己或第三者所有（即排除意思），并且还要遵从财物的经济用途，对其进行使用或者处分的目的（利用意思）；第二种学说认为，非法占有目的，只需要行为人将他人财物作为自己的财物进行支配即可（即仅需排除意思）；第三种学说认为，非法占有目的，必须遵从财物的经济用途进行利用或者具有处分的目的（即仅需利用意思）。

一、排除意思

“排除意思必要说”的学者认为，排除意思具有限定处罚机能，它可以区分可罚性的使用盗窃和不可罚性的使用盗窃。但“排除意思不要说”却反驳了这一观点，认为这完全可以通过客观要件来完成区分。盗窃罪是状态犯，即犯罪行为虽结束，但其侵害法益的状态可能依然存在。当这种存续的侵害法益的状态还受构成要件评价时，不另成立他罪。所以可罚性的使用盗窃应当根据夺取时的情况做判断，再结合之后的利用行为做判断，绝不能忽略行为人的主观意思。

“非法占有目的中的占有（与作为侵犯财产罪客体的占有不同）与民法上的占有不是等同的概念，也不是仅指实施上的支配或控制。因为如果将不法占有理解为单纯实施上的支配或者控制，那么盗用他人财物时，行为人事实上也支配或控制了该财物，于是盗用行为具有不法占有目的，因而成立盗窃罪，这便扩大了盗窃罪的处罚范围。只有将非法占有目的理解为不法所有目的，才能使这一主观要件具有区分罪与非罪、此罪与彼罪的机能。”②所以只重视客观要件将

① ［日］西田典之：《刑法各论（第二版）》，弘文堂 2002 年版，第 156、289 页。

② 张明楷：《“非法占有目的”辨析》，载《侵犯财产罪的理论与司法实践》，法律出版社 2008 年，第 8 页。

会扩大盗窃罪的处罚范围，“排除意思不要说”很显然不符合刑法所遵循的主客观相统一原则。

排除意思不仅能限定了盗窃罪的处罚范围，还能区分可罚性的使用盗窃和不可罚性的使用盗窃，这是“排除意思不要说”只重视客观行为所不能同时兼顾的。

下述两个案例或许能帮助我们理解，为何排除意思是必不可少的。

案例三：王某盗窃案①

2013 年 3 月至 6 月期间，被告人王某多次以借打电话为由向被害人借电话，趁其不备偷偷逃离现场，从而盗走他人手机。具体事实如下：

(1) 2013 年 3 月 18 日 18 时许，被告人王某在重庆市永川区金港名都北门 43 号昌州大药房内，以打电话为由向被害人张某借得摩托罗拉 XT531 手机(价值 515 元)一部，王某便在一旁佯装打电话，并趁张某不注意携带其手机逃离现场，后将手机销赃并将赃款挥霍。

(2) 2013 年 5 月 8 日 23 时许，被告人王某在重庆市江北区重百电器商场附近，以打电话为由向被害人郭某借得 HTCS715e 手机一部(价值 1 155 元)，王某便佯装打电话走出店外，并趁郭某不注意携带其手机逃离现场。

次日凌晨，被告人王某因无力付账与一烧烤摊主发生纠纷。摊主报警后，民警赶至现场将王某带至公安机关进行处理。在此过程中，因王某对其手机号码及随身携带的手机来源无法说清，民警遂调查发现该手机系前述郭某被盗的手机。随后，王某除如实供述了该起犯罪事实外，还主动交代了盗窃张某手机的事实。王某于当日被刑事拘留，同月 16 日被监视居住。追回的被盗 HTCS715e 手机已发还郭某。

(3) 2013 年 6 月 5 日 15 时许，被告人王某在被监视居住期间，又在重庆市渝北区花卉园西路社区附近一饭店内，以打电话为由向被害人陈某借得苹果 iphone5 手机一部(价值 4 442 元)，王某便佯装打电话走出该店，并趁陈某不注意携带其手机逃离现场，后将手机销赃并将赃款挥霍。

法院认为，被告人王某以非法占有为目的，采取以谎称打电话为由向被害人借手机并趁被害人不注意携带手机逃离现场的手段取得被害人财物。该手段系以不使被害人发觉的方法取得并占有被害人的财物，即秘密窃取的手段；被告人王某在犯罪过程中虽使用了欺骗手段，但被害人将手机交给被告人暂时使用须及时归还，根据社会一般的观念，被害人主观上并无处分该财物的意思，

① 重庆市第一中级人民法院(2014)渝一中法刑终字第 00126 号刑事裁定书，北大法宝网。

客观上仍然支配和控制着该财物;对被告人王某取得并占有被害人财物起决定性作用的手段是被告人趁被害人不注意携带手机逃离现场,即秘密窃取的手段。因此,被告人王某的行为已构成盗窃罪,且多次盗窃公民财物共计价值6 000余元,依法应予以处罚。

案例四:樊某盗窃案①

2015年1月8日晚,被告人樊某撬窗进入浙江省文成县玉壶镇佑善路58号胡某家,在二楼前间柜子内窃得人民币2 500余元及银器、外币若干,在一楼窃得汽车钥匙后将胡某停放在家门前的一辆牌照为浙C×××××黑色凯美瑞轿车开走,驾车至丽水市开发区水阁镇工业区后将车辆遗弃在路边。经鉴定,被窃的轿车、银器共计价值人民币94 257元。被告人樊某在归案后如实供述了自己的犯罪事实,并带公安机关找到被遗弃车辆和被盗银器。

在庭审过程中,辩护人辩称,被告人樊某偷开车辆的目的是出于好玩,并没有以非法占有目的,故本案的盗窃数额不应认定为"数额巨大"。

法院经审理认为,被告人樊某以非法占有为目的,秘密窃取他人财物,数额巨大,其行为已构成盗窃罪。关于被告人樊某及其辩护人辩称,被告人将车开走并没有以非法占有为目的,轿车价值不应计入盗窃数额的意见,因被告人樊某偷开机动车导致被害人车辆丢失,应以盗窃罪定罪处罚,故被告人及辩护人的相关辩解,法院不予采纳。最终法院判决,被告人樊某犯盗窃罪,判处有期徒刑三年,并处罚金人民币5 000元。

根据本案,樊某"出于好玩"的心理偷开车辆并将车辆遗弃在路边的行为是否构成盗窃罪,必须依据其是否具有排除权利人的意思表示。就案件而言,首先樊某开走汽车的行为,或是为了逃跑,或是"出于好玩",但无论如何其行为都妨害了胡某对汽车的使用。其次樊某的行为并没有归还汽车的意思。结合上述两点,可以认定樊某具有排除胡某的意思。

若依照"排除意思不要说",假设真如樊某所言只是"出于好玩"的心理,并在使用后,经过几天归还了汽车,就不构成犯罪。这显然有失公允,一来盗窃罪的客体是公私财产所有权,能被人们所控制和占有,但就本案而言,胡某对汽车的利用完全受到限制。二来即使樊某将汽车归还给胡某,但樊某对汽车的利用本身就对汽车造成了损耗,这种损耗是汽车物损的一部分,可以计量。

通过上述两个案例可知,在是否构成犯罪上应判断行为人是否具有排除意思,这个排除意思除了是指排除权利人的意思(即案例三中王某排除被害

① 浙江省文成县人民法院(2015)温文刑初字第61号刑事判决书,中国裁判文书网。

人的意思，携带手机逃离的意思），亦可以是妨害权利人使用的意思（即案例四中樊某虽辩解自己系“出于好玩”的目的，暂时使用汽车，但实质上却妨害了胡某使用的权力）。所以仅凭借是否归还，判断可罚性的使用盗窃和不可罚的使用盗窃难免有失偏颇，应当全面地判断行为人是否具有排除权利人的意思。

二、利用意思

在日本最初的判例中，利用意思是指必须遵从财物本身的经济用途进行利用或处分。但是后来判例逐渐扩大了解释，即利用财物的行为并不仅限于遵从财物本来的用途和经济用途，如盗窃家具而后烧火取暖；怪癖男性窃取女性内衣；偷盗钢材当废品出售等行为。利用意思是区分盗窃罪与毁弃罪的关键所在，不仅如此，还能用以证明为何盗窃罪重于毁弃罪。

“利用意思必要说”与“利用意思不要说”之间的分歧主要集中在存在占有移动的场合下定罪处理的问题上，如下表：

都以毁坏为目的	移动后毁坏	移动后放置	移动后利用
利用意思必要说	毁 弃 罪	毁 弃 罪	占有物侵占罪
利用意思不要说	盗 窃 罪	盗 窃 罪	盗 窃 罪

从表格中可以看出“利用意思不要说”认为，只要财物有占有的转移，那么就不应该成立毁弃罪，都应成立盗窃罪。所以如上表所示，只要经过移动，都认为是盗窃罪。而“利用意思必要说”则不同，在移动后毁坏的场合，认为构成毁弃罪，这符合刑法法理，不论是移动多远的距离，只要对财物进行损毁就应当成立毁弃罪；在移动后放置的场合，如前文所述，财物的损毁并非只有物理损毁，还包括使财物丧失或者减少效用的一切行为，同时考虑到保护被害人的原因，也应当构成毁弃罪；对于移动后利用的场合，由于行为与责任同在，故只有毁坏的目的，而无盗窃的意思就不能成立盗窃罪，行为人对财物进行利用，应构成侵占脱离占有物罪。①

所以“利用意思不要说”的立场使毁弃罪的成立，仅限于当场毁坏财物的情形，但这显然说不过去。下面通过典型案例对比，或许有助于理解。

---

① 侵占脱离占有物是域外刑事法律的一个罪名，是指将他人的遗忘物或者埋藏物非法占为己有，数额较大，拒不交出的行为。类似于我国刑法分则第 270 条侵占罪第二款。

案例五：诸某故意毁坏财物案[1](当场损毁)

2010年2月1日傍晚，被告人诸某伙同他人至平湖市曹桥街道孔家堰村平湖市龙兴水处理有限公司，以该公司正在进行非法生产为由，先后对公司的电动门、玻璃、餐桌、打印机、分析仪、玻璃幕墙等物品进行打砸，共造成损失24 000余元。

法院认为，被告人诸某为泄愤，伙同他人故意毁坏公司财物，价值24 000余元，属数额巨大，其行为已构成故意毁坏财物罪。

案例六：孙艳志故意伤害、故意毁坏财物案[2](当场损毁)

2009年2月22日下午，王一某、王二某和王三某等人因琐事先后到被告人孙艳志家，与孙艳志的父亲孙某、母亲郭某发生争吵，进而发生撕打。被告人孙艳志得知后遂带领被告人冉德宁等人回家参与打斗。被告人孙艳志伙同被告人冉德宁等人持砍刀、铁锨、木棍等对王一某、王二某、邵某、王三某进行殴打，致王三某、王一某、邵某三人轻伤，王二某轻微伤。孙某、郭某也被王一某等人打伤。后被告人孙艳志带领被告人冉德宁等人持砍刀和木棍到王一某家找王一某未果，将其家门窗玻璃、茶几和一辆马自达轿车砸坏，然后离开。以上物品和马自达轿车毁损共计价值人民币8 172元。

一审法院认为，被告人孙艳志、冉德宁故意伤害他人身体，致三人轻伤一人轻微伤，其行为构成故意伤害罪；故意毁坏财物价值人民币8 172元，其行为构成故意毁坏财物罪。

案例七：孙静故意毁坏财物案[3](移动后损毁)

被告人孙静于2001年9月应聘到海浪乳品公司南京分公司担任业务员。出于为该公司经理创造经营业绩的动机，于2002年10月8日起向该公司虚构了南京市三江学院需要供奶的事实，并于2002年12月1日利用伪造的“南京市三江学院”行政章和“石国东、陈宝全、蔡斌”三人印章，与该公司签订了“供货合同”，从2002年10月8日起至2003年1月4日止，被告人孙静将该公司钙铁锌奶321 500份(每份200毫升)送至其家中，并要求其母亲每天将牛奶全部销毁。经鉴定上述牛奶按0.95元/份计算，共价值305 425元。2003年12月24日，被告人孙静以三江学院名义交给海浪乳品公司南京分公司奶款7 380元，其余奶款以假便条、假还款协议等借口和理由至案发一直未付给该公司。

---

① 浙江省平湖市人民法院(2011)嘉平刑初字第202号刑事判决书，北大法宝网。

② 河北省沧州市中级人民法院(2012)沧刑初字第32号刑事附带民事判决书，北大法宝网。

③ 李怀胜主编：《刑事典型疑难问题适用指导与参考(侵犯财产罪卷)》，中国检察出版社2013年版，第831—833页。

法院经审理认为，被告人孙静故意毁坏财物罪，判处有期徒刑4年。

案例八：李焕强故意毁坏财物案(移动后损毁)[①]

原告李诚从事个体客运业务，系牌照号为津A84941的“华北”牌HC6790型中巴汽车车主。被告人、刑事附带民事诉讼被告李焕强于2004年10月通过职业介绍所与李诚相识，双方口头约定由李焕强担任李诚的客车司机。后李诚表示不再雇用李焕强，李焕强对此心怀不满，蓄意伺机报复李诚。2004年11月24日晚，李焕强来到位于天津市红桥区丁字沽一号路福源楼附近的公安红桥分局下属停车场，趁工作人员不备，持未归还的汽车钥匙，将李诚存放于此的津A84941中巴车开走。次日20时许，李焕强驾驶该车行驶至河东区红星路向阳楼57号楼附近时与路边的电线杆相撞，导致车辆受损。李焕强将该客车丢弃于河东区晨阳道天池里一号楼附近，随后逃逸。公安机关经侦查，于2004年12月1日将该车找回，当时车内“厦华”牌车载电视及多碟VCD机各一台已经丢失。经天津红桥区价格认证中心评估，该车辆损坏价值为人民币12 433元，被盗车载电视及VCD机价值为人民币2 250元。2005年2月15日，李焕强被抓获归案。

天津市红桥区人民法院依法判决如下：一、被告李焕强故意毁坏财物罪，判处有期徒刑2年；二、被告人李焕强赔偿刑事附带民事诉讼原告李诚经济损失人民币14 683元。

上述四个案例都构成故意毁坏财物罪，案例五与案例六是当场损毁财物，而案例七与案例八都并非当场损毁，而是有所移动，并具有时间性，但四个案例法院都以故意毁坏财物罪进行定罪量刑。可见我国在审判中并不认可只要移动占有即构成盗窃罪的理论。不仅如此，案例七的审判法院还认为，故意毁坏财物罪的毁坏行为有两种，一种是使公私财物完全丧失价值和效用；另一种是使公私财物部分丧失价值和效用。本案中虽然大部分牛奶喂了猪，从表面看并未完全丧失牛奶的价值，但相对于海浪乳品公司南京分公司而言牛奶已完全丧失了所有权和相应的价值，故本案故意毁坏财物的价值应以海浪乳品公司南京分公司实际损失的牛奶的价值计算。这一点与本书认为的毁弃不仅限于物理损坏，还同时应兼顾被害人的利益不谋而合。

综上所述，利用意思亦是非法占有目的中不可缺少的关键要素，取得型犯罪之所以分“取”与“得”，必然是先“取”，即排除权利人的夺取，后“得”，指效用和收益。光“取”不“得”难以被称为取得型犯罪。

---

① 陈兴良：《故意毁坏财物行为之定性研究——以朱建勇案和孙静案为线索的分析》，《国家检察官学院学报》2009年第1期。

第六章　财产犯罪对象论的时代特性

犯罪对象,我国传统刑法理论通说认为,是指犯罪行为所作用的客观存在的具体的人或者物。除此之外,其他学者们对犯罪对象概念也提出了自己的见解,有学者认为犯罪对象,是一定社会关系的存在或表现形式,它或者是一定人及其行为,或是一定的物及其位置、状态,等等。① 还有学者研究认为,犯罪对象是指能够表明犯罪客体存在形式的客观事物,是犯罪客体的现象形态。② 随着 21 世纪科技化、数字化时代的到来,传统犯罪对象的定义受到了冲击,如近年来有学者进一步研究认为,犯罪对象是指表明刑法保护法益之存在形式、反映法益本质的现象形态,包括人、物、行为和信息等形式。③

由于科学技术的发展、信息化时代的来临,传统犯罪对象的定义不断受到冲击。学者们对犯罪对象概念的理解需要进行转变,就以我国刑法第五章侵犯财产犯罪为例,我国通说认为财产犯罪侵犯的是"公私财物的所有权与其他本权",从侵犯对象可以看出,最初人们对"公私财物"的认识还停留于"具有一定经济价值的有体物"上,随着人类科技的发展,人类开始利用电、热、光等自然界的力量进行生产、生活,"无体物"已悄然无息地进入了人们的生活中,逐渐改变了我们对财产犯罪存在形态仅限"有体物"的认识,提倡"无体物"的保护呼声高涨,且已成为立法和司法实践。再者,现代数字化的发展,人们在网络世界重新建立起了新的生存空间——虚拟世界,虚拟世界虽以数字化的形式存在,但却通过虚拟财产与现实世界紧密相连,近年来虚拟财产是否能够成为财产犯罪的对象也成为学者们争论的焦点。除上述的争议之外,财产性利益纳入财产犯罪保护对象的呼声也不绝于耳,这是由于我国刑法第五章,仅以"财产"二字将本章节下的犯罪对象进行概括,在立法上未曾在严格意义上区分财物和财产性利益,这引发了我国学者对于财产性利益是否能够成为财产犯罪保护对象的思考与探索。

① 陈兴良:《刑法哲学》,中国政法大学出版社 1992 年版,第 69、70 页。

② 李洁:《犯罪对象论》,中国政法大学出版社 1998 年版,第 45 页。

③ 冯军、肖中华:《刑法总论》,中国人民大学出版社 2008 年版,第 292 页。

经济的发展，使得财产对象边界愈发模糊，疑难案件的层出不穷，有限的制度供给与无限的案件需求之间产生了鸿沟，或由于罪刑法定原则的约束，或是由于刑法谦抑性等原因，财产犯罪对象究竟是否包括财产性利益、网络虚拟财产等，目前司法层面认识还未统一，学者之间的研究“针锋相对”，尚未有所定论。

本章节将以财产犯罪对象为切入点，结合我国财产犯罪发展趋势与相关财产案例，并通过考察国外对财产犯罪对象的相关规定，针对学界热议的无体物及网络虚拟财产是否能够成为刑法保护对象进行深入探讨。

第一节　财物的内涵与价值

许多犯罪行为，一般都直接作用于一定的标的，并产生状态、地点、归属的改变。这些犯罪行为必然会使刑法所保护的社会关系受到一定的危害，更进一步影响社会的正常运行，或阻碍发展。而人们对于行为是否构成犯罪的认定，往往是通过对犯罪对象的感知。通过行为人对一定标的的作用情况进行分析，进而知晓其侵犯的法益，确定该行为是否构成犯罪，构成怎样的犯罪。

我国刑法第五章规定了侵犯财产犯罪的犯罪对象，即公私财物的所有权与其他本权，而财物的范围最初仅限于有体物。财物二字分开看，财，是金钱和物资的总称；物，是质量的空间分布，必具质量与体积。通常意义上论及的财产犯罪对象的财物之属性主要涉及三个方面：一是财物的存在形态；二是财物的价值；三是财物的他人性。因此，对于财产犯罪中犯罪对象即财物的认定一般须看是否充分满足以上三个要件。[①] 顾名思义，可将财产犯罪中的“财物”理解为他人的具有经济价值的“有体物”。在科技还未如此迅猛发展的年代，将财物范畴限定于“有体物”是无懈可击的。随着人们对自然的征服欲促使科技不断发展，至今人类可以较为熟练地运用自然界的力量，并对电、天然气等无体物进行制造、使用和交易。因此传统对“财物”的理解被颠覆。加之“无体物”在生活中具有一定的经济价值，可占有、使用、处分、收益，“无体物”除在形态上与“有体物”有差异之外，作为财产犯罪对象而言，“无体物”具备了“有体物”所有被保护的性质。社会的发展，决定了财产犯罪的对象从“有体物”扩大到“无体物”，并为司法实践所采纳。

① 姚万勤：《盗窃银行承兑汇票并进行转卖行为的定性分析》，《政治与法律》2013 年第 2 期。

一、有体性说与管理可能性说之争

从界定整个财产犯罪对象的范围而言，对财物作无体物与有体物的划分是极具意义的，它可以为今后新型财产犯罪提供有力的理论依据，具有一定的前瞻性，也揭示了财产犯罪对象的时代特征。

在日本，由于民法第 85 条有“所谓物是指有体物”的规定，刑法第 245 条有“电气视为财物”的规定，所以，关于刑法是否也应该与民法一样把财物限定为有体物，[①]日本学界也说法不一。在日本主要存在两种学说，一是有体性说，一种是管理可能性说。

有体性说认为，刑法上的物应当限定为通过人的手可以攻击、侵害的物。在和民法的关系上，刑法没有超过民法限定的物的范围进行保护的理由。[②] 日本刑法的有体性说认为，除了固体以外，液体与气体，如煤气，也可以成为盗窃罪的对象。但电等能源却不能成为犯罪对象，故即使偷窃他人的电能，也不会被评价为财产犯罪。直到日本刑法第 245 条之后，才承认电气也可以成为盗窃、强盗、诈欺、恐吓这几种法律明文规定的犯罪对象，其他财物犯罪不能使用，如侵占电气就不能构成侵占罪。[③] 刑法第 245 条规定出台之后，并没有动摇支持有体性说的学者，他们认为该条不过是法律拟制的规定，原因在于“视为”二字在刑法中是指将一个人(或事物)看作另一个对象。而日本新刑法对该条提案建议理由书也强调，“电不是财物，为了处罚窃电的行为，有必要设立本法案”[④]，为了规制窃电行为，电气才不得已被视为财物。同时学者还指出，将财产犯罪对象限定于有体物的界定非常明确，不仅便于在司法实践中的运用与认定，还符合罪刑法定主义的要求。有体性说虽然具备上述所言的优点，但缺陷在于保护的财产范围过于狭窄，不利于保护公民的权利。

管理可能性说正是为了克服有体性说的弊端，才提出将财物扩大到有管理可能性的无体物的范围。管理可能性说认为，财物是指具备能被人管理的可能性的东西，不光是有体物，有管理可能性的无体物也是财物，[⑤]亦需要法律的保护。尤其从日本刑法第 245 条的规定来看，昭示着除了电气，其他有物质性的能源也是财物。而管理可能性说本身又可分为事务管理可能性说，该说将债权

---

① 刘明祥：《财产罪比较研究》，中国政法大学出版社 2001 年版，第 22 页。
② [日] 内田文昭：《刑法各论(上卷)》，青林书院新社 1979 年版，第 138 页。
③ 刘明祥：《财产罪比较研究》，中国政法大学出版社 2001 年版，第 22 页。
④ [日] 松宫孝明：《刑法各论讲义》，成文堂 2006 年版，第 218 页。
⑤ 刘明祥：《财产罪比较研究》，中国政法大学出版社 2001 年版，第 23 页。

等具有事务管理可能性的权利也包含在内，即如果一个人偷盗了某人的债权，也可认为系盗窃罪；另一种是物理管理可能性说，它将财物限定于有物理的管理可能的范围，即热能、电能等可以成为管理对象，但将权利等观念上的事务管理排除在外。相较于事务管理可能性说，物理管理可能性说在学界更具有影响力，在过去的日本学界曾处于通说地位。但无论是事务管理可能性说，还是物理管理可能性说都出现了范围难以界定，并有违反罪刑法定主义的嫌疑。[①] 如事务管理可能性说认为债权等权利也是财物，但这种观点并没有获得日本学界与实务界的认可，原因在于日本刑法将财产犯罪的对象分为财物和利益，故不能将债权认定为财物。再如物理管理可能性说将会导致悄悄溜入电影院观看电影的行为构成盗窃罪，但这种管理在实际生活中并没有起到应有的限定作用，反而扩大了保护范围。正因为管理可能性说有上述缺陷，在如今日本实务界与理论界管理可能性说已经逐步被有体性说所占领。

但较之有体性说的局限性，本书更赞同“物理管理可能性说”，主要基于以下三个理由：

第一，民法上的概念不能成为刑法上的概念。有体性说源于民法中对物的限定，民法之所以将物的范围限定于有体物，是因为物权是一种排他性的支配标的物的权利，如果这个标的物不是有体物，那么权利人如何排除他人对物权的干涉或对其加以支配，所以必须是物理意义上的物。并且民法上的物，是为了更好地实现权利主体的利益，实现利益的公平分配和物自身的经济价值。正如日本学者木村龟二所言：“民法上的概念不能直接照搬到刑法里面来，刑法上的概念自然属于法律上的概念，不是自然科学上的概念，不是文化上的概念，也不是刑法以外领域的概念，必须根据刑法的特定目的理解”。[②] 刑法之所以对财产予以保护，一是使得权利人免受不法行为的侵害，二是为了保护社会的良好秩序。既然如今不法行为已经指向了管理可能性之物，那么自然应当受到刑法的保护，维护社会秩序。

第二，有体性说确实能够起到限定惩罚范围的作用，但完全贯彻有体性说非常困难。日本将“电气视为财物”的立法便很好地诠释了有体性说已无法适应社会的发展，虽然有学者认为该立法不过是例外，但事实上已无法阻挡后来将保护范围从有体物扩大到包括无体物的立法及司法实践。如日本新刑法通过之后，又制定的改正刑法草案第 335 条规定，“电、热以及其他的能源是财

① 刘明祥：《财产罪比较研究》，中国政法大学出版社 2001 年版，第 24 页。

② ［日］木村龟二：《刑法各论》，法文社 1957 年版，第 317 页。

物”。再者，随着科技的发展，无体物与有体物之间的界限已经开始变得模糊，如果再将财物的范围限定于有体物，这无疑是不合适的。

第三，事务管理可能性说有违刑法谦抑性原则。正如上述所言，事务管理可能性说将债权、人的劳动力、牛马的牵引力等也认为是财物，纳入刑法保护的范围，但这样的观点有欠思虑，甚至会出现盗窃权利的情况。日本学者大塚仁教授曾指出："连债权这样的权利也认为是财物，就无视区别财物和财产上的利益的刑法典的立法态度，应该说有违反罪刑法定主义之嫌。"[①]刑法是作为维护社会秩序，抗制社会违法行为的最后一道防线，必须是在运用习惯、风俗、道德等非正式的社会控制手段和民事、行政等其他法律手段，即穷尽一切手段之后，仍无法有效调整社会关系和规制违法行为时才能发动，显然事务管理可能性说并不符合刑法的最后手段性的特点。在"慎刑"思想占主导的今天，如何避免刑法过度介入对公民造成不必要的损害，是需要国家进行适度控制和把握的。

如上述所言，本书认为相较于其他学说，物理管理可能性说更符合界定财产犯罪对象的实质理由和本质特征。

二、立法及司法对无体物的确认

我国台湾的学者倾向于有体性说，[②]而大陆学者则倾向认为财产犯罪对象既包括有体物，又包括无体物。"无体物不仅可以成为所有权的对象，而且许多无体物的经济价值越来越重要。无体物虽然无体，但既可以进行管理，也可以进行处分；行为人既可以盗窃无体物，也可以骗取无体物。"[③]如医用氧气瓶中的氧气，在能够被管理之前一直存在于自然界，属于无体物，但随着科学技术的发展，我们从无法对其有效管理到如今能发挥巨大的医疗价值，可以说氧气这种无体物也成为一种具有经济价值的财物，能够成为财产犯罪的对象。

除我国学界对无体物的支持，刑事立法上也肯定了无体物可成为财产犯罪的对象。我国刑法第265条规定：以牟利为目的，盗接他人通信线路、复制他人电信码号或者明知是盗接、复制的电信设备、设施而使用的，依照盗窃罪的规定处罚。同时在1992年12月11日最高人民法院、最高人民检察院印发的《关于办理盗窃案件具体应用法律的若干问题的解释》中明确指出："盗窃的公私财

① ［日］大塚仁：《刑法概说(各论)》，冯军译，中国人民大学出版社2003年版，第175页。
② 林山田：《刑法特论》，三民书局1978年版，第205页。
③ 张明楷：《诈骗罪与金融诈骗罪研究》，清华大学出版社2006年版，第14页。

物，既指有形财物，也包括电力、煤气、天然气、重要技术成果等无形财物。盗用他人长途电话账号、码号造成损失，盗窃他人非法所得，数额较大的应当以盗窃罪定罪处罚。”[①]在1995年12月28日第八届全国人民代表大会常务委员会第十七次会议通过的《电力法》第71条中明确规定：“盗窃电能的，由电力管理部门责令停止违法行为，追缴电费并处应交电费五倍以下的罚款；构成犯罪的，依照刑法第一百五十一条或者第一百五十二条的规定追究刑事责任。”2013年3月8日通过的《最高人民法院、最高人民检察院关于办理盗窃刑事案件适用法律若干问题的解释》第4条第3款系对于盗窃电力、燃气、自来水等财物盗窃的数额认定方法的司法解释。

立法上将无体物明确规定为财产犯罪对象的国家不在少数，意大利刑法第624条第3款也规定：“在刑事法律意义上，电能和其他具有经济价值的能源也被视为财产。”再如德国在立法之初并不承认电力的财产地位，到后来转变立场，其刑法典第248条c特别规定关于电能的犯罪，以立法方式承认窃电行为构成犯罪。

从上述来看，无论是刑法理论界，还是刑事立法上，大体认可无体物的财物性质，但最初也有学者喊出了反对的声音，反对者给出了两个理由，第一，承认无体物是财物，会导致处罚过大及处罚的模糊化。虽然无体物说的主张者认为无体物是财物是一回事，是否值得科处刑罚又是另一个问题，[②]但是既然认为无体物是财物，就无法避免对侵犯无体物的行为定罪量刑。第二，将无体物视为财物有违罪刑法定原则。如林山田教授所言：“唯可能成为盗窃罪之行为客体之无体物，在实例上却不多见，如电能、热能等。但电气发明后，大陆法系诸国刑法为免将其解释为物，使用盗窃罪之构成条件，则无疑是类推解释之运用，有违罪刑法定原则，故特定条文规定电气以财物论……就此以观，盗窃罪之行为客体，似仍以有体物为限，无体物则有待条文之规定，方能成为本罪之行为客体。”[③]

在现代科技发达的社会，传统财物的理解应有所转变，“无体物”也可成为财产犯罪保护对象，主要基于下述理由：

第一，刑事处罚与无体物性质的认识并不矛盾。应认识到无体物与有体物皆属于物的范畴，在传统理念中，有体物之所以能够成为财产犯罪对象，一方面

---

① 该法规于2013年1月18日被最高人民法院、最高人民检察院《关于废止1980年1月1日至1997年6月30日期间制发的部分司法解释和司法解释性质文件的决定》所废止。

② 张明楷：《诈骗罪与金融诈骗罪研究》，清华大学出版社2006年版，第275页。

③ 林山田：《刑法特论（上）》，三民书局2000年版，第315页。

是由其固定形态所决定，这属于有体物本身的性质；另一方面是有体物所具备的经济价值，能够为人所支配，并处分、收益等决定，这是有体物成为犯罪对象核心观点。无体物之所以不能成为犯罪对象，是由于其不具有固定形态而“难以捉摸”，这是许多学者否认无体物最有力的理由。本书认为，无体物亦能成为财物的原因在于，有体物与无体物二者，应处于同等地位，都属于“物”的范畴，学者在解释无体物时，是比照有体物的特性进行的，对比的对象本身就存在错误。“物”是一个大范围的概念，有体物与无体物是物的细分，之所以有这样的分类，也是取决于两者内在特性的不同，所以根本无法用“有体物”的特性推出“无体物”的特性，有体物与无体物在“物”概念大范围内重叠，具体到个体，充满个性。所以无体物可以成为财物，并非由有体物的特性所决定，亦非法律所赋予，实则是无体物本身内在特性所决定。

基于上述所言，无体物有成为财物的可能性，那么具体到是否能够受到我国刑法保护，仍需从多方面进行考量，如无体物本身是否具有经济价值的考量等。承上所述，从自然界直接获取空气，空气是无体物，可以成为财产犯罪的对象，但具体到是否应受到刑法保护，应当分开看待，一种是随意获取自然界空气的行为，即使获取再多也不构成犯罪，另一种则是付出劳动的获取，如通过空气液化等方式，将空气装入瓶中，那么偷窃瓶装空气的行为，应当受到刑罚处罚。同样，从空气中制造的达到一定量的氧气，如医用氧气罐等，也可成为财产犯罪的对象，但应根据氧气罐的价值进行估量，若达到盗窃罪数额可构成犯罪，反之则不能。这是由于人们制造氧气过程付出了劳动，这种能够对外输出的劳动成果，能为劳动者带来经济利益。从上述对盗窃罪的判断而言，首先我们要考虑盗窃氧气罐的价值，如果没有价值自然不构成犯罪，其次是要估量价值的多少，如果未达到盗窃罪所规定的数额也不能构成盗窃罪。这样的判断正是罪刑法定原则的体现，并不会扩大对侵犯无体物行为的处罚范围。

第二，无体物虽然无体，但是人类技术可以对其进行管理、处分。无体物过去的确难以进行计量，但是随着科技的发展，无体物开始能够被人为管理。因此，我们的法律不能停留在未发展的时代。如电是一种自然现象，是一种能量，当其转换为电力时，能为使用者带来一定的经济价值。在电力发明之后的一段时间内，人们无法估量电力的使用情况并对其计量。“电”是一种特殊商品，看不见、摸不着，它的产、供、销在同一时间完成，正是由于当时对“电”的定性难以及认识的不完整性，为窃电行为人找到了开脱罪名的“法宝”。但随着电表的出现，人们可以对电的输出有直观的认识。以窃电行为而言，行为人偷盗他人的电力而没有支付对等的价格，对支付电费的人而言无疑是侵犯了其财产权利。

同样的，氧气、稀有气体等存在于自然界中，如今可为人们所管理、处分，并带来一定的使用价值。所以对于这些具有经济价值，并能给人带来经济效用的无体物，理应成为刑法保护的对象。

第三，刑法有必要对侵犯无体物的行为做规制，这不仅取决于无体物的经济价值已经逐渐超越有体物而存在，更重要的是社会秩序已经悄然发生变化。正如前述，在无体物无法计量之时，人们无法对行为作准确的判断，此时自然无法适用刑罚。如今无体物除了能够被计量之外，更重要的是已经成为人们灵活使用的财产，对于所有者、占有者而言能够带来经济价值、市场交易价值，与有体物相比除了在形态上的区别，在其他方面无差异，都能进行占有、使用、收益、处分等行为。

三、财物的价值

关于财产犯罪财物是否应当具备价值，在学术界主要形成了以下两种观点，一是只要是具备管理可能性的东西，不论是否具有价值，都应该视为财物。二是财物必须要有价值，无任何价值的东西，不能成为财产罪的保护对象。[①] 本书赞同后一种观点，认为受保护财物必须具备价值。国内外对于价值的分类形成了许多不同的观点，但总结起来有以下两种：

一是主观价值说与客观价值说。主观价值说认为，财物并不一律要求具备客观上的经济价值，但这种财物必须具有占有者或是所有者的感情因素，如夫妻的结婚照、情人的照片、珍贵的纪念品等，若是侵犯这类寄托感情因素的财物，也能构成犯罪。而客观价值说认为，财产价值仅是指经济价值，即能用客观价值来对财物进行全面评估或评价的，如煤气表、房屋等，才是财产罪的对象。

二是积极价值与消极价值。所谓的积极价值是指所有者、占有者对财物积极的利用价值，消极价值是指所有者、占有者对某种物品虽然已无积极的利用价值，但如果流入他人手中，则有可能被恶意利用，从而使所有者、占有者遭受财产价值的损失。[②] 如，银行回收后准备销毁的纸币，对于银行来说已经没有经济价值，但银行若未保存好这些回收的纸币，使这些纸币流入他人手中，则其被认定具有消极价值。[③]

---

① ［日］大塚仁：《刑法解释大全（第 9 卷）》，青林书院 1988 年版，第 172 页。

② 刘明祥：《财产罪比较研究》，中国政法大学出版社 2001 年版，第 27 页。

③ ［日］大塚仁：《刑法概说（各论）》，有斐阁 1996 年第 3 版，第 173 页。

我国学者大多数都认为刑法所保护的财产犯罪必须具备一定的价值，但对于是否应当具备经济价值，或是应当从主观方面还是客观方面对财物的价值进行判断，仍然存在着不小的争议。

要想解决上述两个问题，首先，应当厘清“价值”与“经济价值”之间的概念及关系。所谓“经济价值”是指任何事物对于人和社会在经济上的意义，是经济行为体从产品和服务中获得利益的衡量。而“价值”的概念更为宽泛，既包含“经济价值”的概念，还将非经济价值，如具备情感之物，也纳入其范围。从两者概念上不难发现，“价值”完全包含“经济价值”。在区分了两者关系之后，上述问题已迎刃而解，我国民法已将这种具备精神寄托或是情感寄托的有价值的东西纳入其保护范围之内，如当事人可以对侵害特定纪念物品的行为，在民事诉讼中提出精神损害赔偿的请求。财物的价值大小取决于侵害财产行为的社会危害性程度，尤其是我国财产犯罪的定罪不仅考虑行为者的行为，还对被侵害财物的数额有一定的限制，而具有情感之物，如结婚纪念照等，这种情感、精神因素的价值具有人身性、相对性，且难以计量。

其次，对于财物的价值，必须从客观上进行判断，并且还必须具备金钱价值。这要求我们在判断财物是否具有价值，必须客观、公平地去评价。即财物不能只具有使用价值，而应具有经济价值。因为能够满足人的某种需要的，都具有一定的使用价值。使用价值是物的自然属性，但光有使用价值，并不能认定这一物品是商品。对财物是否具有经济价值的判断应当从以下几个方面把握：(1) 能对财物进行客观评价；(2) 财物的价值只能用现实生活中的金钱，进行价值的评价；(3) 财物的经济价值必须达到一定的量；(4) 须以立法的规定和社会一般认识来理解财物是否具有该种价值。

第二节　网络虚拟财产的属性与特征

在数字化时代的今天，互联网的发展势如破竹，网络虚拟财产便是这个时代的标志性产物。网络虚拟财产属于无形资产的一种，该类财产分为两类，一类是广义上的虚拟财产，即电子邮件、网络账号等，能为人们所利用支配及具有财产价值的网络虚拟物。另一类是狭义上的虚拟财产，一般仅限于在网络游戏中所存在的财物，如游戏装备、游戏角色的等级、游戏虚拟币等。这些虚拟财产，可以从注册的游戏开发商那里获取，也可通过市场上购买等方式获取。因此，这些财产都具备了一般商品所具备的经济价值，值得法律的保护。本节将重点研究侵犯网络游戏虚拟财产行为的定性。

一、网络虚拟财产的法律属性

现在的网络游戏大多以虚拟物品作为游戏道具，用以提升游戏中角色的等级，如游戏玩家的个人劳动（练级）、市场交易（买卖装备）、真实财产交易（购买游戏点卡）等，对于游戏玩家而言，这些装备、点卡及等级都是具有经济价值的虚拟财产，并且这些财产已经具备了真实财产的基本特性，应当为法律所保护。但在罪刑法定原则之下，刑法的运用并不能仅因值得保护或是具有社会危害性便适用，而是需要对行为做全面的分析，具体说明行为所符合的构成要件。因此有必要先对虚拟财产的法律属性进行剖析，这样才能更客观地分析刑法是否有必要对网络虚拟财产进行刑法上的规制。

（一）主要学说

1. 否定说

否定说认为，虚拟财产并不存在于现实生活之中，它只是网络服务商提供的网络数据，并存储于电脑之中，其实质只是电脑中的代码，本身并不具备价值。即使具有一定的价值，这种价值也是现实生活中无法用货币进行估量的。并且如果将每个游戏中的装备、账号等级等视为现实生活的财物，这对游戏服务商来说是一场灾难。因为如果停止进行网络游戏的经营，就意味着服务商必须将储存于游戏中的所有虚拟财物以一定的方式返还或是补偿给玩家。再者，法律并未明文规定虚拟财产的性质，并且网络游戏的玩家并没有付出劳动，因而不会产生任何价值。

2. 物权说

该学说最具代表性的是我国台湾地区的“法务部”，他们曾就该问题做出“法务部”90法检决字第039030号函，确定网络游戏中的虚拟财物和账户都属存在于服务器的“电磁记录”，而“电磁记录”在刑法诈欺及盗窃罪中均可被看作“动产”视为私人财产的一部分。

物权说分为所有权说和使用权说。所有权说认为，虚拟财产的本质只不过是电子记录，而玩家付出时间、金钱产生该电子记录，即由于付出的时间、金钱的不同，游戏中获取的装备、角色等级也不同。因此，玩家对自己创造的财产享有所有权。使用权说认为，用户并不享有虚拟财产的所有权，如游戏的经营商一旦发现玩家使用“外挂”“复制”等非法手段获取他人的虚拟财产之时，会采取封号的行动，有权对这些财产进行没收，无需征得用户的同意。所以游戏的运营商才是这些虚拟财产的所有权人，而玩家不过拥有使用权。

3. 债权说

该说认为，虚拟财产属于债权，原因在于游戏的运营商与玩家之间存在的合同关系。不论是游戏还是虚拟财产的给付都是运营商所提供服务的一部分。玩家在注册游戏之时便与运营商签订了合同（如在注册游戏之初，运营商会提供《最终用户使用协议》），玩家创建角色并支付相应的游戏费用，在平台上进行娱乐活动，而运营商必须提供稳定的游戏环境。在此过程中，玩家支付的是货币，运营商提供的是服务，双方产生了交易活动。而在现实生活中，若玩家的虚拟货币遭受损失，根据双方之间存在的服务合同的关系，玩家可以向运营商主张赔偿或主张违约，而一般来说，对这些债权的请求，都会得到法院的支持。

4. 知识产权说

该说将虚拟财产看作智力成果，认为财产的产生是由于付出了脑力劳动，所以应当将其划入知识产权的保护范围。在财产的归属上现在存在两种观点，一种观点是虚拟财产是开发商进行创作而成，应当由开发商享有，若开发商与运营商之间有协议，运营商也可以拥有虚拟财产的所有权。另一种观点则认为，运营商不过是为玩家提供了一个平台以及初始角色，真正将游戏建立起来的是玩家，他们通过消耗时间、金钱以及脑力活动克服游戏关卡，创造虚拟财产，这些财产理应归属于玩家。

（二）学说辨析

上述的学说都清楚地阐述了虚拟财产的属性，但具体如何定性还应当对各学说做具体的分析。

首先，否定说以网络虚拟财物只是代码为由否认其价值，并用服务商的责任、未付出劳动以及法律未明文规定为理由否定虚拟财产的财产性质，这种说法有待商榷。

网络游戏运营商采用专业的游戏服务器进行管理和运营，使网络游戏玩家在娱乐时对网络游戏的属性和数据进行存储和改变（例如等级、攻击力、防御力等），因此，网络游戏的性质是毋庸置疑的。但网络虚拟财产并非与网络游戏的性质等同。虚拟财物的获取是玩家付出一定的时间、精力，甚至金钱的。就如今而言，网络游戏的服务商推出了一系列的游戏周边产品。如点卡①，消费者通过货币交易的方式获取，其本身便具有经济价值。除此之外，在网络上，玩家还可对自己所拥有的装备进行交易，以此获得收益，虽然对于大多数的人而言

① 所谓的点卡就是“虚拟消费积分充值卡”的简称，是指按服务公司的规定以现金兑换虚拟点（积分）的形式，通过消耗虚拟点（积分）来享受该公司的服务的一种钱款支付形式。

没有价值，但对于玩家而言具有非凡的价值。

我国虽未在刑法中明文规定侵犯网络虚拟财产的行为应当受到什么样的刑罚，但近年来随着网络虚拟财产案件的频发，在法院判决的案例中，已经直接或间接地对虚拟财产予以了肯定。如深圳市南山区人民法院审理的国内首例涉及“虚拟财产”的盗窃案。该案中被告人窃取了大量QQ用户的密码保护资料并破解、出售给他人，由此产生了刑事责任及民事赔偿责任的承担问题。再如2003年，北京的李某在名为“红月”的游戏里积累和购买了各种虚拟“生化武器”几十种，后来他发现自己账号里的装备全部丢失，随后他将游戏运营商告上朝阳区人民法院。经审理，法院认为被告在安全保障方面存在欠缺，应承担由此导致的法律后果，判令游戏公司恢复李某的全部游戏装备。

其次，应当肯定知识产权说所言开发商在我国著作权法的前提下创作了网络游戏的程序，开发商对游戏的设计、规则的指导等程序的设计享有知识产权，但这部分并不能反映出玩家们在游戏中的独立性。所谓的知识产权，是指权利人对其所创作的智力劳动成果所享有的财产权利。玩家在网络游戏中的操作并不属于知识产权，如果玩家将网络游戏的过程进行摄制，并制作成光盘，或是将玩游戏的心得体会通过文字发表于网络或期刊文件上，此时玩家才是知识产权的所有者。而玩家对网络虚拟财产占有的本身并不能说明玩家拥有知识产权。

接下来的问题就集中于网络虚拟财产究竟是具有物权的属性还是债权属性。本书更偏向于债权属性，理由在于，所有权说站在民法物权的角度诠释了虚拟财产应当归玩家所有。既然虚拟财产系物权，那么应当具有绝对的排他权利，但事实上并非如此。许多网络游戏服务商提供平台有一定的时间限制，即该网络游戏存在时间并非永久，而是特定时间之内的，储存于电脑中的电磁记录亦是如此，玩家对虚拟财物的权利并非绝对的所有权。而使用权说认为，运营商的确是提供虚拟财产的一方，但是玩家可以通过货币交易的方式购买虚拟财物，在购买之后玩家就有权对财物进行处分，而且可以不经过运营商的同意。而物权上的使用权，通常是指由所有人行使，但也可依法律、政策或所有人之意愿而转移给他人，在不改变财产本质的情况下，依法加以利用的权利。因此，玩家可以自由处分，依据的并非是使用权。物权说的理论显然站不住脚。

网络虚拟财产的产生是依附于网络空间的，这就意味着玩家想要行使任何的权利都要通过运营商的配合，倘若运营商无法维持经营或是经营不善，那么服务器便进入瘫痪状态，无法达成玩家对网络虚拟财产处理的请求，玩家的任何权利都无法实现。由此可见，网络虚拟财产在本质上需要依靠运营商的积极配合，这种权利的获取是基于请求权，而非支配权。

（三）虚拟财产法律属性的界定

游戏运营商与玩家之间确实存在服务合同关系，并且运营商对网络虚拟财产享有所有权，之所以玩家能够自由处分财产，原因在于运营商通过合同方式让渡了其中部分的权能。对于玩家而言，网络虚拟财产的法律属性实质上是一种通过服务合同而确立的债权。虚拟财产的重点不在于虚拟物品本身，而在于它所反映的服务合同关系。虚拟财产权利就是玩家可以享有由服务商所提供的特定的服务内容的权利。所以，虚拟财产具有以下法律属性：

第一，玩家与运营商之间存在服务合同关系。正如上述所言，玩家之所以能在游戏平台游刃有余，离不开运营商在后台维护游戏程序的稳定。在双方的服务合同中，服务的提供者必须依照合同内容提供服务义务，并享有请求对方支付相应对价的权利；而服务的接受者，必须支付相应对价，并享受服务，当自己的权利受到侵害之时，还可以请求服务提供者进行赔偿，这是由合同违约责任所决定的。

第二，运营商享有网络虚拟财产所有权。运营商之所以具有所有权，理由正如物权说所言，网络游戏中的虚拟财物和账户都属存在于服务器的“电磁记录”中，而这些记录的所有权人正是运营商，运营商能够任意处分这些记录。除此之外运营商所有权权利还表现在：(1) 运营商可以对不遵守游戏规则的玩家进行处理。如注销账号或没收虚拟财物等；(2) 运营商可对游戏进行升级，并改变虚拟财物的属性和数量；(3) 网络游戏具有一定时间限制，当游戏的运营不能给运营商带来利益时，其有权决定是否继续经营游戏，而虚拟财产也会随之消灭。

第三，玩家对网络虚拟财产享有部分权能。玩家这部分的权能是基于运营商的让渡而获得，如在创建游戏之后，系统会赠予一些虚拟财物，或是玩家通过市场交易获取财物，对于这些财物的处分权是通过运营商让渡而获得的。这种让渡的行为是运营商获取利益的一种手段，也是为了吸引更多玩家的一种商业营销。除了处分权之外，对虚拟财产的占有、使用、收益的权利也一并让渡，虽然有人认为这与所有权并未有所分别，但是他们忽略了运营商具有控制虚拟财物的权利，而这部分的权利玩家是不具有的。

二、网络虚拟财产的立法与司法实践

当前我国司法实践中虽然已经出现了一些有关侵犯网络虚拟财产的案件，在刑法理论界也认为应当对侵犯虚拟财产的行为进行刑法保护，但是针对这类犯罪应当以什么罪名进行处罚，目前在我国还是存在争议的。由于理论上的争议，立法上的缺失，导致侵犯网络虚拟财产犯罪同案不同判的情况发生，这严重影响了司法公信力。我国可以借鉴域外以及台湾、香港地区的经验及立法，对我国侵犯网络虚拟财产行为做刑法上的规制。

（一）我国对网络虚拟财产犯罪行为定性的司法实践

针对网络虚拟财产犯罪的频发，我国也采取了一些相应的措施进行应对，如2008年10月，国家税务总局回应北京市地方税务局的《关于个人通过网络销售虚拟货币取得收入计征个人所得税问题的请示》（京地税个〔2008〕114号），在《关于个人通过网络买卖虚拟货币取得收入征收个人所得税问题的批复》中明确表示：一、个人通过网络收购玩家的虚拟货币，加价后向他人出售取得的收入，属于个人所得税应税所得，应按照“财产转让所得”项目计算缴纳个人所得税；二、个人销售虚拟货币的财产原值为其收购网络虚拟货币所支付的价款和相关税费；三、对于个人不能提供有关财产原值凭证的，由主管税务机关核定其财产原值。从税务缴纳方面可以看出，虚拟货币在出售后获取的收入需要缴纳税收。众所周知，个人所得税是指国家对本国公民、居住在本国境内的个人的所得和境外个人来源于本国的所得征收的一种所得税。这从侧面反映出虚拟货币的价值与其他个人收入是一致的。

但批复始终与法律、法规有一定的区别，在法律、法规方面我国还未有相关立法对该行为进行规制。而在司法实践中，随着网络虚拟财产盗窃、诈骗等行为的日益猖獗，网络虚拟财产作为财产犯罪的对象首先进入了司法实践的视野。但由于一方面在计算机终端背后的行为人很难查明，另一方面警方的侦查技术以及人员方面等的限制，立案寥寥无几。有些即使立案，由于法律法规的不健全，在法院审判过程中“各自为政”的情况也不在少数。该类行为在有罪的情况下该构成何种犯罪，应当以何种罪名进行处罚，不同的法院给出了不同的判决，以下列出十个案例，以供研究、借鉴。

1. 以破坏计算机信息系统罪、非法获取计算机信息系统数据罪或侵犯通信自由罪定罪量刑

案例一：陈龙清破坏计算机信息系统罪[①]

2006年8月9日至2007年1月9日，被告人陈龙清在家中租用电信宽带账号，购置8台电脑，先后组织并雇用多人，以向他人租用木马信箱的方式，非法获取广州网易互动娱乐有限公司“梦幻西游”网络游戏的玩家账号和密码，通

① 郑泽善：《网络虚拟财产的刑法保护》，《甘肃政法学院学报》2012年第5期。

过网易通行证密码修改软件修改了部分玩家的账号密码，并通过非法登录“梦幻西游”网络游戏的玩家账号，窃取账号中的游戏装备、游戏币等物品。后陈龙清通过淘宝网账号“全区梦币任你挑”“全区梦币任你用”及腾讯 QQ 聊天等方式联系买家，将梦幻游戏币转卖为人民币，通过支付宝及网上银行进行支付交易。陈龙清共非法获取了 26.5 万余个玩家的账号及密码，非法登录 1.7 万余个玩家的账号，非法获利共计 31 万余元。

浙江省云和县人民检察院以被告人陈龙清犯盗窃罪，向浙江省云和县人民法院提起公诉。被告人陈龙清对公诉机关的指控事实不持异议。其辩护人的主要辩护意见是，涉案的网络游戏装备、游戏币等物品不具有财产属性，不能成为盗窃罪的对象；被告人的行为不属于刑法调整范围。

浙江省云和县人民法院经审理认为，依照法律规定，盗窃罪的犯罪对象是“公私财物”，我国的相关法律均未明确地将网络游戏装备、游戏币等物品纳入刑法保护的财产之列。故公诉机关指控被告人陈龙清犯盗窃罪，指控罪名所涉犯罪对象与法律规定不符，不予支持；辩护人所提网络游戏装备、游戏币等物品不具有财产属性的意见有一定道理，法院对其合理部分予以采纳。被告人以牟利为目的，非法获取“梦幻西游”网络游戏玩家账号密码，修改了大量玩家的账号密码和游戏数据，导致大量游戏玩家储存在游戏系统中的游戏数据被修改和删除，损害了游戏玩家利益，严重破坏了“梦幻西游”网络游戏系统的安全运行，给游戏运营商网易公司的经营造成严重影响，后果严重，其行为已构成破坏计算机信息系统罪，依法应予惩处。据此，依照《中华人民共和国刑法》第 286 条第 2 款、第 64 条之规定，于 2007 年 9 月 4 日判决：被告人陈龙清犯破坏计算机信息系统罪，判处有期徒刑 4 年；同时判决追缴被告人的违法所得。

案例二：刘某非法获取计算机信息系统数据罪①

2012 年 10 月至 2013 年 1 月 17 日期间，被告人刘某通过出资购买计算机设备、支付劳务报酬的方式，授意董某、李某（均已被判处刑罚），在福建长乐太平洋食品有限公司职工宿舍 504 室内，使用多台计算机进行操作，利用外挂的木马程序，在上线游戏内设置“喊话”窗口，以此吸引苏州蜗牛数字科技股份有限公司（运营地为苏州市姑苏区仓街 140 号）的网络游戏“九阴真经”玩家点击该木马程序，非法进入被害单位的服务器获取游戏玩家的账号及密码，后将他人游戏注册账号内的虚拟财产转移至被告人等人的游戏账号并通过网络转售牟利，共计非法获取 9 267 组数据。

---

① 江苏省苏州市姑苏区人民法院（2015）姑苏刑初字第 00284 号刑事判决书，北大法宝网。

法院认为，被告人刘某伙同他人采用木马程序非法获取被害单位计算机信息系统中存储的数据，并从中牟利，其行为已构成非法获取计算机信息系统数据罪。

案例三：杨某非法获取计算机信息系统数据罪①

被告人杨某于2013年6月至10月间，在北京市朝阳区南湖东园一区，利用北京新娱兄弟网络科技有限公司（以下简称新娱公司）的51wan游戏充值平台漏洞，自主编写充值平台接口程序，多次生成虚假支付反馈信息，获取新娱公司运营的"神仙道"游戏虚拟货币"元宝"110余万个，致使新娱公司向该游戏的联合运营公司结算"充值收益分成"共计人民币33 984元。被告人杨某后于2014年4月25日被抓获归案。案发后，被告人杨某的亲属代为退赔了新娱公司的上述结算损失，取得了新娱公司的谅解。

法院认为：被告人杨某法制观念淡薄，非法侵入计算机信息系统，获取相关信息系统数据，情节严重，其行为触犯了刑法，已构成非法获取计算机信息系统数据罪，依法应予惩处。北京市朝阳区人民检察院指控被告人杨某的犯罪事实清楚，证据确实、充分。关于指控罪名，法院认为，杨某的犯罪对象为"游戏虚拟财产"，该对象缺乏现实财物的一般属性，不符合公众认知的一般意义上的公私财物，而"游戏虚拟财产"的法律属性实为计算机信息系统数据，杨某通过侵入计算机信息系统而获取"游戏虚拟财产"，实质上属于非法获取计算机信息系统数据行为。被告人杨某犯非法获取计算机信息系统数据罪，判处有期徒刑八个月，罚金人民币两千元。

案例四：伍青时、伍冲时、伍晓飞、江界房侵犯通信自由罪②

2014年8月初开始，被告人伍青时、伍冲时、伍晓飞、江界房四人受一名自称"罗彬"的男子雇佣，租用佛山市三水区德兴路雅豪居东六座601房，利用盗号"木马"程序在网络上盗窃他人QQ账号和密码400余组，并将盗得的QQ账号和密码发送给"罗彬"，从而获取利益。2014年8月25日，公安人员在上述地点将被告人伍青时、伍冲时、伍晓飞、江界房抓获，并当场缴获作案工具笔记本电脑四台、无线网卡四张。

法院审理认为，被告人伍青时、伍冲时、伍晓飞、江界房无视国家法律，侵犯公民通信自由权利，情节严重，其行为均已构成侵犯通信自由罪，应当依法追究其相应的刑事责任。

---

① 北京市朝阳区人民法院(2014)朝刑初字第3017号刑事判决书，北大法宝网。

② 广东省佛山市三水区人民法院(2015)佛三法刑初字第393号刑事判决书，中国裁判文书网。

上述四个案例的审理法院并未将虚拟财产视为我国刑法财产犯罪所保护的财物，理由在于：第一，仅看到网络虚拟财产是“电磁记录”却未用发展的眼光对虚拟财产所具有的经济价值进行分析；第二，由于目前法律未有相关规定，所以在案例一中，法院以“网络游戏装备、游戏币等物品不具有财产属性，不能成为盗窃罪的对象；被告人的行为不属于刑法调整范围”，否认盗窃罪的成立。故以破坏计算机信息系统罪、非法获取计算机信息系统数据罪、侵犯通信自由罪定罪量刑。

2. *以诈骗罪或盗窃罪定罪量刑*

案例五：张某盗窃罪①

2014 年 2 月 4 日，被告人张某以购买邓州市人王某的“大话西游 2”游戏角色为名，用木马程序远程控制王某的计算机后，转移王某的“大话西游 2”游戏账号内的游戏装备等物品，销售后获利。该游戏账号及装备等价值 7 万元。案发后张某退还王某现金 5 万元。2014 年 10 月 29 日，被告人张某以购买河南省武陟县人李某的“大话西游 2”游戏角色为名，用木马程序远程控制李某的计算机后，将李某的“大话西游 2”账号盗走。该游戏账号及装备等价值 22 500 元。案发后，李某通过向网易公司申诉，追回游戏账号及装备等物品。

河南省邓州市人民法院审理认为，被告人张某以非法占有为目的，采取秘密手段窃取他人财物，数额巨大，其行为已构成盗窃罪。网络虚拟财产是游戏玩家在网络游戏账号中积累的“货币”、“装备”、“宠物”等财产，是游戏玩家投入了一定的时间、精力、金钱所取得。可通过网上出售、转让等方式进行交易，具有使用价值、交换价值，具备财产性属性，应受法律保护。本案中，张某以非法占有为目的，在与被害人商定好游戏装备等价格后，用木马程序控制被害人的计算机，窃取该游戏账号及装备，销售获利。虚拟财产因网络虚拟空间而存在，其价值对相应的游戏玩家有意义，在评估机构无法评估的情况下，根据相关法律规定和司法解释，结合本案实际情况，其价值应按现实生活中的实际交易价格来确定。即以被告人与被害人商定的价格认定为盗窃数额为宜，而不能以销售后获利的价值来认定。

案例六：龚涛、许靖灏等诈骗罪②

被告人龚涛原系金华市比奇网络技术有限公司投诉处理部工作人员。2011 年 7 月，被告人龚涛和被告人许靖灏经事先商量决定采用假冒 5173 客服

① 河南省邓州市人民法院(2015)邓刑一初字第 297 号刑事判决书，中国裁判文书网。

② 浙江省金华市婺城区人民法院(2012)金婺刑初字第 01326 号刑事判决书，中国裁判文书网。

人员的方法骗取他人虚拟财产。同年7月18日，两人专门租得金华市雅苑街雅静路62号701室作为工作室，并购买两台台式电脑、开通了网络。被告人许靖灏将自己的电脑也搬进工作室。为提高行骗的成功率，被告人龚涛劝说妻子朱某入伙。从2011年7月至2012年7月21日，被告人龚涛、许靖灏、朱某分工配合，多次成功骗取他人虚拟财产并对赃款进行分配。被告人龚涛和朱某共分得赃款的五成，被告人许靖灏分得赃款的五成。被告人龚涛、朱某、许靖灏共参与诈骗39次，诈骗所得财物共计价值人民币44 170元。2012年7月23日，被告人龚涛、许靖灏、朱某被警方抓获归案。

法院认为，被告人龚涛、许靖灏、朱某以非法占有为目的，采用虚构事实、隐瞒真相的手段骗取他人财物，数额较大，其行为均已构成诈骗罪，系共同犯罪。判决如下：一、被告人龚涛犯诈骗罪，判处有期徒刑一年六个月，并处罚金人民币八万元；二、被告人许靖灏犯诈骗罪，判处有期徒刑一年五个月，缓刑两年十个月，并处罚金人民币八万元；三、被告人朱某犯诈骗罪，判处有期徒刑一年四个月，缓刑二年八个月，并处罚金人民币六万元。

案例七：汪某、蔡某盗窃罪[①]

被告人汪某、蔡某于2013年2月间，预谋通过网络窃取他人网游账号后盗取游戏装备并出售获利，后被告人汪某、蔡某用事先获得的被害人马某个人信息制作姓名为“马某”的假身份证。同年3月5日，被告人蔡某、汪某至江苏省苏州市，利用事先制作的假身份证补办了被害人马某的电话卡，后通过网络重置被害人QQ及5173游戏交易网站上的账号密码，盗窃居住在常熟市的被害人马某游戏账号内的游戏装备，后在网上销售，销赃数额达人民币4万余元。在上述过程中，被告人汪某登录被害人马某5173账号，通过创建游戏金币订单并操作购买的方式，窃取上述账号内的人民币3 500元，扣除手续费后，其实际窃得人民币3 289.92元。

法院认为，被告人汪某、蔡某以非法占有为目的，单独或共同采用秘密手段，盗窃他人财物，数额较大，其行为均已构成盗窃罪，系共同犯罪，应依法分别予以惩处。

案例八：吴锋、王冬东等盗窃罪[②]

2012年10月10日左右，被告人吴锋在江西省南昌市家中利用某软件通过互联网扫描方式发现上海新华传媒电子商务有限公司运营的新华一城卡电子

---

① 江苏省常熟市人民法院(2014)熟刑二初字第0064号刑事判决书，中国裁判文书网。

② 上海市徐汇区人民法院(2013)徐刑初字第684号刑事判决书，中国裁判文书网。

商务平台存在安全漏洞，遂非法侵入该平台数据库，取得管理员权限，窃取包括新华一城卡客户账号、密码代码、账户金额的电子数据。后被告人吴锋将其入侵方式告知被告人王冬东，并与被告人王冬东合谋将窃得的相关数据套取现金。被告人王冬东根据被告人吴锋提供的入侵手法成功侵入新华一城卡电子商务平台后，二人分别使用所窃账户金额数据以人民币 8 664.79 元、8 168.88 元的价格在新蛋网网购笔记本电脑各一台。

嗣后，被告人王冬东联系被告人郑斌，让其帮忙寻找下家，将窃得的数据套现。被告人郑斌遂通过被告人陈某联系被告人朱某，最终由被告人朱某找到被告人李佳霖、范云鹏，由被告人李佳霖、范云鹏寻找"黄牛"以"卡卡转账"方式具体实现套现。被告人吴锋、王冬东遂通过被告人郑斌与被告人陈某、朱某、李佳霖、范云鹏商定分赃比例，确定由被告人吴锋、王冬东获得套现额的 40%，被告人李佳霖、范云鹏获得套现额的 45%，被告人朱某获得套现额的 10%，被告人郑斌、陈某获得套现额的 5%。

2012 年 10 月 22 日至 26 日，被告人王冬东、郑斌在武汉将所窃数据整理后通过互联网经被告人陈某、朱某交予被告人李佳霖、范云鹏。被告人李佳霖、范云鹏收到数据后通过"黄牛"再以"卡卡转账"的方式将所窃新华一城卡客户账号内的资金转账至"黄牛"顾某、潘某、李佳霖、肖某、陈某、梁某、周某、胡某、姜某持有的新华一城卡客户账号内。随后被告人李佳霖将所得赃款按约定的比例以银行转账方式分至各被告人。经审计，本案涉案金额为人民币 802 330 元，共套取现金人民币 771 875.05 元。其中，被告人吴锋获得赃款人民币 2 500 元，利用窃得的数据网购笔记本电脑一台，价值人民币 8 168.88 元；被告人王冬东获得赃款人民币 118 400 元，利用窃得的数据网购笔记本电脑一台，价值人民币 8 664.79 元；被告人郑斌获得赃款人民币 96 600 元；被告人陈某获得赃款人民币 26 820 元；被告人朱某获得赃款人民币 208 910 元；被告人李佳霖获得赃款人民币 329 202.06 元；被告人范云鹏获得赃款人民币 20 342.99 元。

法院审理认为，被告人吴锋非法侵入新华一城卡电子商务平台数据库，取得管理员权限，窃取包括新华一城卡客户账号、密码代码、账户金额的电子数据，并将所窃电子数据或用于新蛋网网购笔记本电脑，或与被告人王冬东合谋套取现金，其主观上有直接非法占有上述所窃账户资金的目的，且实际获得赃物和分得赃款。被告人吴锋窃取新华一城卡电子数据的目的，并非以所窃账户信息为交易标的直接销售他人予以牟利，而是将所窃的电子数据记载的虚拟财产转化为现金或实物的财产。

法院判决，一、被告人吴锋犯盗窃罪，判处有期徒刑十年八个月，剥夺政治权利二年，并处罚金人民币五万元；二、被告人王冬东犯盗窃罪，判处有期徒刑十年六个月，剥夺政治权利二年，并处罚金人民币五万元；三、被告人李佳霖犯盗窃罪，判处有期徒刑十年六个月，剥夺政治权利二年，并处罚金人民币五万元；四、被告人范云鹏犯盗窃罪，判处有期徒刑十年，剥夺政治权利二年，并处罚金人民币四万元；五、被告人郑斌犯盗窃罪，判处有期徒刑六年，并处罚金人民币三万元；六、被告人陈某犯盗窃罪，判处有期徒刑三年，缓刑四年，并处罚金人民币一万元；七、被告人朱某犯盗窃罪，判处有期徒刑三年，缓刑五年，并处罚金人民币三万元；八、被告人陈某、朱某退赔的赃款发还被害单位；不足部分责令被告人吴锋、王冬东予以退赔。

与前四个案例的判决截然不同，案例五至案例八的审理法院认为，拥有网络虚拟财物的游戏玩家投入了一定的时间、精力、金钱，并且虚拟财物可通过网上出售、转让等方式进行交易，具有使用价值、交换价值，具备财产性属性，所以应该受到法律的保护。尤其在案例八中，审理法院更是认为被告人是以将虚拟财产转化为现实金钱为目而实施的盗窃，直接认可虚拟财产的经济价值，并且认为其应当受到法律的保护。

3. 以职务侵占罪进行定罪量刑

案例九：刘某职务侵占罪①

2012 年 5 月、2013 年 7 月，被告人刘某利用担任苏州某股份有限公司保安的职务便利，在公司安排拆分“九阴真经”游戏激活码礼包之际，分多次盗取“九阴真经”游戏激活码卡片共计 2 200 余张。后被告人刘某采用激活码激活账号的方式兑换“九阴真经”游戏虚拟货币，并通过第三方平台出售给他人，共计得款人民币 140 278.32 元。

法院认为，被告人刘某身为公司人员，利用职务上的便利将本单位财物非法占为己有，数额较大，其行为已触犯《中华人民共和国刑法》第二百七十一条第一款之规定，构成职务侵占罪。

案例十：张某职务侵占罪②

2014 年 11 月 2 日，被告人张某作为网络科技有限公司的独资子公司的大客户专员，利用其协助对该公司网络网页游戏“武尊”进行调试测试的工作便利，获得该游戏的管理员账号：funkyszetotest（角色名：“CM 神、刺客”）的密码后，将该账号内的 8 682 218 个虚拟货币“元宝”虚假交易转至该游戏的另一账

① 江苏省苏州市姑苏区人民法院（2014）姑苏刑二初字第 0195 号刑事判决书，中国裁判文书网。

② 广东省茂名市茂南区人民法院（2015）茂南法刑初字第 298 号刑事判决书，中国裁判文书网。

号：sanqianliushui(角色名“三千流水”)。然后张某将其中的7 999 992个“元宝”通过5173虚拟货币网络交易平台进行出售，经多人多笔交易，共牟利43 720元。其余的“元宝”仍然保存在游戏账户内没有进行交易。根据网络科技有限公司对“元宝”设定的发行价格，1元人民币可以充值兑换100个“元宝”。

法院认为，被告人张某无视国法，利用职务上的便利，将本单位的财物非法占为己有，数额较大，其行为已构成职务侵占罪。

案例九与案例十正是基于网络虚拟财物的财产属性而做出相应的判决，因为只有在认可虚拟财物是财产犯罪对象的情况下才能构成职务侵占罪。

通过对上述十个案例的考察可以发现，在我国司法实践中，对于侵犯网络虚拟财产的行为构成犯罪认识上是一致的，但对于构成什么样的犯罪，各个法院判决不一。判决差异的主要原因还是集中在对网络虚拟财产法律属性的理解和认识不一。

(二) 国外及我国台湾、香港地区对网络虚拟财产的立法

网络虚拟财产究竟能否成为财产犯罪对象，不妨参考国外以及我国台湾、香港地区对网络虚拟财产的相关立法，或许能对我国在网络虚拟财产犯罪的认定上有所启发，并从中汲取相关立法经验，建立健全我国网络虚拟财产的立法规定。

1. 韩国的立法规定

在韩国，网络游戏也是发展迅速，在政府的极力支持之下，网络游戏已经成为韩国不可缺少的支柱产业，正因为如此，韩国在网游中现金交易等财产方面的侵权行为日益增加。正是这些高发的犯罪，使得韩国相关部门开始正视“网络虚拟财产”的法律归属问题，并且明确地规定了网络游戏中所创建的虚拟的角色和独立于网络服务商而存在的虚拟物品也具有财产的价值。他们认为服务商只是为玩家们提供一个存放虚拟财物的平台，服务商对于存放的物品没有删除和修改的权利。此时虚拟财产的性质就如同我们银行账号，其本质上与存在银行内的财产无异。可见，韩国是将虚拟财产等同于一种“电子货币”，并明确虚拟角色和虚拟物品独立于服务商且具有财产价值，认为虚拟财产的性质和银行账号中的钱财本质上无差别，承认虚拟财产的合法地位。[1]

2. 美国的判例裁决

英美等国家用“动产”原则解决私有空间问题，即个人空间等虚拟私有空间在英美等国家被视为动产。尤其是从美国两个典型案例中我们可以发现，法官

---

① 肖日栋：《网络虚拟财产的性质界定及其立法保护》，《商业时代》2013年第19期。

通过解释相关的法律、扩展现有的法律适用的犯罪，将电子邮件、电子信箱这类虚拟的信件作为传统的“物”进行保护。

第一起案例发生在1998年11月24日，美国加州高等法院发布禁令，禁止三个Intel的离职员工发送抨击Intel的邮件。被告是Intel的离职员工，在遭到解雇后，从1996年12月到1998年9月先后5—7次发邮件给Intel的数万员工，抗议Intel对员工的不公正待遇和剥削。被告宣称其拥有宪法所保障的权利，可以接触Intel的电子邮件系统，他寄发邮件的行为属于劳动争端中的合法行为；而原告则认为被告的行为结果是不请自来的大量邮件Spam。

法官审理认为，Intel职工的电子邮件地址并没有对外公开，Intel的电子邮件系统也并非公共论坛，因此被告不具有宪法赋予的接触权利。虽然邮件内容属于劳动争端，但是寄送方式已构成非法侵入他人动产的侵权行为，因此颁发了禁令。在Intel诉其离职员工案中，法官是把Intel员工电子信箱和Intel电子邮件系统当作动产加以保护的，可见，网络系统本身也构成财产，侵入该网络系统，就被视为非法侵入动产。

第二起案例是关于美国有“垃圾邮件大王”之称的华莱士，其是一家促销公司的所有人。他主持开发了电子邮件快速发送软件，并向很多ISP的用户散发过商业广告性质的电子邮件，而且有时盗用ISP的名义(通过改变回邮地址便可)，让用户抱怨不已。美国大脚公司和大地连线公司分别在纽约联邦法院和加州洛杉矶高等法院对华莱士提起诉讼。

法院审理后，纽约联邦法院做出裁决，要求华莱士将大脚公司及其客户的电子邮件地址从他的网络中清除，如果华莱士或其代理人再向大脚公司的用户散发垃圾电子邮件或盗用该公司的名义发出这类邮件，华莱士及其代理人每天将要缴纳一万美元的罚金；同时，洛杉矶高等法院也做出了判决，禁止华莱士向大地连线公司的用户发送任何垃圾邮件，华莱士向受害用户书面道歉，保证如再有类似行为发生，将会被判罚一百万美元。而洛杉矶高等法院的判决根据是有关禁止非法穿越私人领地的法律，也就是说，洛杉矶高等法院把电子信箱和电子邮件系统当作了私人领地来保护。

3. 我国台湾地区的规定

我国台湾地区通过“刑法修正案”的形式增设了第358条：“无故输入他人账号密码、破解使用计算机之保护措施或利用计算机系统之漏洞，而入侵他人之计算机或其他相关设备者，处3年以下有期徒刑、拘役或科或并科10万元以下罚金。”以及第359条：“无故取得、删除或变更他人计算机或其他相关设备之电磁记录，以致损害于公众或他人者，处以5年以下有期徒刑、拘役或科或并科

20 万元以上罚金。”这两条都可以适用于偷盗账号的行为。

之后，台湾“法务部门”为了解决网络游戏中窃盗虚拟财产案件的定性问题，在 2001 年 11 月 23 日作出（90）法检决字第 039030 号“函释”，认为：“线上游戏之账号角色及宝物资料，均系以电磁记录之方式储存于游戏服务器，游戏账号所有人对于角色及宝物之电磁记录拥有支配权，可任意处分或移转角色及宝物，又上述角色及宝物虽为虚拟，然于现实世界中均有一定之财产价值，玩家可通过网络拍卖或交换，与现实世界之财物并无不同，故线上游戏之角色及宝物似无不得作为刑法之盗窃罪或诈欺罪保护客体之理由。”以及在“台湾刑法”第 220 条第 3 项中规定：“称电磁记录，指以电子、磁性或其他无法以人之知觉直接认识之方式所制成之记录，而供电脑处理之用者。”

台湾将电子邮箱、网游的虚拟装备等都认为是电磁记录，通过“立法”的方式从法律上肯定了玩家在游戏中所拥有的虚拟物品和角色的财产价值，并将这些网络虚拟财物作为传统刑法上的“物”进行保护。

4. 我国香港地区的立法规定

香港地区对虚拟财产的定性存在分歧，形成了以下两种观点。一种观点认为作为电子数据的虚拟财产不是法律保护的财产范畴，且目前没有相关法律进行参照；另一种观点则肯定了玩家对虚拟财产的权利，对于侵犯虚拟财产的行为，只要是符合刑法认定的定罪范围的，应当依照刑法追究刑事责任。

香港在规制虚拟财产行为时，一般以《刑事罪行条例》200 章中第 161 条的规定进行定罪处罚，“任何人有下述意图或目的而取用计算机——(a) 意图犯罪（不论是在取用计算机的同时或在日后任何时间）；(b) 不诚实地意图欺骗（不论是在取用计算机的同时或在日后任何时间）；(c) 目的在于使其本人或他人不诚实地获益（不论是在取用计算机的同时或在日后任何时间）；或 (d) 不诚实地意图导致他人蒙受损失（不论是在取用计算机的同时或在日后任何时间），即属犯罪，一经循公诉程序定罪，可处监禁 5 年”。

通过上述对国外以及我国台湾、香港地区相关立法和规定的考察可见，大多数立法认为网络虚拟财产具有财产的价值，属于传统刑法上的“财物”，只有在香港地区认为对虚拟财产的侵犯是对计算机数据的一种破坏。本书较为认可美国、韩国以及我国台湾地区对网络虚拟财产的“财物”定性。

三、网络虚拟财产刑法规制的必要性

通过上述十个案例的考察，不难理解为何当前对网络虚拟财产要求法律保护的呼声越发高涨，原因还是在于虚拟财产具有财产的经济价值属性，并且这种经济价值已经逐渐超过一般财物的价值而存在。尤其是网络市场的开放，网络游戏已逐渐成为新型产业之一，网络游戏以虚拟装备、虚拟货币以及一些能够提升游戏角色属性的物品作为道具，这些道具能够为玩家所占有、使用、处分、收益，即能够在现实生活之中进行货币交易，并已经形成了一定的交易市场。正是这些道具具有经济交易的属性，才会成为不法分子眼中的发财之道，从而引发盗窃、诈骗、侵占等行为的发生。但对于盗窃、诈骗等行为是否需要刑法的规制，学者们看法不一。本书认为，无论是基于刑法理论的发展，还是司法实践的需求，虚拟财产能够成为财产犯罪的对象。

第一，从虚拟财产的经济属性来看，其具备一定的经济价值。虚拟财产的经济价值体现在市场交易之中，如玩家可以将自己的游戏装备、游戏账号进行出售，现实中，这种买卖已经形成一个市场，甚至成为一份职业。在深圳，一个叫王成的年轻人就拥有一个网络游戏工作室，六年前，王成技校毕业。他对家里人称，自己找到了工作，是在深圳一家电子公司做电脑技师，但实际上却是和几个朋友在打游戏赚钱。王成每天在电脑前，操纵着游戏中的角色，与网络上不知出处和姓名的人“搏斗”，斩妖除魔练功，把“级别”练得很高，这时其在网游中的角色或者武器装备精良，或者拥有大量虚拟的“游戏币”。最终，会有沉迷游戏的玩家通过网络找到王成，用现金购买装备和网络钱币，收入由此而来。通过王成的例子我们不难发现，虚拟世界中的财物并不单纯只是一种电磁记录，具备虚拟性，同时还具备现实性，虚拟财产可以说已经成为衔接虚拟世界与现实世界的纽带。玩家购买的虚拟财产相当于是一种财产的投入，它能为玩家带来收益或效用，能够使玩家在游戏中享受乐趣。从现实生活中，我们也能读取虚拟财产的现实性。一般实施偷窃、诈骗等行为的人，之所以非法占有他人的虚拟财产，主要原因还是在于他们能够通过出售盗窃或是诈骗而来的财物之后，相应地获取一定的对价，从而获取财产利益。而对于失去虚拟财产的玩家而言，他们无法再利用虚拟财物进行收益或享受其带来的效用。由此可见，虚拟财产同时具备存在形式的虚拟性以及经济价值的现实性，应受刑法的保护。

第二，从虚拟财产的物理属性来看，其能够为行为人所转移、利用或支配。一般而言我们所说的犯罪对象是可为行为人所转移、利用与支配的。我国传统刑法理论认为：“犯罪对象，是指犯罪分子在犯罪过程中对之直接施加影响的，并通过这种影响使某种客体遭受侵犯的具体的人或物。”①正是由于虚拟财产只是电磁记录，并没有实体的物理属性，才与传统犯罪对象有着天壤之别。但

① 马克昌：《犯罪通论》，武汉大学出版社1999年版，第125页。

对待刑法领域的新生事物，如网络虚拟财产等，要用发展的眼光去评价，不能一味地采取回避的态度。诚然相较于传统犯罪对象，虚拟财产看不见摸不着，但不可忽略的是虚拟财产可以通过账号进行管理，不法分子通过控制他人的账号，对账号上的虚拟财产进行交易，这种交易往往能在现实中获取金钱的利益，使被害人蒙受经济损失。

正如上述所言，虚拟财产能够成为财产犯罪的对象，但是否值得科处刑罚，还必须明确以下几个问题：

第一，侵犯网络虚拟财产的社会危害性。行为具有社会危害性，是犯罪的基本特征，侵犯虚拟财产的行为是否构成犯罪，应当进行认真地判别。首先，行为对象是虚拟财产。需要说明的是根据游戏工委 2015 年《中国游戏产业报告》数据显示，国内游戏整体市场（包括网络游戏市场、移动游戏市场、单机游戏市场等）2015 年销售收入达到 1 407.00 亿元，比 2014 年增长了 22.90%，2009—2015 年复合增长率达到 24.70%。[①] 这些资金的来源有大部分是网络游戏的运营商向市场发放的游戏装备、虚拟货币或是游戏点卡的收入，这些虚拟财物已经成为市场的宠儿，是运营商盈利的主要来源。数据体现了虚拟财产的经济价值，并且侧面反映出侵犯网络虚拟财产的社会危害性，虚拟财产虽然没有传统物理世界中行为的特征，“但它仍旧满足既有人的需要，实现着同样的社会效果，体现着同样的社会价值”[②]。其次，侵害的手段与方式。在手段与方式上，这类犯罪虽然不会像抢劫罪一般使用暴力，既侵犯他人人身安全，又侵犯财产。但通过几个输入指令就可轻松将财产转入自己的“麾下”，这样的侵犯方式除了会造成财产的损失，还会对网络信息安全秩序造成严重破坏。再者，侵害的后果。这种侵犯的行为会逐渐演变为社会危害行为，如玩家丧失游戏中的财物，由于寻求不到法律的保护可能会做出极端的行为，很有可能通过暴力来解决虚拟世界中的纠纷矛盾，这种行为的社会危害自不待言。所以只有将网络建设与法制建设结合起来，才能更好地促进互联网时代的和谐与稳定。

第二，侵犯网络虚拟财产行为的入刑目的。我国刑法第 2 条明确规定：“中华人民共和国刑法的任务，是用刑罚同一切犯罪行为作斗争，以保卫国家安全，保卫人民民主专政的政权和社会主义制度，保护国有财产和劳动群众集体所有的财产，保护公民私人所有的财产，保护公民的人身权利、民主权利和其他权

① 该数据来源于 2016—2022 年中国网络游戏市场分析及发展前景预测报告，见 http://www.chyxx.com/research/201603/396835.html。

② 刘守芬、方泉：《行为与责任——基于网络技术的几点适应性考量》，《北京大学学报（哲学社会科学版）》2004 年第 3 期。

利，维护社会秩序、经济秩序，保障社会主义建设事业的顺利进行。”保护公民的私有财产是刑罚的目的之一。而对虚拟财产，刑法介入的必要性在于，一是有效预防、打击网络虚拟财产犯罪；二是保护公民财产的需要；三是维护网络游戏等产业的健康发展；四是维护信息网络安全秩序的需要。

综上所述，虚拟财产已经能和现实世界中的财产进行交换，并且已经形成了一个固有的交易机制，这些电磁记录本身就具有财产的属性，因而成为刑法所规制的财产犯罪的调整对象。待条件成熟之时，我国也可以像国外或是我国台湾地区一样，及时出台相应立法或是司法解释，对虚拟财产的范围，以及对侵犯虚拟财产的行为如何适用刑法规制等问题进行明确规定。

第七章　常见财产犯罪争议问题的司法认定

第一节　财产犯罪既遂标准的审视

从应然的角度而言，财产犯罪乃至刑法分则中每个罪名的既遂标准应当是唯一的，即每种犯罪既遂的认定应当是单一的。但刑法学是一门规范学，对规范概念的理解必然由于不同认知等因素而呈现出不同样态。由此导致的实然现象采取不同的学说便有不同的既遂标准，从而可能使得认定某罪的犯罪既遂情形迥异，并影响到一罪与数罪、罪与非罪甚至自首的认定等。不仅如此，即便是在同一个学说标准下，如何具体地理解该标准也同样会导致上述情形的出现。以盗窃罪为例，其犯罪既遂的学说标准主要有接触说、隐匿说、失控说、控制说和失控加控制说等。目前理论和实务中较为一致的便是控制说，以行为人控制了财物为既遂标准。

如何理解"控制"，则成为认定既遂的关键。对此，有论者认为，"在现实生活中，人们对于不同的财物，往往采用不同的控制方式，如随身穿着的衣服与家中存放衣物的橱柜，虽然都在主人的控制之下，但方式明显不同，在相关财产犯罪既未遂标准的掌握上也有一定差异。以盗窃为例，主要有身体掌控、目击控制以及场所、器具控制等。所谓身体掌控是指将财物随身携带，置于身体的直接控制之下，如随身穿的衣服、佩戴的手表、拎包等财物。在扒窃场合，行为人将财物从主人的衣袋、拎包中取出即意味着财物脱离主人的控制范围而被行为控制和支配，其为既遂。所谓目击控制是指将财物近距离地置于自己的视线范围之内，以便保管、掌控……"[①]如行为人扒窃被害人的拎包后转身逃跑，被害人发现后紧追不舍，将行为人抓获。根据目击控制说，行为人在扒窃后逃跑，被害人紧追，此时拎包处于被害人的目击控制范围内，因此行为人并未控制拎包，故应当认定为盗窃未遂。[②] 但是根据身体掌控说，行为人将财物从主人的衣袋、拎包中取出即意味着财物脱离主人的控制范围而被行为控制和支配，就应

① 黄祥青：《刑法适用要点解析》，人民法院出版社 2011 年版，第 244—251 页。

② 黄祥青：《盗窃罪的认定思路与要点》，《上海审判实践》2013 年第 11 期。

当是既遂。

可见，在呈一维发展的犯罪形态中，当犯罪已然既遂的情形下，如何还能再通过其他方式（如目击控制）来认定其为犯罪未遂呢？同时，由于控制（占有）既是判断此罪与彼罪的要素（如盗窃罪和侵占罪），亦是判断既遂还是未遂的要素（如在别人家中浴室发现了戒指，为了便于日后窃走将其藏在浴室的缝隙中）。除了特别说明，本节对占有（持有）的判断不是为了认定此罪和彼罪，而是在构成财产犯罪的前提下，讨论既遂还是未遂的控制（占有）。

一、财产犯罪既遂标准的判断

对于犯罪既遂的概念，世界各国大多没有通过立法例对其予以规定，我国现行刑法也一样，而是通过刑法理论予以解释。综观中外刑法理论中关于犯罪既遂标准的解释，大体上可分为以下主张：一是“结果说”[①]，二是“目的说”，三是“构成要件说”。其中“构成要件说”是中外刑法理论中关于犯罪既遂较为通行的观点，“当犯罪完全实现刑法分则的犯罪构成要件时，是为‘既遂’”[②]，即行为人着手实施犯罪行为具备了刑法分则规定的该种犯罪构成要件全部要素的情况。[③]

刑法的目的是保护法益，刑罚权因法益受到侵害或有被侵害的危险而发动。现代刑法中侵犯财产犯罪要保护的法益便是实实在在的财产权利。一般而言，由于财产类犯罪是行为人实施了引起他人财产损失这一法定的构成要件实害结果的行为，[④]因此其“在犯罪既遂构成的检验上，除了行为人一定的行为之外，尚须检验侵害结果的实现，以及行为与侵害结果之间的因果关系”[⑤]，并且财产犯罪的构成要件行为侵害了财产法益后便完成犯罪，且法益被侵害的状态已不随后续侵害行为而论。所以，财产犯罪应当属于犯罪分类中的侵害犯、结果犯或状态犯。

---

① 如我国国内学者持此观点，其认为犯罪既遂指行为人着手实行犯罪并造成了危害结果的情形。周光权：《刑法各论》，中国人民大学出版社 2011 年版，第 183 页。

② ［意］杜里奥·帕多瓦尼：《意大利刑法学原理（评注版）》，陈忠林译评，中国人民大学出版社 2004 年版，第 304 页。

③ 详见高铭暄、马克昌、赵秉志主编：《刑法学》，北京大学出版社、高等教育出版社 2011 年版，第 147 页；陈兴良：《教义刑法学》，中国人民大学出版社 2010 年版，第 589 页；刘宪权主编：《刑法学》，上海人民出版社 2008 年版，第 196 页。

④ 最高人民法院 2005 年 6 月 8 日《关于审理抢劫、抢夺刑事案件适用法律若干问题的意见》第十条规定，具备窃取财物或造成他人轻伤以上后果两者之一的，均属抢劫既遂。

⑤ 黄荣坚：《基础刑法学（下）》，中国人民大学出版社 2009 年版，第 380 页。

从法益侵害的角度而言,被害人失去对财物的控制便意味着其财物受到侵害。同时财产犯罪是以非法占有为目的,即排除被害人的占有,由行为人自己或第三人占有。只有破坏他人的占有建立新的占有,即由被害人控制转为行为人控制,是为建立新的占有关系。由此,以控制说作为财产犯罪的既遂标准应当是妥当的。即"行为人实际取得财物的控制权,排除他人的占有而将财物处于自己的事实支配之下"[①]。同时,现代汉语词典将"占有"解释为"掌握"[②],而"掌握"意味着"控制"[③],因此,在财产犯罪中,"占有"和"控制"应当可以在同等意义上使用,而"'控制'即为实际支配"[④],进而,控制作为"一种事实上的支配,不仅包括物理范围内的支配,也包括社会观念上可以推知财物的支配人的状态"[⑤]。进而,在对个案财物"控制"的具体判断上应结合以下几点:

(一)以"占有"做抽象的判断

"刑法上的占有,应该综合考虑客观要件(占有的事实),即对物的支配,以及主观要件(占有意思),即支配意思,然后根据一般的社会观念来进行判断。"[⑥]而这种支配,"以具有直接的、事实上的支配的情形(如实际持有财物、财物处于封闭的支配领域内)为核心,业已扩大到具有支配的事实可能性的情形。对于后者需以支配意思为必要,即排除他人取得,确保自己支配的意思"[⑦]。也可以说,"占有(持有)作为事实上的支配,不仅是单纯的物理的有形的支配,即便具备物理的、有形的支配人的占有(持有)按照社会观念也有被否定的。如在主人的店里,雇员即便现实中持有财物也不具备占有。所以占有是一种规范的社会要素,即便在物理或有形的支配达不到的场合,从社会观念也可以认为是一种占有(持有)。"[⑧]比如,财物处在像住宅那样的排他性强的场所内的场合,对于一时找不到的财物主人仍未失去占有。一般而言,他人使得财物离开此场合即为既遂。但根据财物的性质、大小等特征会存在例外情形,下文详述。

---

① 周光权:《刑法各论》,中国人民大学出版社2011年版,第100页。

② 中国社会科学院语言研究所词典编辑室:《现代汉语词典(第6版)》,商务印书馆2012年版,第1637页。

③ 中国社会科学院语言研究所词典编辑室:《现代汉语词典(第6版)》,商务印书馆2012年版,第1641页。

④ 黎宏:《刑法学》,法律出版社2012年版,第750页。

⑤ 张明楷:《刑法学》,法律出版社2011年版,第873页。

⑥ [日]山口厚:《从新判例看刑法(第2版)》,付立庆、刘隽译,中国人民大学出版社2009年版,第130页。

⑦ [日]山口厚:《刑法各论(第2版)》,王昭武译,中国人民大学出版社2011年版,第205—206页。

⑧ [日]木村龟二主编:《刑法学词典》,顾肖荣等译,上海翻译出版公司1991年版,第687页。

（二）以被侵害财物的特征做具体的认定

在以事实上的占有（持有）和支配理解控制说的前提下，对财产犯罪案件仍需要根据财物的性质、形状、行为样态等进行具体的判断。若财物体积较小，便于携带的，如手表、钱包以及拎包等，行为人通过盗窃、抢夺、抢劫等手段将其拿在手中、放入口袋以及随身携带等（或者反过来说，行为人使得这些体积较小的财物离开被害人的手中、口袋或不能随身携带等就不能认为是处于被害人的控制之下）即为既遂。如抢夺他人手机，当行为人夺取手机后即为既遂。又如在别人家中卫生间内发现一枚钻戒，当时不方便窃走，为了日后窃走便将其藏在抽水马桶的储水器中。尽管钻戒仍然处在被害人的住宅这样排他性强的场所内，但由于行为人事实上支配了钻戒，是为既遂。再如，保姆盗窃主人家抽屉里的黄金首饰后藏于主人家里准备隔日带走，藏好后即为既遂；[①]若财物体积较大的，（一般只能盗窃）则需搬离出商店、工厂、房屋等场所，才是既遂。在有些情形下，“如在工厂行窃，如果工厂是任何人都能自由进出的，则将财物搬出原来的仓库、车间，就是既遂；如果工厂的出入相当严格，出大门要经过检查，则只有将财物搬出大门，才是既遂”[②]，否则仍是未遂[③]；“若体积较大的财物以及其他难以搬出的财物，只要行为人使该财物处于可以搬出的状态，即为既遂。如盗窃汽车时，使汽车发动处于随时可开走的状态即为既遂。”[④]等等。

（三）以行为人取得财物的时点判断占有

当行为人控制和被害人的失去控制的时间并非一致，司法实务中的通常情形是以被害人对财物的失去控制作为判断时点，但即便是最大限度地考虑被害人与财物之间的时间、距离的隔离的场合，也并不能够肯定被害人对财物的占有。反言之，只有当行为人取得财物时被害人是否丧失占有才是问题的本源，即当行为人取得行为的时点已确定的前提下，直接以行为人取得的时点判断被害人是否丧失占有。[⑤] 比如在商场柜台，行为人乘营业员不注意，以非法占有

---

① 实务中，有法院认定为盗窃未遂。参见上海市浦东新区人民法院（2006）浦刑初字第 2202 号刑事判决书。

② 黎宏：《刑法学》，法律出版社 2012 年版，第 750 页。

③ 实务中，行为人将被害人单位的镀锌铜丝从车间窃出，搬运至围墙，将其中的一半搬出围墙，一半仍未搬出围墙，被联防队员发现并扭获。两审法院均认定为盗窃既遂和未遂。参见上海市松江区人民法院（2013）松刑初字第 850 号刑事判决书；上海市第一中级人民法院（2013）沪一中刑终字第 889 号刑事判决书。

④ 张明楷：《外国刑法学纲要》，清华大学出版社 2007 年版，第 546 页。

⑤ ［日］山口厚《从新判例看刑法（第 2 版）》，付立庆、刘隽译，中国人民大学出版社 2009 年版，第 129 页。

的目的，将钻戒攥在手中。随后(数秒)担心被发现，又放回去的，就应当认定是盗窃既遂，而不是未遂。其返还行为只能认定为盗窃既遂的时候返还财产行为，不能认为行为人只是短暂地攥着戒指，商场营业员尚未丧失对钻戒的控制而认为是未遂。

“刑法学是最精确的法学，而精确的刑法理论以及由此产生的精确的刑法规定，就是在为社会及其成员规定精确自由程度。”[①]因此，通过规范的设定，犯罪既遂就应当是一个点，一个精确的瞬间的点。在对具体的犯罪既未遂进行认定的时候只能进行形式的而不能是实质的判断。如行为人抢夺被害人拎包中的手机后逃跑，被害人即大声呼救并追赶，行人和民警等闻讯后相继加入追赶，将其人赃俱获。在行为人将手机抢夺在自己的手中逃跑之际，其抢夺行为已然既遂，不能因为手机处于被害人及抓捕者的目击控制范围而认为未对其丧失控制，进而认定为抢夺未遂[②]。此外，在盗窃场合，亦应当如此。但目击控制说认为，“之所以被害人自己抓获扒手应当认定为盗窃未遂，唯因财物虽然脱离被害人的身体掌控(方式)，但无缝连接上了目击控制方式，被害人可以在目击控制状态下自己追回财物，也可以通过呼喊与第三人无缝地继续形成目击方式的控制连接，由第三人追回财物的情形均应认定盗窃未遂”[③]。可是，按照目击控制说认同的身体掌控说，既然拎包属于身体掌控，行为人将财物从主人的衣袋、拎包中取出即意味着财物脱离主人的控制范围而被行为人占有、支配即为既遂，在犯罪形态呈一维发展的过程中，犯罪既遂后如何又能未遂呢?

如果按照所谓的身体掌控到目击控制的无缝连接说法，则对于下列情况的既未遂的认定将会是个矛盾：行为人在地铁快要关门时将站在地铁门边一对恋人中女方的手机抢夺后夺门而逃。以下四种情形该如何判断：(1) 行为人将手机抢夺出门后，这对恋人只能眼睁睁地在门里面看着行为人将手机拿走，抢夺既遂还是未遂?(2) 行为人将手机抢夺出门后，这对恋人大声叫喊，在车门关上后，车门外的乘客由于听到叫喊声，将行为人抓获，此时抢夺既遂还是未遂?(3) 行为人将手机抢夺出门后，女方的男友也冲出门去将行为人抓获，此时抢夺既遂还是未遂?(4) 行为人将手机抢夺出门后，旁边有位乘

---

① [德]克劳斯·罗克辛：《德国刑法学总论(第1卷)》，王世洲译，法律出版社2005年版，第1页。

② 但实务中二审法院便是以抢夺未遂改判。详见上海市第一中级人民法院(2013)沪一中刑终字第394号刑事判决书。

③ 黄祥青：《盗窃罪的认定思路与要点》，《上海审判实践》2013年第11期。

客跟着跑出门将行为人抓获，此时抢夺既遂还是未遂（下称“地铁抢夺案”）？又如，行为人预谋抢劫银行，通过暴力、胁迫手段在银行理财室劫得钱款后，进入银行大厅并携款离开，在银行工作人员等人的追赶下，为逃避抓捕而丢弃钱款。一审法院认为行为人携款离开银行大厅时并未有人追赶，因而认定为抢劫既遂。是否可以认为，若当时行为人在离开大厅时有人在追赶，是否就意味着其劫得的钱款处于目击控制之下而认定为抢劫未遂呢（下称“银行抢劫案”）[①]？

其实，目击控制属于在支配的意思下按照一般社会观念对财物进行的控制，一般的社会观念控制与视线范围无关。其对财物的控制应当按照上文本书提及的首先根据占有做抽象的判断，然后根据财物的特征、行为样态等做具体的认定。对于不是体积较大的以及其他难以搬出的财物，只要是行为人使其脱离被害人的身体或者使财物离开由被害人（单位）控制的排他性强的场所（如前文的地铁抢夺案和银行抢劫案）就认定为已被行为人支配和控制，即为既遂，与财物是否处于被害人及他人的目光视线范围没有关系，和被害人是否发现财物被偷、被抢也没有关系。若按目击控制说法，将财物近距离地置于自己的视线范围之内以便保管、掌控，如学生、运动员等在运动场上活动时，将衣物等随身财物暂时放置于篮球架旁或运动场一隅。[②] 但问题是，在视线范围之内就是有效控制，若一旦超出视线范围之外就不属于有效控制了？若一群学生在打篮球，将衣物放置于篮球架旁，其视线能及篮球场，当有人提议衣物不便放置在篮球架旁，而全部挪放到篮球场之外的教室里面的时候，这些衣物便不属于学生们的有效控制范围了？若有个学生视力特别好能够看到自己的衣物，则他目击控制着自己的衣物，否则便没有控制？如此而言，视力的好坏便决定了犯罪既遂与未遂？果真如此，刑法学将不再是门规范学。

可见，作为一门规范学的刑法学，其规范评判标准的实质是通过规范的方式设定的，而不能通过生活事实上的情状来认定。

二、控制说和罪与非罪及罪数关系

（一）控制说和罪与非罪之间的关系

如前文所述，对刑法中规范概念的不同理解致使认定犯罪既遂标准的迥异，如何理解财产犯罪既遂标准中的控制说，实践中会影响到罪与非罪，甚至是

---

① 参见上海市第一中级人民法院（2013）沪一中刑终字第184号刑事判决书。

② 黄祥青：《刑法适用要点解析》，人民法院出版社2011年版，第244—251页。

自首的认定。如以下一则典型案例：2013 年 1 月 1 日，行为人王某在火车站售票大厅内，乘被害人张某排队买票之际，窃得张某放置于口袋内的手机一部（经鉴定，价值人民币 3 632 元）后逃离现场。2013 年 12 月 2 日，行为人王某又在火车站售票大厅内乘被害人陈某排队买票之际，窃得其口袋内的手机（经鉴定，价值人民币 932 元）后转身逃跑，被害人发现后紧追不舍，将行为人抓获。抓获后，王某主动交代了同年 1 月份的犯罪事实。

没有疑问的是，行为人王某之前的犯罪事实构成扒窃既遂。① 问题是，若将其本次事实认定为扒窃既遂，则根据刑法第 67 条第 2 款、1998 年最高人民法院《关于处理自首和立功具体应用法律若干问题的解释》第 2 条和 2010 年最高人民法院《关于处理自首和立功若干具体问题的意见》第 3 条等规定，王某如实供述的之前的犯罪事实不得认定为自首。

若将王某本次的事实认定为扒窃未遂，则根据 2013 年 4 月 4 日起施行的最高人民法院、最高人民检察院《关于办理盗窃刑事案件适用法律若干问题的解释》第十二条"盗窃未遂，具有下列情形之一的，应当依法追究刑事责任：（一）以数额巨大的财物为盗窃目标的；（二）以珍贵文物为盗窃目标的；（三）其他情节严重的情形"的规定，可以得出：若不满足上述（一）、（二）、（三），则不应当追究刑事责任，或可以不追究刑事责任。因而"盗窃未遂，情节轻微的，一般不定罪处罚或者不作为犯罪处理"②。因此，若行为人王某 2013 年 12 月扒窃未遂的事实不构成犯罪的话，则结合前述相关规定，王某如实供述的前述事实将构成自首。而一旦认定为扒窃未遂，不但不作为犯罪处理，而且可以据此认定为自首，进而又可以从轻、减轻甚至免除处罚。

对于上述行为人 2013 年 12 月扒窃事实，由于本部分的观点是扒窃既遂，详见后文，此不再赘述，故不得认定为自首。

（二）控制说和罪数之间的关系

如何理解控制说，不仅影响罪与非罪，以及自首制度，还影响着一罪与数罪的认定。如以下一则典型案例：行为人陈某经济拮据，预谋以其结识的驾校女同学张某为抢劫对象。某日，陈某约张某至预定的酒店客房，采用麻醉、捆绑等手段，从张某身上搜得两张银行卡，并逼问得知密码。之后，陈某将张某勒死、抛尸野外；然后分数次提取银行卡内钱款 8 万余元。对此，一种意见认为，被告人陈某劫取银行卡以及密码以后，因系熟人作案，为杀人灭口而勒死张某，其行

① 严格来说，应当是扒窃型盗窃罪既遂，为了行文方便，简称扒窃既遂。

② 高铭暄、马克昌：《刑法学》，北京大学出版社、高等教育出版社 2011 年版，第 507 页。

为应当分别认定为抢劫罪和故意杀人罪，实行数罪并罚；另一种意见认为，被告人陈某劫取银行卡以及密码，与其后连续提取卡中钱款的行为，都是抢劫罪实行行为的组成部分，陈某在实施抢劫犯罪过程中故意杀人，应当认定为抢劫一罪。

本案问题的关键在于行为人抢劫银行卡以及得知密码后，是否控制占有了银行卡内的钱款？我们认为陈某从张某身上搜得银行卡并逼问得知密码后属于已经控制占有了张某银行卡内的钱款，陈某抢劫既遂。同时根据 2001 年 5 月 23 日最高人民法院《关于抢劫过程中故意杀人案件如何定罪问题的批复》规定，"行为人为劫取财物而预谋故意杀人，或者在劫取财物过程中，为制服被害人反抗而故意杀人的，以抢劫罪定罪处罚。行为人实施抢劫后，为灭口而故意杀人的，以抢劫罪和故意杀人罪定罪，实行数罪并罚。"本案中，陈某在劫取银行卡和密码后，其属于抢劫罪的构成要件行为已经侵害了抢劫罪所保护的法益，并由此完成了犯罪，其后连续提取卡中钱款的行为已不属于新的犯罪事实，不应当认定为抢劫罪实行行为的组成部分。且本案无证据表明陈某是为了劫取财物而预谋故意杀人，陈某实施的抢劫行为已经既遂，也不属于在劫取财物过程中，为制服被害人反抗而故意杀人，因此应当以抢劫罪和故意杀人罪数罪并罚。

三、财产犯罪的既遂与正当防卫

根据刑法第 20 条正当防卫的规定，要求的是正在进行的不法侵害，一般而言，就应当是犯罪既遂之前。而犯罪既遂表明犯罪已经完成，不法侵害结束，除非有新的不法侵害发生，否则不构成正当防卫，属于事后防卫。尽管刑法中规定的正当防卫要求的时机条件是对正在进行的不法侵害，但在财产犯罪情况下，行为虽已经既遂，但在现场还来得及挽回损失的，应当认为不法侵害尚未结束，可以实行正当防卫。即被当场发现并同时受到追捕的财产犯罪的侵害行为，一直延续到不法侵害人将其所取得的财物藏匿至安全场所为止；在此之前，追捕者可使用强力将财物取回。如抢劫犯使用暴力强取财物后，抢劫罪虽已既遂，但在当场对抢劫犯予以暴力反击夺回财物的，应认为是正当防卫。[①]

① 详见张明楷：《刑法学》，法律出版社 2011 年版，第 195—196 页；周光权：《刑法总论》，中国人民大学出版社 2011 年版，第 146 页；黎宏：《刑法学》，法律出版社 2012 年版，第 132 页；高铭暄、马克昌：《刑法学》，北京大学出版社、高等教育出版社 2011 年版，第 133 页。

但问题是，财产犯罪既遂后，在现场还来得及挽回损失的认为不法侵害尚未结束，可以实施正当防卫，其中的“不法侵害尚未结束”与上述的《关于抢劫过程中故意杀人案件如何定罪问题的批复》中的“在劫取财物过程中”能否作等同理解？

如李某夜间持匕首伺机拦路抢劫，当路人王某途经该处，李某即上前猛击王某头部，致王倒地，并劫取王某随身携带的挎包逃跑。因包中除钱款外还有重要文件，王某爬起后追上李某欲夺回挎包。李某遂持刀猛刺王某胸腹部数刀，致王某不治身亡。对此，一种意见认为，李某在劫取他人财物以后，为抗拒抓捕，又持刀捅刺他人致死，应当分别认定抢劫罪与故意杀人罪。另一种意见认为，李某在抢劫犯罪过程中为抗拒抓捕而杀死他人，符合司法解释所规定的“在抢劫过程中为制服被害人反抗而故意杀人的”情形，应当认定抢劫罪一罪。

可以肯定的是，“抢劫犯使用暴力劫取财物，即使抢劫行为已经既遂，但被害人为夺回被抢财物，而当场对抢劫犯使用暴力的，应当根据刑法第 20 条第 1 款成立正当防卫”[①]。该案中当李某猛击王某头部，致王某倒地后劫取其随身携带的挎包逃跑属于已经控制了王某的挎包，应当认定为抢劫既遂。后被害人王某爬起追上李某欲夺回挎包，此时可以视为李某造成的不法侵害尚未结束，王某若使用暴力抢回挎包的理当属于正当防卫。但该案中的王某不仅未能使用暴力抢回其挎包，反而被行为人李某持刀猛刺胸腹部数刀致死，应当以抢劫罪和故意杀人罪实行数罪并罚。

尽管该案存在正当防卫的条件，抢劫行为既遂后，不法侵害尚未结束。但此种情形下的“不法侵害尚未结束”不能等同的理解为“在劫取财物过程中”。因为，犯罪既遂意味着不法侵害已经结束，原则上便不存在正当防卫的条件。财产犯罪既遂后，在现场尚能挽回损失的可以正当防卫，其“实质上是一种自救行为，但我国刑法中又没有明文规定自救行为，所以一般将其理解为正当防卫”[②]。否则，当行为人抢劫被害人财物既遂后，被害人又暴力夺回财物而将行为人打成轻伤的，由于没有正当的合法化事由而对其定罪，便明显违背了公平正义。易言之，突破正当防卫要求“正在进行的不法侵害”的规定，允许财产犯罪既遂后的正当防卫，可以说是一种对公平正义的补救，并非规范的规定。而上述《关于抢劫过程中故意杀人案件如何定罪问题的批复》中“在劫取财物过程

① 周光权：《刑法总论》，中国人民大学出版社 2011 年版，第 146 页。

② 黎宏：《刑法学》，法律出版社 2012 年版，第 132 页。

中”的表述，是对抢劫罪构成要件行为中的要素的规范的规定，就只能规范地理解为抢劫行为既遂之前。因此，该案中李某持刀猛刺王某胸腹部数刀致死不属于在劫取财物过程中的行为，不能认为是在抢劫过程中为制服被害人反抗而故意杀人的情形而认定抢劫罪一罪。

可见，财产犯罪既遂与否，与财产犯罪既遂后，在现场尚能挽回损失的情形下可以正当防卫不是一个问题。进而，不能将财产犯罪既遂以后的行为（包含正当防卫行为）与既遂标准的判断混淆。于此，或许可以在司法实务中对样态复杂多变的财产犯罪，合理地认定其既未遂。

第二节　常见财产犯罪的竞合

关于财产犯罪，根据利用意思的有无，可以首先分为取得罪（盗窃罪等）与毁弃罪（故意毁坏财物罪与破坏生产经营罪）；根据是否转移占有，可以将取得罪进一步分为转移占有的犯罪即夺取罪（盗窃罪等）与不转移占有的犯罪（侵占罪）；根据是否违反被害人的意志，可以将夺取罪进一步分为盗取罪（盗窃、抢夺、抢劫罪、聚众哄抢罪）与交付罪（诈骗罪与敲诈勒索罪）。[①]

一、故意毁坏财物罪与盗窃罪之间的竞合

从理论上说，毁弃罪与取得罪之间的关键区别在于是否具有利用的意思，因而二者的构成要件似乎是一种排斥、对立关系，[②]其实不然。在财产罪法益问题上，无论是坚持本权说、占有说，还是中间说，都不可否认，对他人财物的利用可能性的侵害，是财产犯可罚性的共同基础。[③] 取得罪最终也是对他人财物的利用可能性的侵害，例如，无论是将他人的苹果吃进肚里，还是扔进大海，实质上都侵害了他人对于苹果的利用可能性，因而，取得罪也具有毁弃罪的实质，故而凡是符合取得罪构成要件的，必定符合毁弃罪的构成要件，取得罪与毁弃罪构成要件间不是排斥关系，而是存在竞合。只是因为取得罪行为人主观上具有利用的意思，使得有责性相对较重，进而一般预防的必要性较大，在行为符合取得罪构成要件时，尽量以取得罪定罪处罚而已。

行为人起初出于毁弃的目的转移财物的占有（如从楼上搬到楼下），之后无

① 详见［日］大谷实：《刑法各论（第4版）》，成文堂2014年版，第125—126页；［日］高桥则夫：《刑法各论（第2版）》，成文堂2014年版，第202—203页。

② 周光权：《偷窃“天价”科研试验品行为的定性》，《法学》2004年第9期。

③ ［日］内田幸隆：《财产犯における可罚性の根据》，《刑法杂志》2011年第50卷第2号。

论是放置一边，还是加以利用，在非法占有目的（即不法领得的意思）问题上坚持利用意思不要说的立场认为，因为存在占有的转移，所以成立盗窃罪；而利用意思必要说的立场认为，因为行为人转移占有时并没有利用的意思，故不成立盗窃罪，若转移占有后放置一边的，成立隐匿型毁弃罪，若转而加以利用的，成立脱离占有物侵占罪。[①] 本书虽然赞成利用意思必要说，但认为之后加以利用的情形成立法定刑比故意毁坏财物罪还要轻的侵占罪，不够合理。因为，之后加以利用的，相对于单纯放置一边、弃之不用的情形，行为人不仅实质上侵害了他人财物的利用可能性，而且其产生了利用的意思而更值得非难，若以侵占罪处以更轻的刑罚，明显不协调。故而，出于毁弃的目的转移占有后，无论是放置一边，还是转而加以利用，均成立故意毁坏财物罪。

关于共犯的处理，假如甲、乙出于报复的目的打算毁坏丙的财物，乙在门外望风，甲入室毁坏财物，甲毁坏物品前改变心意，将财物藏匿在身上带走。若认为故意毁坏财物罪与盗窃罪之间是排斥、对立关系，则甲、乙不成立共犯，根据共犯从属性原理，乙无罪。可问题是，正是因为乙的望风行为，使得甲实施了更为严重的盗窃行为，结果反而无罪，这显然不合理。故而，只有承认故意毁坏财物罪与盗窃罪之间存在竞合关系，才能肯定乙与甲在故意毁坏财物罪的范围内成立共犯。另外，因为甲转移占有时具有利用的意思，甲的行为还单独成立盗窃罪。最终，乙成立故意毁坏财物罪，甲成立盗窃罪。

二、侵占罪与盗窃罪之间的竞合

理论上通常认为，侵占罪与盗窃罪在是否侵害他人对于财产的占有上存在本质区别，二者构成要件之间似乎呈对立排斥关系。但互斥论会导致在对象认识错误等疑难案件上难以妥当处理。

例如，行为人误以为是他人的遗忘物，而事实上是有人占有下的财物，即行为人主观上具有侵占的故意，客观上所实现的却是盗窃的事实，主客观不相一致。倘若认为盗窃罪与侵占罪之间是互斥关系，则上述案件只能评价为侵占未遂和过失盗窃，结论是无罪（侵占未遂一般不值得处罚）。如果我们将侵占罪与盗窃罪构成要件之间解释成互斥关系，即侵占的对象是自己占有或者脱离占有的财物，而盗窃罪的对象是他人占有下的财物。在发生上述认识错误时，只能宣告无罪。但这种无罪的结论，却是因为行为人可能实施了一个更重的不法行为所导致的，结论的不合理可见一斑。

---

① ［日］大塚裕史：《刑法各论の思考方法（第3版）》，早稻田经营出版2010年版，第92—93页。

应当认为，侵占罪与盗窃罪等夺取罪在侵害他人财产所有权和具有利用意思上是共通的。也就是说，只要客观上侵害了他人财产所有权、主观上具有利用的意思，就满足了侵占罪构成要件最低限度的要求。而盗窃罪等夺取罪无疑都侵害了他人财产所有权并且主观上均具有利用的意思。因此可以将侵占罪看作整个取得型犯罪的兜底性犯罪，夺取罪与侵占罪在侵占罪范围内构成要件存在重合。无论是将有人占有下的财物错当成遗忘物，还是相反，都可以侵占罪定罪处罚。不过，要区分事实认识错误与法律认识错误，因为事实认识错误阻却故意，而法律认识错误并不阻却故意。

2008年发生在深圳机场的“梁丽拾金案”一时间闹得沸沸扬扬。大致案情如下：2008年12月9日上午，深圳机场清洁工梁丽看到一个小纸箱在行李车上无人看管，以为是乘客丢弃的，就顺手把小纸箱当作丢弃物清理到清洁车中，推到机场一残疾人洗手间内放置。后经同事打开查看，发现里面是一包包黄金首饰。她在下午下班时带回了家。后查明，梁丽拿走的是某珠宝公司王某携带的重14公斤、内装价值261万元黄金首饰的纸箱。王某因机场不予办理托运而暂时离开纸箱去其他柜台找值班主任咨询，回来后未见纸箱即以被盗报案。公安人员得知是梁丽拿走纸箱后，到梁丽家中追回纸箱并带走了梁丽。关于本案，国内对于财产犯罪颇有研究的董玉庭与刘明祥两位教授均认为，本案的纸箱属于遗忘物，梁丽的行为是否构成侵占罪，关键取决于是否符合侵占罪的拒不交出这一要件。① 另有学者指出，本案中纸箱属于他人占有下的财物，因而梁丽的行为构成盗窃罪，只是具有减轻处罚的理由而已。②

仅从法律上分析，由于被害人离开纸箱的时间很短、距离很近，而且位于被害人目所能及的范围内，因而按照社会的一般观念，纸箱应属于被害人占有下的财物。也就是说，梁丽的行为符合了盗窃罪的客观要件。但从主观上看，她不仅没有盗窃的故意，而且没有侵占遗忘物的故意。本案属于典型的事实认识错误。梁丽因缺乏财产犯罪的故意，而应宣告无罪。最终检察机关认定梁丽盗窃罪的证据不足，不构成盗窃罪，但涉嫌侵占罪。而失主最终也回应，不会对梁丽提起自诉。

综上，将他人占有下的财物误以为是遗忘物，或者相反，以及将他人占有下的财物或者遗忘物误以为是抛弃物，或者相反，均属于认识错误；应分清属于法

---

① 详见董玉庭：《捡与偷的界分——以梁丽案为背景的分析》，《人民检察》2009年第17期；刘明祥：《办理侵占罪案件应注意区分的几个问题》，《人民检察》2009年第15期。

② 桑本谦：《传统刑法学理论的尴尬（Ⅱ）——面对梁丽案》，《广东商学院学报》2009年第5期。

律认识错误还是事实认识错误，属于法律认识错误的，不影响故意犯罪既遂的成立，属于事实认识错误的，可阻却重罪的故意或者犯罪故意，成立侵占罪或者无罪。

三、盗窃罪与诈骗罪之间的竞合

盗窃罪与诈骗罪侵害的法益都是他人的财产权，均属于取得罪和夺取罪，区别在于发生财产占有转移的原因不同。二者构成要件间能否竞合，若存在竞合，是法条竞合还是想象竞合，抑或既是法条竞合又是想象竞合，这些都值得研究。德国刑法理论认为，诈骗罪的成立不要求被害人具有处分意思，承认盗窃罪与诈骗罪的竞合。① 中国台湾学者林东茂对竞合论提出质疑："不在构成要件上清楚地区分窃盗或诈欺，必然要面对竞合论处理上的难局。如果认为同时是窃盗与诈欺，那么，究竟是法条竞合，还是想象竞合？假如认为是法条竞合，要用什么标准决定哪一个法条必须优先适用？倘若认为是想象竞合，又该如何圆说：被破坏的法益只有一个？"②张明楷教授也指出不承认诈骗罪与盗窃罪的竞合，相反认为二者处于相互排斥的关系，所以，需要通过处分意识区分诈骗罪与盗窃罪。③ 日本学者山口厚也认为，盗窃罪与诈骗罪的区别取决于"交付的有无"；如果承认两者的竞合，就不能决定究竟应适用何者；既然两罪的法定刑相同，就不能说盗窃罪重于诈骗罪，应优先适用盗窃罪，也不能在承认两罪竞合的基础上，认为无论适用哪一罪都可以。④

我们认为，反对竞合论的理由并不能成立。

首先，刑法理论一般认为，盗卖他人财物的，成立盗窃罪的间接正犯。例如，被告人张某发现邻村王某家长期无人，而其房前屋后有零星杨树 15 棵已经成材，遂产生利用杨树骗取财物的念头。2006 年 5 月 8 日，张某对经常走村串户收购树木的宋某说自己有 15 棵杨树出售，并把宋某带到王某的树木现场商谈价格，最终以价格 1.1 万元成交，宋某即按约定付给张某现金 1.1 万元。第二天，宋某带人将 15 棵杨树砍伐运走。对于本案，存在盗窃罪、诈骗罪以及盗

① 张明楷：《也论用拾得的信用卡在 ATM 机上取款的行为性质——与刘明祥教授商榷》，《清华法学》2008 年第 1 期。

② 林东茂：《一个知识论上的刑法学思考（增订三版）》，中国人民大学出版社 2009 年版，第 145 页。

③ 张明楷：《诈骗罪与金融诈骗罪研究》，清华大学出版社 2006 年版，第 161 页。

④ ［日］山口厚：《问题探究刑法各论》，有斐阁 1999 年版，第 148 页。

窃罪与诈骗罪的牵连犯三种处理意见。[①] 该案中，对于杨树所有权人王某这一被害人(损失的是树木)而言，被告人张某的行为构成盗窃罪的间接正犯，但对于宋某这一被害人而言(损失的是购树款，因为赃物最终会被追缴返还)，被告人的行为成立诈骗罪。因而，本案中被告人的一个行为，同时成立盗窃罪的间接正犯与诈骗罪，形成想象竞合，应从一重处罚。可见，盗窃罪与诈骗罪之间至少不能排除成立想象竞合的可能。

其次，盗窃罪与诈骗罪之间还存在法条竞合的可能。诈骗罪中的交付处分财物的行为表面上是自愿交付，实质上也是违反被骗人的真实意思的。因而，诈骗罪与盗窃罪具有违反被害人真实意思、侵害他人财产占有的共同本质。不同仅在于，盗窃罪是通过行为人本人的窃取行为转移财产的占有，而诈骗罪是借助被骗者这一工具转移财产的占有。正因为此，诈骗罪才被看作是一种利用被害者的盗窃罪的间接正犯形态，是从盗窃罪分离出来的犯罪。[②]

再次，否定想象竞合的理由并不能成立。虽然盗窃罪与诈骗罪侵害的主要法益均为财产权，但诈骗罪除侵害财产权以外，还存在对他人意思自由的侵犯。可以说，盗窃罪与诈骗罪所侵害的法益并不完全相同，肯定想象竞合犯的成立，并没有任何障碍。

最后，肯定盗窃罪与诈骗罪存在竞合关系，不会导致适用法律上的难题。在想象竞合时，从一重处罚即可。我国盗窃罪与诈骗罪虽然法定刑完全相同，但考虑到盗窃罪存在多次盗窃、入户盗窃、携带凶器盗窃、扒窃四种不要求数额较大的特殊行为类型，加之，盗窃罪相对于诈骗罪，无论立案起点还是法定刑升格标准，均低得多。也就是说，我国盗窃罪的处罚实际上重于诈骗罪，故从一重处罚的结果当然是以盗窃罪定罪处罚。承认盗窃罪与诈骗罪存在法条竞合关系，是为了便于认识错误和共犯问题的处理。由于可以将诈骗罪看作是从盗窃罪中分离出来的，因而盗窃罪与诈骗罪构成要件在诈骗罪部分是重合的。例如，甲与乙共同对丙实施欺骗，骗取丙的财物，甲认识到丙是高度的精神病患者，乙误以为丙是精神正常的人，二者在诈骗罪的范围内成立共犯，但甲的行为完全符合盗窃罪(利用被害人的间接正犯)的构成要件，对甲应以盗窃罪定罪处罚。如果不承认盗窃罪与诈骗罪之间存在竞合关系，上述案件就难以处理。

① 崔永峰：《出售他人树木骗取钱财行为之定性》，《人民法院报》2008年1月30日。

② 详见［日］足立友子：《詐欺罪における欺罔行為について(二)——詐欺罪の保护法益と欺罔概念の再构成》，载《法政论集》第211号(2006)，第167页；李世阳：《论诈骗罪中的财产处分行为》，《北京大学研究生学志》2011年第2期。

四、诈骗罪与敲诈勒索罪之间的竞合

有观点认为，诈骗罪与敲诈勒索罪之间不可能成立想象竞合，理由是只有一个法益侵害，不符合成立想象竞合必须侵犯两个以上法益的原理。[①] 其实，否认成立想象竞合并不符合客观事实。例如，2009 年 8 月 16 日，被告人李某因加入传销组织需要 2 万余元报名费而假装自己被“绑架”，让朋友张某向其家中打电话索要赎金。李某父亲接到陌生电话，以为是诈骗电话遂挂断。李某为让家人相信，将红药水涂在自己身上做出受伤的假象，又让朋友张某将菜刀搁在他的脖子上，拍下了照片，通过手机彩信方式传至其兄，与此同时，张某打电话至李兄，要求将 2 万元赎金打到指定账户，为使李兄彻底相信，李某在电话中喊了声“哥”后将电话挂断。李父和李兄相信李某被绑架后立即向警方报警。关于本案的定性，存在成立诈骗罪、敲诈勒索罪，以及成立诈骗罪与敲诈勒索罪的想象竞合犯从一重处罚的三种意见。[②] 不可否认，该案中被告人行为既符合诈骗罪的构成要件，也符合敲诈勒索罪的犯罪构成，应当从一重处罚，最终以重罪诈骗罪定罪处罚。

有学者认为，由于仅侵害了一个法益而不能成立想象竞合犯，只能成立狭义的包括的一罪，从一重论处。[③] 可是，所谓狭义的包括一罪，是指基于单一意思实施、具有关联性、侵害同一法益、该当同一构成要件的数个行为评价为一罪的情形。[④] 该案中被告人的行为只能评价为一个，因此并不属于狭义的包括的一罪。我们认为，即便认为成立想象竞合必须侵犯两个以上的法益，也应肯定诈骗罪与敲诈勒索罪之间可以成立想象竞合。理由是，二罪虽然侵犯的主要法益相同，但侵害的次要法益仍然存在差异；敲诈勒索罪除侵害财产法益外，还侵害他人的意思决定和行动自由。[⑤]

综上，故意毁坏财物罪是整个财产犯罪的基本犯，其与盗窃罪等取得罪构成要件间存在重合；侵占罪与盗窃罪等夺取罪，在侵害他人财产所有权与利用意思上是共通的，因而侵占罪可谓取得型财产犯罪的兜底性罪名，将他人占有下的财物误以为遗忘物而取走的，或者相反，成立侵占罪既遂；诈骗罪与盗窃罪

---

① 详见[日]山口厚：《刑法各论(第 2 版)》，有斐阁 2010 年版，第 257 页；张明楷：《刑法学(第四版)》，法律出版社 2011 年版，第 899 页。

② 王君凤：《“绑架”自己骗“赎金”的定性分析》，《人民法院报》2010 年 8 月 19 日。

③ 张明楷：《刑法学(第四版)》，法律出版社 2011 年版，第 899 页。

④ [日]大谷实：《刑法讲义总论(新版第 4 版)》，成文堂 2012 年版，第 480 页。

⑤ 周光权：《刑法各论(第二版)》，中国人民大学出版社 2011 年版，第 110 页。

在违反被害人的真实意思这点上是相同的，因而二罪不仅可能存在想象竞合，还可能存在法条竞合，竞合时从一重处罚即可；诈骗罪与敲诈勒索罪在特殊个案中也有竞合的可能。

第三节　盗窃罪争议问题的司法认定

一、扒窃行为的认定

（一）扒窃行为入刑的疑难问题

修订后的刑法第264条规定的盗窃罪除了盗窃一般财物、数额较大和多次盗窃之外，新增了入户盗窃、携带凶器盗窃和扒窃三种行为类型。而这五种类型中，第一种可谓是普通类型，后面的四种谓之特殊类型。因而，对于扒窃他人财物是否不计数额，一律入罪等问题便由此产生。对于扒窃入刑的问题，尽管学界的批评意见仍未间断，[①]也不论这些批评意见如何真挚，但在刑法已经将扒窃入罪后，便不应当再从立法论的角度进行无谓指责，而应从解释论的角度，正确地解释扒窃行为，进而正确地适用刑法。

扒窃行为作为盗窃罪的特殊类型之一，其在构成犯罪的一般理论层面应当受到盗窃罪的约束，以及同时也应当遵循刑法总则的一般性规定。因此，若行为人客观上扒窃数额极小的财物，或主观上只有扒窃数额极小的财物的故意，则尽管有扒窃行为，也不得定罪处罚。对于实践中所讨论的“扒窃”是否一律入刑的问题，比如扒窃他人一张餐巾纸等价值极为低廉的财物的情形，其扒窃的财物不具有发动刑罚权的必要性，因而在此点上说不应成为问题。同时，需要注意的是，“对所有人、占有人具有主观价值，即使其客观上没有经济价值，也可能成为盗窃罪的对象，如身份证、出入境证件、信用卡等具有一定使用价值的财物”[②]。可以说，既无客观价值（数额极小）也无使用价值的物品，是不可能成为扒窃型盗窃罪的对象的。

但是，若行为人客观上有扒窃较大数额[③]的财物的可能性，且主观上也具

---

① 如有学者认为，扒窃入刑是立法者掉进“浪漫主义的迷雾”（付立庆：《刑法修正案（八）中的浪漫主义思维》，《云南大学学报（法学版）》2011年第5期）；扒窃型盗窃的入罪化是刑事立法功利化倾向进一步加剧的后果，是刑法万能理念的进一步体现（李翔：《新型盗窃罪的司法适用路径》，《华东政法大学学报》2011年第5期）。

② 张明楷：《盗窃罪的新课题》，《政治与法律》2011年第8期。

③ 此处用语是“较大数额”而非“数额较大”，主要是基于普通盗窃罪规定了“数额较大”，为了区别而使用“较大数额”，即扒窃的不是前文提到的“极小数额”，言外之意，所扒窃的“较大数额”系指能够发动刑罚权必要的数额。

有扒窃较大数额财物的故意，但扒窃未遂，[①]是否一律定罪处罚，便成为问题。而对此，理论和实务中也是观点纷呈。对此，下文将进行探讨。

（二）对“扒窃”行为的展开

刑法第264条没有定义扒窃，因此理论上大多认为：“扒窃指在公共交通工具上或在车站、码头、商场等公共场所窃取他人随身携带财物的行为。”[②]或者是“在公共场所窃取他人随身携带的财物的行为”[③]。综观这些定义，基本上都是将“公共场所”和“随身携带”作为扒窃的核心要素。对此，我们认为，应当注意以下两点：

第一，“公共场所”不是必备要素。将在“公共场所”作为扒窃行为的主要发生场所是毫无问题的，但不能认为扒窃行为只能发生在“公共场所”。刑法学是规范学，哪些案件事实能成为构成要件要素，只能由刑法规定，不可以根据已发生的事实来确定，更不能根据“大多数”案件都是如此来确定。不可以将“熟悉的”就认定为“必然的”。由于《刑法》没有具体规定扒窃，在解释论上将扒窃解释为是在“公共场所”发生的也未尝不可，但这也只是在一定时空下的对有限的案件事实所作的经验性总结，并非全部，不能将已经发现的实然情况就当作是全部的应然状态。因此不能据此“必然”也认为扒窃就只能在发生“公共场所”。犯罪现象是极为复杂的，实践中也完全可能会出现发生在非“公共场所”的扒窃行为。但这里仍有问题的是如何界定“公共场所”，如果严格意义上将私人住宅（家庭生活）之外的场所都认为是“公共场所”，则将“公共场所”作为扒窃的必备要素也不是不可以，因为进入私人住宅进行扒窃一方面应当可以说是不可能发生的，另外，“入户盗窃”也有其规范的范围。若在通常意义上解释“公共场所”，即家庭生活之外的人可以进入、停留的场所，比如混进他人正在举办的私人舞会中进行扒窃的，则完全可以认定为扒窃。

第二，“随身携带”应当作目的性限缩解释。《现代汉语词典》将“随身”解释

---

① 当扒窃行为具有以盗窃罪定处的可能性时，则在犯罪形态上便会有既遂、未遂和中止。根据刑法第24条和第23条中止犯应当免除或减轻处罚，而未遂犯是可以比照既遂犯从轻或减轻处罚的规定可见，若能对扒窃未遂进行合理的定处，则扒窃中止理当无异。另，严格地说应当是扒窃型盗窃罪未遂，为了行文方便，便简称“扒窃未遂”。

② 详见黄太云：《刑法修正案解读全编》，人民法院出版社2011年版，第111页；周光权：《刑法各论》，中国人民大学出版社2011年版，第97页；最高人民法院研究室编：《刑法修正案（八）条文及配套司法解释理解与适用》，人民法院出版社2011年版，第270页。

③ 张明楷：《刑法学》，法律出版社2011年版，第881页。

为“带在身上或跟在身旁的”，[①]同时上述刑法理论在界定扒窃时，便将“带在身上或置于身边附近的财物”[②]或“贴身衣物或包中的财物以及距离被害人很近、占有关系紧密的财物”[③]或“他人身上或随身携带的财物”[④]作为“随身携带”的解释。据此，“在公交车上他人放在自己旁边位子上的包”[⑤]或“自行车前的置物筐中的财物”[⑥]以及“火车地铁上置于货架上、床底下的财物”[⑦]便也是扒窃的对象。但我们认为这些观点存有疑问。《现代汉语词典》将“扒窃”解释为“从别人身上偷窃(财物)”，[⑧]并未将“别人身上”之外的财物作为扒窃的对象。所以，规范意义上的界定扒窃应当保持汉语言使用上的尽量一致性，从而将“别人身上的财物”[⑨]或“他人贴身范围之内的财物”[⑩]作为扒窃的对象。[⑪]

值得注意的是，根据2013年4月4日起实施的最高人民法院、最高人民检察院《关于办理盗窃刑事案件适用法律若干问题的解释》第3条第4款“在公共场所或者公共交通工具上盗窃他人随身携带的财物的，应当认定为‘扒窃’”的规定，可能有人据此认为这样一个具有法律效力层面上的规范将“随身携带”作为扒窃的对象属性，进而认为扒窃的财物就应当是“随身携带”的。对此，结合前文关于“公共场所”的问题，我们认为，其一，上述司法解释当然地具有法律效力，但这种解释很明显是一种举列式的，或者说，也只是对实践中多发的场所作一种总结性的列举而已，并不是一种定义式的。其二，既然已经有观点(或许是习惯性地)将“随身携带”作为扒窃对象的属性，若在不改变“随身携带”的前提下，也不妨对其作目的性限缩解释，只将“带在身上”的财物作为扒窃的对象，而将“跟在身旁的”财物作为盗窃罪的其他类型的窃取对象。这样的解释没有违

---

① 中国社会科学院语言研究所词典编辑室：《现代汉语词典(第6版)》，商务印书馆2012年版，第1306页。

② 张明楷：《刑法学》，法律出版社2011年版，第881页。

③ 周光权：《刑法各论》，中国人民大学出版社2011年版，第97页。

④ 最高人民法院研究室编：《刑法修正案(八)条文及配套司法解释理解与适用》，人民法院出版社2011年版，第270页。

⑤ 最高人民法院研究室编：《刑法修正案(八)条文及配套司法解释理解与适用》，人民法院出版社2011年版，第270页。

⑥ 周光权：《刑法各论》，中国人民大学出版社2011年版，第97页。

⑦ 张明楷：《刑法学》，法律出版社2011年版，第881页。

⑧ 中国社会科学院语言研究所词典编辑室：《现代汉语词典(第6版)》，商务印书馆2012年版，第1014页。

⑨ 黎宏：《刑法学》，法律出版社2012年版，第744页。

⑩ 车浩：《“扒窃”入刑：贴身禁忌与行为人刑法》，《中国法学》2013年第1期。

⑪ 如“英美刑法中对扒窃便是接触身体的偷窃(steal by touching body)”，详见储槐植：《解构轻刑罪案，推出“微罪”概念》，《检察日报》2011年10月13日。

反罪刑法定原则，也遵循着规范目的一致和必要的司法克制原则，即刑法的谦抑性，同时从解释论上继续推进着宽严相济的刑事政策。

(三) 犯罪类别上的扒窃行为

认为扒窃未遂应当一律入罪的观点，可以说在很大程度上是对扒窃行为的犯罪分类有不同的理解所致。

若坚持犯罪既遂包括结果犯、行为犯、危险犯和举动犯（即时犯）四种类型①的情形，如有人认为"行为犯不同举动犯，二者的区分在于行为犯有既遂和未遂之分，举动犯无既遂与未遂之分"②，就会有人据此认为"扒窃"是举动犯，因而，没有既遂未遂之分，着手便为既遂。但我们认为：

第一，举动犯是个不必存在的概念，举动犯其实就是行为犯，"行为犯与举动犯无异"③。在承认形式犯和实质犯的分类概念下，我国也有学者认为，"形式犯又称为举动犯、行为犯、实施犯。法律规定只需要一定的行为就构成犯罪的是形式犯"④。而日本学者大塚仁认为，"构成要件中，虽然存在像伪证罪那样，仅以行为人的一定身体动静为行为内容的情况，但大部分都是像杀人罪、盗窃罪那样，还以发生一定结果为必要，前者称为举动犯（单纯的行为犯），后者为结果犯"⑤。在日本学者木村龟二主编的《刑法学词典》关于犯罪的种类中，也是将形式犯和实质犯、侵害犯和危险犯、举动犯和结果犯、即时犯和继续犯与状态犯等进行分类。⑥

由上可以认为，不应存在行为犯与举动犯之间的概念区别，即两者系同一意义，"举动犯或译行为犯"⑦。因为行为犯概念系贝林提出，⑧故其在被介绍到日本或我国台湾地区时被翻译为举动犯或行为犯，因而有人误认为举动犯是不同于行为犯的一个概念，据此而引起了理论上一定程度的误解。

通过考察举动犯产生之源头可见其就是在翻译中，一词多译的误解结果。此为其无存在之必要的理由之一。

---

① 详见高铭暄、马克昌、赵秉志主编：《刑法学》，北京大学出版社、高等教育出版社 2011 年版，第 148 页；刘宪权主编：《刑法学》，上海人民出版社 2008 年版，第 198 页。

② 叶高峰主编：《故意犯罪过程中的犯罪形态论》，河南大学出版社 1989 年版，第 34 页。

③ 梁世伟主编：《刑法学教程》，南京大学出版社 1987 年版，第 160 页。

④ 马克昌、杨春洗、吕继贵主编：《刑法学全书》，上海科学技术文献出版社 1993 年版，第 35 页。

⑤ 详见［日］大塚仁：《刑法该说（总论）》，有斐阁 1992 年改订增补版，第 121 页；张明楷：《法益初论》，中国政法大学出版社 2003 年修订版，第 346 页。

⑥ ［日］木村龟二主编：《刑法学词典》，顾肖荣等译，上海翻译出版公司 1991 年版，第 157 页。

⑦ 详见林东茂：《刑法综览（修订五版）》，中国人民大学出版社 2009 年版，第 50 页；林钰雄：《新刑法总则》，中国人民大学出版社 2009 年版，第 68 页。

⑧ 张明楷：《法益初论》，中国政法大学出版社 2003 年修订版，第 346—348 页。

此外，在传统的刑法理论上，认为举动犯就是行为人一着手实施犯罪行为即既遂，大体因为："一是原本为预备性质的犯罪构成，如参加恐怖活动组织罪等，本是预备性质的行为，由于涉及犯罪性质严重，一旦着手实际实行危害很大，便将其提升为实行行为，并规定为举动犯；二是教唆煽动性质的犯罪，如煽动民族仇恨、民族歧视罪等。由于其严重的危害性，因而把它们规定为举动犯。举动犯是着手实行犯罪就构成既遂，因而其不存在犯罪未遂问题，也就没有既遂与未遂之分。"[①]但上述观点有待商榷。

(1) 刑法的目的是保护法益，犯罪的本质是威胁或侵害了法益。而刑罚权的发动是基于一个犯罪行为严重地威胁或侵害了法益。应当认为，任何犯罪的实行行为都有一个过程，只不过这个过程的时间长短不同。而所谓的举动犯的实行行为也应当有一个过程，一个相对行为犯较短的过程。一个准备威胁或侵害法益的行为，刚启动就意味着犯罪既遂，可以说是很难达到威胁或侵害法益而严重到被刑法评价为既遂的程度，甚至难以被刑法评价。其适例不仅立法中，实践中也是很难据此而认定。同时也不利于行为人积极地中止犯罪。

(2) 从实务角度看，如刑法第 294 条规定的组织领导参加黑社会性质组织罪，也并非行为人一着手"参加"就构成既遂。根据 2000 年 12 月 4 日最高人民法院《关于审理黑社会性质组织犯罪的案件具体应用法律若干问题的解释》第 3 条第 2 款规定："对于参加黑社会性质的组织，没有实施其他违法犯罪活动的，或者受蒙蔽、胁迫参加黑社会性质的组织，情节轻微的，可以不作为犯罪处理。"可见，即便"着手"参加黑社会性质组织，但行为人若没有实施其他违法犯罪行为，就不构成犯罪，当然也就不存在犯罪既遂。[②] 所以，传统理论中的举动犯概念不仅在立法上不存在，其也与我国的司法实践不相符。故举动犯之概念无存在之必要。[③]

第二，"盗窃罪作为结果犯"[④]，应该不存异议，作为其中的一种类型的扒窃行为，也不应当是行为犯。因为所谓的(单纯的)行为犯，可以认为是"行为构成

---

① 高铭暄、马克昌、赵秉志：《刑法学》，北京大学出版社、高等教育出版社 2011 年版，第 148 页。

② 汤道刚、曾赛刚：《举动犯刍议》，《河南公安高等专科学校学报》2005 年第 5 期。

③ 但也有学者将"举动犯"等同于"即成犯"(黎宏：《刑法学》，法律出版社 2012 年版，第 93 页)，国内的刑法理论大多是将"即成犯"、"继续犯"和"状态犯"放在一起。其实，"继续犯"和"状态犯"主要是看法益被侵害或威胁的状态是否需要通过行为人来进行维持，若需要就是"继续犯"，否则便是"状态犯"。而"即成犯"，前书的作者认为"侵害或威胁法益的行为一旦发生，犯罪完成，侵害法益的状态也同时终了"，若按照这个定义，"继续犯"和"状态犯"不也是如此吗？

④ 高铭暄、马克昌、赵秉志：《刑法学》，北京大学出版社、高等教育出版社 2011 年版，第 507 页。

的满足于行为的最后活动共同发生，也就是说，不会出现一个可以与之分离的结果。这些行为的本身就具有了自身的无价值，它们的刑事可罚性不需要以其他别的什么结果为条件”[①]。即“不以行为在外界产生一定变动或影响为必要”[②]。但不可能据此认为，扒窃行为即以行为本身的完成而不以因行为而发生任何财产损失为必要而入罪。因为，扒窃的行为和结果之间不仅存在着一个时间和空间上的间隔，还必须以扒窃行为本身导致被害人的财产损失这一“外界”变动（结果），且行为与结果之间具有因果关系。因此，“在犯罪既遂构成的检验上，除了行为人一定的行为之外，尚须检验侵害结果的实现，以及行为与侵害结果之间的因果关系”[③]。即扒窃行为若构成盗窃既遂，必须实现被害人的财产损失这一构成要件结果，否则，就只可能是未遂。

如此一来，“把行为和结果作为一对因果范畴，意味着危险不可能是与之相并列的第三种存在形态”[④]。因为，危险犯是“法律对于人类经验中难以控制风险范围的情境，为了有效保护利益，特别确立的标准行为模式”[⑤]。而扒窃行为本身的属性也不可能具有危险犯所具有的危险，其既遂模式只能是扒窃行为本身所引起的外在于扒窃行为的一种对对方财产损失的结果状态。

综上，在犯罪既遂的类型分类上，作为盗窃罪中的扒窃行为，其既遂标准不因其以“违背‘贴身禁忌’而侵入他人贴身范围，盗窃他人贴身携带的财物”[⑥]这一特殊方式侵害他人财物为既遂模式的标准，而只能以扒窃行为本身是否引起他人的财产损失这一法定的实害结果为既遂标准。但扒窃行为未引起他人的财产损失的未遂状态是否应当一律入罪，仍需进一步展开。

（四）罪质轻微的扒窃未遂不入罪

刑法规范的实质应当是保护法益和保障人权之规范，而刑法的目的就应当是保护法益。当客观的法益遭受违法[⑦]行为的侵害或者威胁时，则称之为具有刑法上的违法性，同时也表明此种违法性达到了值得科处刑罚的程度。所以，刑法上的违法性是判断行为是否值得处罚的要件。

---

① ［德］克劳斯·罗克辛：《德国刑法学总论（第一卷）》，王世洲译，法律出版社 2005 年版，第 216 页。

② 林钰雄：《新刑法总则》，中国人民大学出版社 2009 年版，第 68 页。

③ 黄荣坚：《基础刑法学（下）》，中国人民大学出版社 2009 年版，第 380 页。

④ 刘之雄：《刑罚根据完整化上的犯罪分类——侵害犯、危险犯、结果犯、行为犯的关系论纲》，《中国法学》2005 年第 5 期。

⑤ 黄荣坚：《基础刑法学（下）》，中国人民大学出版社 2009 年版，第 382 页。

⑥ 车浩：《“扒窃”入刑：贴身禁忌与行为人刑法》，《中国法学》2013 年第 1 期。

⑦ 此处的违法，是在阶层犯罪论体系下的违法，不是一般违法行为的违法。

此外，我国刑法总则在原则上规定处罚犯罪预备、未遂与中止，但事实上犯罪预备、未遂与中止的处罚亦有例外性。即有些犯罪预备、未遂与中止行为的违法性或者其有责性没有达到值得科处刑罚的程度。但刑法分则对哪些犯罪应当处罚预备、未遂与中止又无明文规定。所以，必须实质性考察各种具体故意犯罪的特殊形态的可罚性。以犯罪未遂为例，应考察什么样的行为在未得逞的情况下，其行为的违法性达到了值得科处刑罚的程度。①

所以，一般而言，具有了刑法上的违法性，也就具有了值得科处刑罚的违法性。但是，若当行为的违法性尚未在量上达到一定的程度，且在质上也可以不需要科处刑罚时，则可以认为该违法行为不具有可罚的违法性。② 由于作为以实质的违法性观念为根据的可罚的违法性，在阶层犯罪论体系中阻却行为的违法性，这便与我国传统四要件体系下，作为社会危害性程度轻微行为出罪事由的刑法第 13 条“但书”规定在发挥刑罚谦抑性的积极功效上具有了等同的价值意义。其二者均从实质的违法性角度将轻微之罪剔除犯罪圈，因而，可以说“把握行为的社会危害性程度，是界定罪与非罪的关键”③。

在此种意义上，以既遂为构成要件类型的扒窃型盗窃罪，当行为达到既遂要求的，则当然地具有了法益侵害性，其违法性值得科处刑罚理当无异议。而对于扒窃未遂，当行为已经着手而未遂时，表明其已经进入刑法的评价范围，即具有了法益侵害或威胁的违法性。但此种违法性相对于“作为一种典型微罪的扒窃既遂”④来说，显然更为轻微。而这种相对轻微指“尽管受害程度并非轻微到可以否定构成要件该当性，但考虑到行为的状况、目的、其他相对的价值的实现等因素，而认为其并未达到可以处罚的程度之时，进而否定其具有实质的违法性”⑤。进而将宽严相济的刑事政策落实在刑法的运行之中。

而从作为宽严相济刑事政策在刑法中一处具体体现的自首制度来看，其设置的初衷便是基于一种功利的考量，对于鼓励行为人悔过自新和减少司法运作成本意义重大，同时也有助于实现刑罚的目的。而自首的本质则是“犯罪人基

① 张明楷：《刑法学》，法律出版社 2011 年版，第 310 页。

② 可罚的违法性概念最初由日本学者宫本英脩基于刑法的谦抑主义立场提出的，即行为的违法性必须在量上达到一定的程度，并且在质上需要科处刑罚，方才成立犯罪。反过来说，如果行为不具有可罚的违法性，则不能认定为犯罪。可见，可罚的违法性是以实质的违法性观念为根据的。参见马克昌主编：《外国刑法学总论（大陆法系）》，中国人民大学出版社 2009 年版，第 169 页。

③ 沈志先主编：《公报案例精析》，法律出版社 2010 年版，第 9 页。

④ 储槐植：《解构轻刑罪案，推出“微罪”概念》，《检察日报》2011 年 10 月 13 日。

⑤ 陈兴良：《教义刑法学》，中国人民大学出版社 2010 年版，第 342 页。

于本人的自由意志而自愿接受国家审查和裁判"[①]，因此，前文所引的案例中，行为人如实供述的犯罪事实应当说是符合自首制度的设置初衷及自首的本质要求。但却由于行为人身负"扒窃未遂"，这一轻微的不具有可罚的违法性之"同种罪名"，而不被认可为自首，便在现实的背景之下有违其初始之衷。

因此，在现实背景下，在"刑法运行机制上贯彻宽严相济的刑事政策，从总体上认真查纠、从宽发落多数轻微罪案，方能分化凸显、有力打击少数严重罪案"[②]，针对我国当前实务中微罪未前置化处理或前置化处理不力而进入审判程序的案件，在可罚的违法性理论意义上运用犯罪概念的"但书"规定，继续赋予其出罪功能便具有其积极的意义。[③]

综上，"对盗窃数额较大的行为，司法机关可基于自首、积极退赔等因素而引用但书规定而未作犯罪处理的情况是客观存在的，而这样的处理实际上也取得了很好的社会效果和法律效果"[④]，因此，作为微罪的扒窃型盗窃罪在未遂的情况下，以不可罚的违法性阻却其入罪，也应当是恰当的。

同时，根据 2013 年 4 月 4 日起施行的最高人民法院、最高人民检察院《关于办理盗窃刑事案件适用法律若干问题的解释》第十二条"盗窃未遂，具有下列情形之一的，应当依法追究刑事责任：(一) 以数额巨大的财物为盗窃目标的；(二) 以珍贵文物为盗窃目标的；(三) 其他情节严重的情形"的规定，也可以得出：若不满足上述(一)、(二)、(三)，则不应当定罪处罚，或可以不定罪处罚。因而"盗窃未遂，情节轻微的，一般不定罪处罚或者不作为犯罪处理"[⑤]。

例外的情形是，若以"数额巨大"的财物为扒窃目标的，或者扒窃财物达到"数额巨大"的一半，同时具有下列情形之一：(一) 组织、控制未成年人扒窃的；(二) 自然灾害、事故灾害、社会安全事件等突发事件期间，在事件发生地扒窃的；(三) 扒窃残疾人、孤寡老人、丧失劳动能力人的财物的；(四) 在医院扒窃病人或者其亲友财物的；(五) 因扒窃造成严重后果的，[⑥]即便未遂，亦应当定罪处罚。

① 最高人民法院刑事审判第一庭编著：《最高人民法院自首立功司法解释：案例指导与理解适用》，法律出版社 2012 年版，第 6 页。

② 储槐植：《解构轻刑罪案，推出"微罪"概念》，《检察日报》2011 年 10 月 13 日。

③ 刘艳红：《目的二阶层体系与"但书"出罪功能的自洽性》，《法学评论》2012 年第 6 期。

④ 沈志先主编：《公报案例精析》，法律出版社 2010 年版，第 10 页。2013 年关于盗窃罪的司法解释第 7 条也具有同等意义。

⑤ 高铭暄、马克昌：《刑法学》，北京大学出版社、高等教育出版社 2011 年版，第 507 页。

⑥ 参照上述司法解释的第六条规定。由于"救灾、抢险、防汛、优抚、扶贫、移民、救济款物"根据本书观点是不可能成为扒窃的对象，故此项可排除。

二、多次盗窃行为的认定

（一）“多次”的认定

1. “多次”学说的评析

我国刑法中的“多次”是指相同性质的危害行为的次数较多，而不是指同一行为人分别实施不同罪名的犯罪加起来是多次犯罪。“多次犯罪”从表面上看是一种犯罪现象，并不依赖刑法的规定而客观存在，但作为定罪量刑的对象，研究多次犯罪离不开刑法规定。[①] 现行刑法及司法解释中关于“多次”犯罪的规定，主要集中在破坏社会主义市场经济秩序罪、侵犯财产罪、妨害社会管理秩序罪以及贪污贿赂罪中。这些“多次”犯罪规定按其规范功能大致上可以分为三种类型：第一，作为犯罪成立条件的“多次”，如盗窃罪，敲诈勒索罪、聚众淫乱罪等；第二，作为法定刑升格条件的“多次”，如抢劫罪、寻衅滋事罪、聚众斗殴罪等；第三，作为累计计算犯罪数额或数量并据此确定适用基本刑还是升格法定刑的载体的“多次”，如走私普通货物物品罪、逃税罪、贪污罪等。

可见，刑法第 264 条中“多次盗窃”的“多次”显然属于上述第一种类型。即作为和数额较大、扒窃、入户盗窃和携带凶器盗窃并列的入罪条件。1998 年 3 月 17 日起施行的最高人民法院《关于审理盗窃案件具体应用法律若干问题的解释》第 4 条将刑法第 264 条中的“多次盗窃”限定于 1 年内入户盗窃或者在公共场所扒窃 3 次以上两种情形。而于 2013 年 4 月 4 日起施行的最高人民法院、最高人民检察院《关于办理盗窃刑事案件适用法律若干问题的解释》第 3 条“2 年内盗窃三次以上的，应当认定为‘多次盗窃’”的规定已经取代了前述司法解释的规定。因此，“多次盗窃”中的“盗窃”便不再仅仅局限于“入户盗窃和在公共场所扒窃”两种情形，也包含了在其他场合和以其他形式的盗窃。意即，从字面意思来看，行为人在两年内以平和的手段窃取他人占有的财产，数额尚未达到较大，不能以入户盗窃、扒窃和携带凶器盗窃定处的，只要有 3 次，即可以“多次盗窃”定罪处罚。但是事实上并非如此简单。如何理解“多次”中的“次”，便成为认定“多次盗窃”的关键所在。

一般而言，对于典型的“多次盗窃”的“次”的认定理当不成问题。如行为人某日在商店里盗窃 500 元，时隔一段时间后再次盗窃 500 元，如此反复直至案发。但当行为人在一个上午或一天之内（甚至是连续着的几天），先后以“赶场子”似的方式，在某一购物商圈内，连续盗窃 3 家以上商店的财物，或者针对一家商店，连

---

① 张正新、金泽刚：《论刑法中的多次犯罪》，《湖北社会科学》2011 年第 7 期。

续盗窃3次以上，在每一家窃取的数额均未达到较大，且不属于扒窃、入户盗窃及携带凶器盗窃的情形时，能否认定为多次盗窃，理论和实践中意见不一。①

第一种观点认为，多次盗窃中的"次"，应按照同时同地规则加以认定，即行为人在一个相对集中的时间和相对固定的地点进行连续犯罪的只能认定为一次犯罪。同时同地是一个相对的概念，由司法人员凭经验确定。行为人在作案的时间上具有连续性，地点又相对集中的，即可以认定为作案一次。如上述案例中的行为人连续盗窃3家以上商店财物的应认定为多次；而针对一家商店，连续盗窃3次以上则应认定为1次。

第二种观点认为，"次"是指在同一时间、同一地点，在侵害行为侵害能力范围内针对所有对象的单个侵害行为。则按照这种观点，上述行为人在同一家商店内盗窃3次以上财物时，每次将所得财物送回家（或离开交给同案犯）之后再次返回该商店盗窃的行为，由于前次盗窃和后次盗窃之间存在时间间隔，所以，不是1次盗窃而是多次盗窃。

第三种观点认为，基于一个概括的犯意，而完整地实施一系列连贯的盗窃行为，即为1次。如行为人准备在一栋学生宿舍里盗窃，连续盗窃3间以上宿舍的情形。上述案例中的行为人在"赶场子"的概括犯意下，其所实施的也是1次盗窃。

上述第一种观点可谓是"空间论"，在一个相对的空间里盗窃，就是1次盗窃行为；第二种观点可谓是"时间论"，在一个特定的时间里，行为人盗窃1次就完成了1次盗窃行为，以自然的盗窃行为过程为标准。"时空论"所存在的明显问题是不考虑行为人的主观方面而机械地理解"次"，应用于实务中势必会明显地扩大处罚范围。第三种观点其实是根据刑法理论对连续犯的定义而对多次盗窃中的"次"所作的界定。

2. "多次"认定的辨正

我们认为，可以在借鉴连续犯的原理下，对多次盗窃的"次"，进行认定。即，若以能够认定为"连续犯"的方式实施连续盗窃行为，即为1次。但需要注意以下几点：

（1）根据刑法理论的通说，"连续犯是指基于同一或者概括的犯罪故意，连续实施性质相同的独立成罪的数个行为，触犯同一罪名的犯罪形态"②。因此，

---

① 黎宏：《论盗窃罪中的多次盗窃》，《人民检察》2010年第1期。

② 高铭暄、马克昌、赵秉志主编：《刑法学》，北京大学出版社、高等教育出版社2011年版，第191页。

“连续犯的数行为必须是数个独立的犯罪，如果数行为在刑法上不能构成独立的犯罪，即不能成立连续犯，即使数个自然行为中有一个已构成犯罪，也不能作为连续犯处理”①。可见，作为处理罪数理论的概念，连续犯对每次行为要求必须是独立成罪。但多次盗窃作为和盗窃数额较大、扒窃、入户盗窃及携带凶器盗窃并存的盗窃罪的入罪标准，其存在的依据便是其他四种入罪标准的补充。因此，多次盗窃中的“次”，只能是不能单独成罪的“次”，否则，多次盗窃便失去其作为补充标准的意义。

(2) 连续犯要求连续行为的性质相同(触犯同一罪名)，且具有连续性。作为多次盗窃的“次”与“次”之间显然就不能具有连续性。否则，就是1次盗窃行为。换言之，若行为人虽然是在其同一的或概括的盗窃故意下，但客观上所实施的数个盗窃行为由于缺乏外部的类似关系和时间上的联络，就不能认定为是1次，而是多次。

(3) 多次盗窃作为盗窃罪的入罪标准之一，“是由于中国刑事立法特有的‘既定性也定量’的立法模式，强调刑事立法在确定构成犯罪行为模式的同时，也应当规定行为的危害程度。而衡量和影响行为危害程度的因素和情节包括数额、情节、方法、地点，等等。在盗窃罪中能够影响行为危害程度的也就包括盗窃财物的数额、盗窃的情节，其中，盗窃的次数便就是最主要的”②。同时，可能也会有人认为，“多次盗窃是行为人多次产生盗窃犯意，并且敢于反复地付诸实施，其行为足以显现行为人已经形成盗窃习性，具有较大的人身危险性，因而有必要给予刑事处罚”③。即，将行为人通过其反复多次的盗窃行为而征表出的人身危险也作为多次盗窃的刑罚根据。但我们认为，多次盗窃不以行为人主观上具有盗窃的习性为必要。具有盗窃习性固然可能会在一段时间内多次盗窃，但亦完全可能在不具备盗窃习性的情况下，在一段时间内多次盗窃。刑法学是一门规范学，亦应是在客观主义立场下对行为进行评价。盗窃习性尽管是通过客观行为征表出的人身危险，但毕竟是一个充满主观判断的非规范用语，不应作为多次盗窃的判断标准。

可见，根据上述对于多次盗窃中“次”的判断标准，前例中的行为人在一个上午或一天之内(甚至是连续着的几天)，先后以“赶场子”似的方式，在某一购物商圈内，连续盗窃3家以上商店的财物，或者针对一家商店，连续盗窃3次以

① 马克昌、杨春洸、吕继贵主编：《刑法学全书》，上海科学技术文献出版社1993年版，第165页。
② 王强军：《“多次盗窃”：刑法修正后如何界定》，《检察日报》2012年5月16日。
③ 黄祥青：《认定多次盗窃的事实与法理依据》，《人民司法(应用)》2009年第9期。

上，皆满足“连续犯”的要求，应当认定为1次盗窃。若其累计数额达到较大的标准，则当然地可以数额较大的普通盗窃罪予以处罚。

(二)“多次”与犯罪未完成形态

在对多次盗窃进行司法认定时，将多次的盗窃既遂行为(尚不能以“多次盗窃”之外的其他四种情形入罪)作为盗窃次数理当无异。但盗窃预备、未遂、中止这些未完成形态能否计入次数，也并非清楚无异议。

对于盗窃预备而言，尽管在理论上也构成犯罪，但由于司法实务中极少有处罚犯罪预备的情形，并且从侦查证明的角度分析，除非行为人自己将其盗窃预备行为交代清楚，否则侦查人员很难准确地查证盗窃预备行为。其比查证盗窃实行行为要更为困难，从节约司法资源角度讲，也没有必要花大力气查证盗窃预备行为。是故，对于盗窃预备行为可不计入“多次盗窃”的次数。

对于盗窃中止而言，刑法第24条第二款规定：“对于中止犯，没有造成损害的，应当免除处罚。”在入户盗窃中止的场合，除去极少数入户行为本身造成被害人财产损失的情形外，其他几种情形的盗窃中止可以说是不会造成被害人财产损害情形的，故应当免除处罚。并且，对于没有造成财产损害的盗窃中止行为同样也存在查证困难的情况，其与盗窃预备行为一样，没必要花大力气查证。因此，尽管刑法规定了对于犯罪中止的处罚条款，但其内在精神却是宽宥处罚。所以，盗窃中止行为也不宜作为应受处罚的盗窃次数予以计量。①

对于盗窃未遂而言，司法实务中被抓获的情形占了多数。其既不像盗窃预备那样存在查证困难的情况，也不像盗窃中止那样存在宽宥处罚的理由，且2013年4月4日起施行的最高人民法院、最高人民检察院《关于办理盗窃刑事案件适用法律若干问题的解释》第12条也明确规定了对盗窃未遂应当追究刑事责任的情形。此外，实务中的扒窃、入户盗窃等被当场抓获的情形也经常发生。一方面，对于单次的扒窃、入户盗窃、携带凶器盗窃和普通盗窃未遂一般不予刑事处罚所形成的处罚漏洞，②将多次盗窃未遂纳入处罚范围，也符合刑法对盗窃罪的立法目的。另一方面，要求等到盗窃既遂再抓获根本不现实，若不予以计入次数，以多次盗窃追究刑事责任，势必轻纵了犯罪分子。

因此，对于盗窃未遂，除了能够单独予以处罚的，应当计入多次盗窃的次数，予以处罚。同时，需要注意的是，“对于曾因盗窃受过治安处罚的，如果符合

---

① 黄祥青：《刑法适用要点解析》，人民法院出版社2011年版，第285页。

② 对于普通盗窃未遂(以数额较大为目标)不予刑事处罚，理当不存异议。对于扒窃未遂等不予刑事处罚的理由，详见朱以珍、赵拥军：《相对意义上的扒窃未遂不入罪》，《犯罪研究》2013年第4期。

司法解释规定多次盗窃构成条件的，其受过治安处罚的次数应当计算在内”。[①]

（三）“多次盗窃”与其他类型盗窃的入罪关系

前文已述，由于多次盗窃和盗窃财物数额较大（普通盗窃）、扒窃、入户盗窃及携带凶器盗窃同属盗窃罪的入罪标准，其不同的入罪侧重点表明了这五种盗窃的入罪标准是彼此有别的。

第一，多次盗窃和扒窃、入户盗窃、携带凶器盗窃不存在认定的难点。但是多次盗窃和普通盗窃存在一定程度上的认定难点和争议。一方面，由于本章节对多次盗窃的“次”的认定是借鉴“连续犯”的方式认定的，所以对于行为人在一个上午或一天之内（甚至是连续着的几天），在某一购物商圈内，连续盗窃 3 家以上商店的财物，或者针对一家商店，连续盗窃 3 次以上等这些不能认定为多次盗窃的情形，而只能是 1 次，若数额累计达到较大的普通盗窃的标准，则应以普通盗窃定处。另一方面，对于在两年内盗窃两次[②]（未达到盗窃罪的其他入罪标准），即便累计数额超过普通盗窃罪的数额较大的标准的，也不能追究刑事责任。因为，既然采取的是“多次盗窃”的入罪标准，一定要满足两年内盗窃三次以上。

第二，若扒窃未遂、入户盗窃未遂、携带凶器盗窃未遂和普通盗窃未遂（不能单独追究刑事责任时），满足两年内达到三次以上的标准的，则据前文所述的盗窃未遂计入次数，理当可以多次盗窃追究行为人的刑事责任。

第三，若扒窃未遂、入户盗窃未遂、携带凶器盗窃未遂、普通盗窃未遂（不能单独追究刑事责任）和盗窃非数额较大的既遂混合时，若满足两年内达到三次以上的标准的，则亦可以多次盗窃追究行为人的刑事责任。

可见，当普通的盗窃数额未达到“数额较大”的标准时，若满足扒窃、入户盗窃或携带凶器盗窃的，或者无法满足以上条件，但两年内盗窃三次以上的，则满足了多次盗窃的入罪标准，依然构成盗窃罪。在此种意义上，多次盗窃应该可以说只是对盗窃罪的其他四种入罪方式的补充，并且只能是在第一档法定刑以内量刑。若一旦可能会升格法定刑时，则不能以多次盗窃入罪论处，而只能以其他的盗窃类型定处，以实现刑罚的公平。例如，甲和乙两人分别以普通的方式盗窃两家商店，甲一次性盗窃价值 7 万元[③]的财物，乙在两年内每次盗窃 1 万元，共计 7 次。在没有其他从轻、减轻或从重等情节时，对甲的量刑是在有期徒

① 孙军工：《审理盗窃案件具体应用法律的几个问题》，《人民司法》1998 年第 4 期。

② 此处的“两次”，是指能被评价为“多次盗窃”中的次数的两次。

③ 以上海为例。

刑三到十年；若对乙以多次盗窃定处则只能在有期徒刑三年以下量刑。[①] 对这两家的商店而言，其损失是没有区别的，但刑罚差异导致的不公平却是显而易见。

（四）“多次盗窃”与其他类型盗窃的量刑关系

刑法构成要件的形成，系由基本构成要件为法规范制定的基础，而由于所欲规范的事实情状万端，即使对于同一行为的规定，亦会因行为客观情状或侵害程度的不同，而有不同之规定。其中最典型情况，对于同一行为规定，法规范均系以行为之基本规定为出发，再从基本构成要件予以变化，而产生之减轻构成要件或是加重构成要件，抑或是补充构成要件等。[②] 由此而形成法规范之间的竞合，是为法条竞合。在法条竞合关系的领域里，特别关系是一种典型的法条竞合现象，其适用原则是特别法条优于普通法条。“为了避免基本法条对法益保护的疏漏，将某些行为作为基本法条的补充规定而成立犯罪，补充法条所规定的构成要件要素，少于或者低于基本法条的要求，或者存在消极要素的规定。”[③]因此，在补充关系中，当基本法条（被补充法条）无法适用时，在所侵害的法益需要刑法介入时，则将补充法条予以适用。“在行为皆符合补充构成要件和基本法条构成要件时，基本法条构成要件优先适用。”[④]而在特别关系中，只能适用特别法条。因此，借用法条竞合关系的上述思维视角，我们认为，盗窃罪的五种类型在同一法条内，也存在上述关系。

可以认为，扒窃、入户盗窃及携带凶器盗窃的数额没有达到“数额较大”（或司法解释第 2 条规定的情形）的标准时，其与普通盗窃是一种补充关系。

当扒窃、入户盗窃及携带凶器盗窃的数额达到了“数额较大”（或司法解释第 2 条规定的情形[⑤]）的标准，或当扒窃、入户盗窃及携带凶器盗窃的情形构成“其他严重情节”或“其他特别严重情节”的标准（例外的情形是司法解释第 6 条），其与普通盗窃则是一种特别关系。即一旦以扒窃、入户盗窃及携带凶器盗窃定处，即便数额也满足普通盗窃的“数额较大”“数额巨大”和“数额特别巨大”

---

① 1998 年司法解释的第五条第（十二）项规定了“多次盗窃构成犯罪，依法应当追诉的，或者最后一次盗窃构成犯罪，前次盗窃行为在 1 年以内的，应当累计其盗窃数额”。但在 2013 年司法解释施行后，1998 年的司法解释已经废止。因此，现在已经没有明文规定应当累计盗窃数额。

② 柯耀程：《刑法竞合论》，中国人民大学出版社 2008 年版，第 137 页。

③ 张明楷：《法条竞合中特别关系的确定与处理》，《法学家》2011 年第 1 期。

④ 周光权：《法条竞合的特别关系研究》，《中国法学》2010 年第 3 期。

⑤ 盗窃公私财物具有司法解释的第 2 条规定的八种情形的，“数额较大”标准减半，若行为人以入户盗窃方式盗窃残疾人财物的，数额为 1 000 至 3 000 元的 50%，则既满足了入户盗窃的标准，同时也满足了普通盗窃数额较大的标准。

要求，也还是要按照扒窃、入户盗窃及携带凶器盗窃定处。

但多次盗窃与其他四种盗窃则一律构成补充关系，即不仅在入罪标准上是补充关系，当在升格法定刑时也构成补充关系。具体如下：

第一，若行为人在两年内以普通盗窃方式多次盗窃数额较大的财物，每次皆满足数额较大且既遂，在最后一次被抓获时，供述了前几次行为。此种情形是按照多次盗窃定处，还是将几次的数额加起来定处？1998年司法解释第五条第(十二)项规定了多次盗窃构成犯罪的应当累计其盗窃数额，但在2013年司法解释已经明确废止前述司法解释，且尚未有明文规定的情形下，根据上述法条竞合中的补充关系思维视角，应当以普通盗窃定处，数额依然累计确定法定刑。

第二，若行为人在两年内多次入户盗窃或携带凶器盗窃既遂，累计达到"数额巨大"或"数额特别巨大"(或司法解释第6条)的，亦应当适用升格法定刑处罚而不能按多次盗窃定处。若扒窃类似此种情形的，也依此论处。可能有人认为第六条没有明示"扒窃"因而不可。我们认为之所以没有明示"扒窃"字眼，可能是因为常态下，扒窃行为不可能扒窃到几万甚至是几十万元。但结合该司法解释的第五条第一项的规定，若扒窃了不记名、不挂失的有价支付凭证等，以其票面数额等确定其盗窃数额时，则完全有可能满足司法解释的第六条规定，此时法定刑将升格，也应当如此定处。

第三，若行为人在两年内多次盗窃，皆是未遂，且不符合司法解释第十二条规定的追究盗窃未遂的刑事责任情形的(以第(一)项为例)，即每一次都未达到数额巨大(其他严重情节)的标准，但累计则达到了数额巨大(其他严重情节)的标准。即便如此，根据前述的补充关系思维视角，应以多次盗窃论处。且多次盗窃和其他四种盗窃类型是一种补充关系，因此，只能在第一档法定刑幅度内量刑。①

综上，作为盗窃罪入罪标准之一的"多次盗窃"，其补充性质显而易见。在借鉴连续犯的原理下，将能够认定为"连续犯"的方式实施连续盗窃的若干次行为作为1次盗窃，以此来区分实务中的非典型性多次盗窃应当是妥当可行的。

---

① 可能有人会认为，比如按照上海的地方标准，盗窃1 000元为数额较大，行为人在两年内以每次900—1 000元的普通方式盗窃，若累计满足30 000元，难道不能认定为"数额巨大"(其他严重情节)？但以此方式，两年内至少得盗窃30多次未被抓获，一方面实践中几乎不可能存在，另一方面，果真有两年内30多次盗窃，其中的若干次可能以"连续犯"的方式认定为一次。因而，多数的情形是两年内多次盗窃的，数额累计一般不会达到"数额巨大"的标准，如果累计达到了，可以说其中应当(至少)有一次"数额较大"，根据多次盗窃与其他类型盗窃的补充关系，此时就不能以多次盗窃论处。

同时，将具有刑罚必要性（但不能以其他盗窃类型定处）的盗窃既遂和未遂都计入次数。在法条竞合思维的视角下，将多次盗窃和其他的盗窃类型之间视为补充关系，并且只能是在第一档法定范围确定刑罚的量。一旦可能升格法定刑时，则不能以多次盗窃入罪论处，而只能以其他的盗窃类型定处，以实现刑罚的公平。

需要注意的是，在行为人的主观认识上，"要求行为人在每次盗窃时都认识到自己在实施盗窃行为，但不要求行为人认识到'多次'盗窃"①。否则，行为人就有可能以自己不记得、不知道是第几次盗窃为理由而辩解不构成"多次盗窃"。易言之，记忆的好坏不应成为出入罪的理由。

第四节　诈骗罪争议问题的司法认定

一、非法占有目的的认定

（一）非法占有目的的法律内涵

诈骗犯罪的罪过形式是故意，而非过失，这在刑法理论界已成为共识。但诈骗犯罪的非法占有为目的仅指直接故意，还是既包括直接故意，又包括间接故意，近年来争论不断。比如被告人陆某家境较好，出手阔绰，朋友较多。平时工作不稳定，收入时高时低。被告人由于开销逐渐增加，便向朋友借钱。所借之款，大多用于朋友间的花销。有收入时便偿还借款，没有收入不能按时偿还借款，出借人找上门时父母有时也会帮忙还。其后，陆某在自己有钱就还，没钱就无所谓或由父母帮忙还的心态下，以资金周转、低价买房等虚假理由向朋友大量借钱，多数用于自己或与朋友花销后，自己无力归还，父母也不再愿意帮忙归还，至案发共计 30 余万元未归还。案例中的被告人陆某能否以诈骗罪定处，就需要认定其是否具有非法占有的目的。

我国刑法理论的通说认为，诈骗罪只能是直接故意，而不能是间接故意。因为犯罪目的仅存在于直接故意犯罪之中，所以诈骗罪不可能出于间接故意。即目的犯不可能由间接故意构成。② 所以，对于间接故意能否构成诈骗罪，总体而言，目前存在两种观点，一种是"否定说"，另一种是"肯定说"。

"否定说"认为，诈骗罪是以非法占有为目的，即排除被害人的占有，由行为人自己或第三人占有，并且这种占有是有目的性的，而只有直接故意犯罪中方

① 张明楷：《刑法学（第四版）》，法律出版社 2011 年版，第 882 页。

② 张明楷：《诈骗罪与金融诈骗罪研究》，清华大学出版社 2006 年版，第 276 页。

才存在犯罪目的，间接故意犯罪中不存在犯罪目的。因此，诈骗罪作为目的犯，其目的仅存在于直接故意犯罪之中。从本案来看，被告人非法占有的主观意志因素并不明显，虽然结果的产生既非其所积极追求也非其确信，但不能否认其是在知道被法律所保护的法益可能会受到危害的情况之下，放任自己的行为侵害他人的财产，属于间接故意。加之，刑法将某种犯罪规定为目的犯时就已经表明该罪为直接故意犯罪。由此得出结论，被告人不构成诈骗罪。

“肯定说”认为，司法实践中大量出现的合同诈骗罪案例所体现出来的一种新的罪过形式就是间接故意，如行为人无履行合同的能力，但通过欺骗手段与对方订立合同，骗取货款。这种行为人明知自己没有履行能力和签约条件，可能给对方造成严重损失却持放任态度，任意与对方签订合同，先行占有对方款项，事后又无履行合同之积极行为，并客观上造成无力归还他人款项之危害后果，主观罪过显属间接故意。① 站在刑法保护合法权益的目的，以及刑法理论和实践的发展趋势来看，刑法总则规定的故意犯罪包括直接故意犯罪与间接故意犯罪，而目的犯都是故意犯罪。进而得出结论，只要刑法分则规定的犯罪为目的犯，就应当包含间接故意犯罪。但我们认为，“否定说”用目的犯来解释诈骗罪的意志因素局限在直接故意缺乏合理性。目的犯中的主观故意可以是直接故意，也可以是间接故意。

（二）非法占有为目的可以包括间接故意

第一，犯罪的性质可以通过修订法律而改变。旧刑法可能将某种犯罪规定为目的犯，但是根据社会发展的需要，新刑法也可能改变对原罪状的规范，不再要求目的。此外，国情不同，各国对同一种犯罪行为的法律规范也可能不一致。在中国以“目的犯”存在的犯罪，在其他国家可能没有被规定为“目的犯”。这种情况下，故意的内容与形式都相同，仅仅以法律将其规定为目的犯为理由，将间接故意排除在意志因素之外，显然是不合理的。②

第二，目的犯的确立不是为了排除间接故意。刑法将某种犯罪规定为目的犯，是为了区分罪与非罪、此罪与彼罪，而非排除间接故意。譬如刑法第 389 条行贿罪规定，为谋取不正当利益，给予国家工作人员财物的，是行贿罪。可见，行贿罪是目的犯，入罪要求是行为人“为谋取不正当利益为目的”。然而，在实践中，行贿罪中主观因素为间接故意的情况并不少见。当行贿人处于主动地

① 参见《间接故意也能构成诈骗犯罪》，http://www.lawtime.cn/info/xingfa/guyifanzui/20130416/138591.html（访问日期：2014 年 4 月 12 日）。

② 张明楷：《诈骗罪与金融诈骗罪研究》，清华大学出版社 2006 年版，第 276 页。

位，受贿人处于被动地位时，行贿人追求贿赂的目的是明确的，其主观罪过必定是直接故意。但是，如果行贿人处于被动地位，受贿人处于主动地位，则可能出现主观罪过是间接故意的情况。举例来说，行为人原本没有行贿的意图，但是国家工作人员对其进行了言语上的暗示。行为人领会以后，一方面担忧如果不向该国家工作人员行贿，会遭其刁难或报复，另一方面出于投机的心态，期待偶然的运气，能够通过该国家工作人员为自己谋得不正当利益。在这种情况下，行为人没有积极追求通过行贿的方式获得不正当利益，其认为结果可能发生，也可能不发生，但其对结果的发生不加拒绝，采取放任的态度，这样的罪过形式就是间接故意，且一旦数额达到法定要求仍然成立行贿罪。

与此类似的还有刑法第 224 条合同诈骗罪，以"非法占有为目的"作为罪与非罪的界定标准。但是在实践中，该犯罪的意志因素也经常涉及间接故意的问题。行为人事前对自己的履约能力并无把握，但抱着侥幸心理，对合同相对方做出不实陈述或夸大陈述，使合同相对方陷入错误认识而作出错误决定，自愿将财产交付给行为人。当事态发展中不利因素已经出现时，行为人仍然抱着任其发展的放任态度，不中止履行合同，而是继续履行合同，最后造成合同相对方 2 万元以上的经济损失。我国目前正处于社会各方面的转型期，经济迅猛发展的同时，经济犯罪也呈井喷式增长，在这种社会环境之下，如果仅要求具有间接故意的行为人承担民事责任，无疑会纵容犯罪，难以应对实践发展的需求。

第三，如果借鉴德日刑法，也可以发现它们的目的犯也包括了间接故意的情形。例如德国刑法第 246 条规定，盗窃罪必须具有以使自己或第三人违法占有的意图，且德国刑法理论认为只要行为人对于窃取他人动产的事实具有认识，即使是未必故意，也成立盗窃罪。又如日本刑法第 161 条之一款规定，以使他人的事务处理出现错误为目的，不正当制作该处理事务使用的有关权利、义务或者证明实施的电磁记录的，处五年以下惩役或者五十万元以下罚金。日本刑法理论认为，只要行为人主观上认识并容许自己制作电磁记录的行为违反电磁记录制作权人的本来意图，并具有使他人的事务处理出现错误的目的即可认为其中的容许包含了间接故意。[①]

第四，从心理事实来说，当行为人所放任的结果与行为人所追求的目的不具有同一性时，即两者分别为不同的内容时，完全可能并不矛盾地存在于行为人的主观心理中。[②] 刑法上的目的犯，是指以具有超过客观要素的一定主观目

① 张明楷：《诈骗罪与金融诈骗罪研究》，清华大学出版社 2006 年版，第 279 页。

② 张明楷：《诈骗罪与金融诈骗罪研究》，清华大学出版社 2006 年版，第 277 页。

的的行为为必要的犯罪。[①] 换句话说，即行为人的主观意图超越了客观的构成要件要素，进而指向范围更广的结果，一般也被称为具备过剩的内心倾向的犯罪。此所谓意图或目的，不同于直接故意的意志因素，是没有对应特定的客观构成要件要素的主观超过要素，是特殊的主观构成要件要素。而后，目的犯具体还可以区分为两种：其一就是不完全的二行为犯，它所指的犯罪类型是行为人除了实施符合构成要件的行为之外，还需要行为人或第三人实施另一个不同于构成要件的行为，才能实现行为人所意图的目的或结果。而不完全的二行为犯的重要特点就在于行为人实施的第一个行为所产生的后果与其实施第二个行为要达到的目的并不相同。这样，对第一个行为所产生的结果的放任与第二个行为的目的就可以并存。

第五，法律规范性文件的内容亦有此旨趣。2001 年 1 月 21 日最高人民法院《全国法院审理金融犯罪案件工作座谈会纪要》规定，根据司法实践，对于行为人通过诈骗的方法非法获取资金，造成数额较大资金不能归还，并具有下列情形之一的，可以认定为具有非法占有为目的：(1) 明知没有归还能力而大量骗取资金的；(2) 非法获取资金后逃跑的；(3) 肆意挥霍骗取资金的；(4) 使用骗取的资金进行违法犯罪活动的；(5) 抽逃、转移资金、隐匿财产，以逃避返还资金的；(6) 隐匿、销毁账目，或者搞假破产、假倒闭，以逃避返还资金的；(7) 其他非法占有资金、拒不返还的行为。根据《全国法院审理金融犯罪案件工作座谈会纪要》列举的 7 种情况，可以按照主观因素，将其分为两类：一类是非法占有为目的的主观因素只包括直接故意。其中有第(1)条、第(2)条、第(5)条、第(6)条和第(7)条，这 5 条条款中涉及的行为说明行为人对未来结果是持绝对有把握的预见，并且是积极追求危害结果的发生。而另一类是非法占有为目的既包括直接故意，也包括间接故意。其中有第(3)条和第(4)条，行为人除了积极追求危害结果发生以外，也可能是持有放任的态度，无所谓危害结果的发生与否。本书持以上观点是因为，倘若非法占有为目的只局限于直接故意，那么将第(1)条(“明知没有归还能力而大量骗取资金的”行为)单独罗列出来就没有必要了。

此外，根据字面意思，非法占有是“合法占有”的对称，又称“无权占有”。占有人无合法根据而占有他人之物。非法占有的本质在于占有人的行为不具有合法权利根据，至于占有人是否具备主观过错则不影响其成立。如不法行为人故意盗窃他人财产为非法占有；无权占有人将他人财产误认为自己的财产而占

① ［日］小野清一郎：《犯罪构成要件理论》，中国人民公安大学出版社 1991 年版，第 35 页。

有亦为非法占有。在刑法上是指，行为人非法将他人公私财产作为自己的所有物进行支配，使物主丧失对财物的占有权、使用权、收益权、处分权。刑法中的非法占有侵犯了刑法所保护的财产所有权关系，是犯罪的行为人希望通过实施犯罪行为所要达到的目的。

前述案例中的陆某认识到了无力还款的风险，还是以资金周转、低价买房等虚假理由使被害人相信其有还款能力，继而做出财产处分。从中可以看出陆某在主观上是出于故意，并且具有非法占有他人财物的目的。但是本案中陆某所持心态究竟是直接故意还是间接故意？根据以往的还款情况来看，陆某并非预先就确定自己一定没有还款能力。因为，一方面陆某家庭条件良好，以往父母也有替子还债的经历；另一方面，陆某的收入不稳定，却依然存在有能力还款的可能性。所以本案中占主导地位的不是故意的明知要素，而是放任要素。陆某在知道被法律保护的法益可能会受到危害的情况下容忍其发生，因而属于间接故意。根据上文观点，目的犯的意志因素既包括直接故意，也包括间接故意。而非法占有目的是目的犯的其中一种情况，由此可得非法占有目的，除法条明文规定外，也当然的包含间接故意。所以陆某的行为构成诈骗罪。

二、财产处分的认定

（一）处分行为之"处分"的认定[①]

处分行为，有学者称之为交付行为，有的学者则不然。日本学者山口厚将交付行为定义为："将物、财产性利益转移至对方的行为。"[②]这里处分行为专指财物的占有转移。有学者则认为财产处分行为"处分者依其自由决定，直接导致财产减损的任何行为、不作为或容忍"。[③] 这里处分行为的核心在于直接性的导致财产减损的行为，包括处分者实施的抛弃财物行为。对于处分行为的理解不同，得出的定罪结论自是不同。例如，行为人欺骗财物的处分者，使其抛弃对财物的占有，而后自己取得财物。按照前者的观点，行为人的行为不应认定为诈骗罪，行为人虽然施用诈术，但其并未使得处分者转移财物至自己或第三人的控制范围内，不能将处分者实施的抛弃行为，认定为财物的处分行为。根据后者的观点，处分者的抛弃行为导致财物的减损，应将抛弃行为评价为诈骗罪的处分行为。这就提出这样一个问题：财产处分行为是否仅限于财物的直

---

① 此处主要分析诈骗罪的财产处分，至于财产处分的对象——财产的性质与范围，这里不作探究。

② ［日］山口厚：《刑法各论（第二版）》，王昭武译，中国人民大学出版社 2011 年版，第 297 页。

③ 林东茂：《刑法综览（修订五版）》，中国人民大学出版社 2009 年版，第 325 页。

接性交付？是否还包括其他导致财物减损的行为？

我们认为，处分行为应当理解为财物的直接性交付。理由有二：其一，将处分者的抛弃行为认定为财产处分行为，与财产犯罪的理论分类相矛盾。根据行为人的行为是否对财物造成损坏为要件，可将财产犯罪分为：毁弃罪和领得罪。领得罪，指的是行为人取得他人财物是为了获取该财物或利用该财物的价值。根据是否存在财物的占有转移，领得罪又分为占有转移罪与侵占罪。占有转移罪中，行为人获取财物须实现财物的占有移转。根据占有转移是否违背占有者的意思，可将其分为基于对方意思的占有转移罪和违反对方意思的占有转移罪。基于对方意思的占有转移罪主要包括诈骗罪、敲诈勒索罪。处分者因受骗而抛弃财物，此时财物已成为无主物，不存在任何人的占有，施诈者虽因处分者的抛弃行为而获得财物，但此时财物处于抛弃状态。诈骗罪属于占有转移罪，对不存在占有状态的财物，何谈占有转移。其二，对于诈骗罪的罪状表述，我国采用的是简单罪状，并无具体的行为方式描写。我国台湾地区“刑法”第339条规定了普通诈骗罪，其罪状表述为：意图为自己或第三人不法之所有，以诈术使人将本人或第三人之物交付。这里使用交付一词，交付一般指将相应的物品转移于相对人的控制范围内。处分者因受骗而抛弃财物的行为，其主观上并不存在移转占有物的意思。将抛弃行为解释为交付，已经超出交付的文义。

处分行为，亦称交付行为，指的是财产的直接性交付。财产的直接性交付，并不仅限于处分者将财物当面交至行为人，也包括处分者将财物转移至行为人能够控制的范围内；处分者转移财物时，其应认识到财物正在转移至相对人的控制范围内。

（二）占有转移意思的判定

处分者处分财产，对其主观方面的判定，关系到罪与非罪、此罪与彼罪的认定。处分意思存在与否，则是进行这一切判断的基础。处分意思存在与否，关键是看处分者是否具有财物的占有转移意思。

对于处分者处分意思（占有转移意思）的判定，要参考民法中关于意思表示形成机制的规定。一般认为：“意思表示的成立，须有外部之表示行为，内部之行为意思与表示意识。”[①]行为意思和表示意识与意思存在的判定有关。行为意思则是指：“欲为可使认识为表达效力意思之外部动作之意思。”[②]换言之，行为意思指的是，行为人具有表达效力意思的意识。例如，行为人的反射性行为，

① 史尚宽：《民法总论》，中国政法大学出版社2000年版，第347页。

② 史尚宽：《民法总论》，中国政法大学出版社2000年版，第348页。

虽在外形上表示效力意思，但行为人本无意识，故不存在行为意思。表示意识即“谓就外部的举止有无效力意思的表示力之认识”[①]。行为人内心认识到其外部举止是对某事所为之行为，认识到外部举动的意义，则此时行为人存在表示意识。推演之，处分者存在处分意思，则要求处分者具有为处分举止的行为意思，以及认识到其在进行财物处分。判断行为人是否具有占有转移意思，关键在于判断行为人是否具有为处分行为的行为意思和表示意识。这就引出三个问题：第一，机器是否会陷于错误而为处分行为，是否存在处分意思？第二，无民事行为能力人、限制民事行为能力人是否存在处分意思？第三，行为人客观上存在交付举动，那么其在主观上持有的是占有转移意思，还是占有弛缓意思，应如何判别？

第一，机器不会陷于认识错误，不存在处分意思。对于机器是否存在处分意思，历来存在不同的观点。一种观点认为："机器接受指令而作回应，指令不正确，机器就不回应。机器没有认知能力，不会限于错误。"[②]另一种观点认为："机器是按照一定程序来运作的，程序的设置是人的意志的体现，人设置程序时想到的是顾客支付了相当数额的金钱，机器才会提供相应价值的物品，预先设置的自动售货机程序是人的意思与心理的代行物。……行为人的欺诈行为，导致程序设置者限于错误。"[③]随后机器进行财物的处分。

我们赞同第一种观点，机器不具有认知能力，更不存在处分意思。处分意思存在与否，其前提为处分者是否具有认知能力，核心在于处分者是否存在行为意思和表示意识。机器按照指令运行，行为人施以诈术，机器因指令的符合而提供财物或某种利益。完全是因符合指令而进行程序运行的结果，并非意志支配的产物。反对者认为，机器所设置的程序是人的意思与心理的代行物，实际上程序的运行完全是按照操作者的指令进行的，指令符合其设置，则得出运行结果。表面上看，好似人的意思与心理的代行物，实质则为无认知能力的程序。例如，甲使用作废的信用卡，在 ATM 机上取走大量现金，甲的行为不构成诈骗罪。甲施用诈术使得机器为某种行为，机器无认知能力，当不存在处分意思。甲获取相应的利益，对于利益的所有者来说，其并不知情。所有者设置程序后，甲违背所有者的意愿，在所有者不知情的情况下，破坏所有者对利益的占有，对甲的行为应评价为盗窃。

① 史尚宽：《民法总论》，中国政法大学出版社 2000 年版，第 348 页。

② 林东茂：《刑法综览（修订五版）》，中国人民大学出版社 2009 年版，第 323 页。

③ 刘明祥：《财产罪比较研究》，中国政法大学出版社 2001 年版，第 220 页。

第二，无民事行为能力人、限制民事行为能力人处分意思存在与否的判定。根据民法的理论可知，无民事行为能力人主要包括：完全无辨认和控制能力的精神病人、未达一定年龄的未成年人、植物人。这里完全无辨认控制能力的精神病人、植物人，不存在识辨能力，显不存在处分意思。那么未达一定年龄的未成年人，一小部分可能存在行为意思与表示意识。因其经验知识不足，辨识力不强或不存在辨识能力，为了保护其利益，法律则拟制无民事行为能力人不存在处分意思，规定其无处分权限。

限制民事行为能力人包括：超过一定年龄的未成年人、具有一定辨认和控制能力的精神病人。限制民事行为能力者，其辨识能力尚未完全成熟。具有一定辨识能力者，法律在一定范围内认可其行为具有法律效力。例如：限制民事行为能力人所为的日常生活所必须之行为、允许处分的财产、允许独立的营业、效力仅及于第三人的行为等。限制民事行为能力人对于法律许可之行为，存在处分意思。除此之外，限制民事行为能力者中能力较高者，可能存在处分意思，但为保护其利益，则拟制其不存在处分意思，规定其无处分权限。

第三，占有转移意思与占有弛缓意思之判别。处分者客观上存在转移占有财物的举止，未必一定存在占有转移意思。例如：甲谎称手机没电，向乙借手机打紧急电话，乙将手机交给甲，甲趁乙不注意佯装打电话后溜走，对于甲的行为应如何定性？本案中，客观上虽然存在一个转移手机占有的举止，但是主观上乙并没有移转手机占有于甲的表示意识，这涉及占有转移意思与占有弛缓意思的区分。“行为人为了取得占有，还必须再实施占有转移行为的为占有弛缓。”[①]乙并没有将对手机的占有权能处分于甲，此时出现乙对于手机的占有弛缓，甲事后趁打电话之机溜走，取得了对手机的占有，这种占有显然违背了乙的意愿，甲的行为应认定为盗窃。对于如何判别占有转移与占有弛缓，西田典之提出终局性转移处分的概念，也即处分者必须具有终局性的转移财物占有的意思，方能认定为财物的占有转移。简言之，判定处分者是否存在占有转移的意思，关键看其是否具有终局性的转移财物占有的意思。

（三）占有转移认识内容的认定

处分者处分财物，虽存在占有转移财物整体的意思，但因行为人施用诈术，而对于所交付的财物并未完全地认识，如对财物的质量、数量、内容存在错误的认识，此时能否认定处分者对于处分之物存在处分意思？比如箱子里本身有10斤鱼，每箱上有标价，甲另外偷拿5斤鱼放入鱼箱中，鱼老板并未再过秤，仍

① ［日］山口厚：《刑法各论（第2版）》，王昭武译，中国人民大学出版社2011年版，第297页。

以 10 斤鱼的价格将鱼卖给甲。[①] 甲的行为应当如何定性？鱼老板对于箱子里多出 5 斤鱼并不知情，鱼老板对于这 5 斤鱼并不存在占有转移的认识，是否影响甲诈骗罪的成立（骗鱼案）。对此，存在三种不同的观点。

有认识的交付行为说认为："处分行为必须是有意识的行为，处分者必须认识到财物的转移以及这种转移带来的法律后果"，否则就不构成诈骗罪。[②]按照该观点，鱼老板对于多余的鱼并没有认识，不存在自愿的处分意思，不能将鱼老板的行为认定为对财物的自愿处分。因此，甲以秘密手段主动地破坏他人对财物的占有，应认定为盗窃行为。

无意识的交付行为说认为，只要处分者因行为人的诈术限于认识错误而交付了财物，就应将其认定为诈骗罪的财产处分，至于处分者对于所处分的财产是否存在处分意识在所不问。[③] 据此，鱼老板虽对于多余的 5 斤鱼无处分意识，仍应将鱼老板卖鱼的行为认定为处分行为。甲施用诈术，骗取他人财物，构成诈骗罪。

折衷说则认为："只要不采取极端的观点，只要不将'基于意思占有转移'限于就所转移的物或财产性利益的场合，即便对于所转移财物的内容、数量、质量存在错误，也可认定存在'基于意思的占有转移'。"[④]虽然对于具体转移的财物存在一定的错误认识，只要出于占有转移的意思，也应认定为诈骗罪的交付行为。鱼箱案中，鱼老板对于鱼箱的占有转移存在认识，尽管对于具体的数量存在认识错误，也不影响对甲行为的定性。

无意识交付行为说最不可取，该观点认为只要处分者有交付举动即可，不要求其具有处分意愿。若真如此，则会导致对占有转移与占有弛缓的混淆；因为两者在客观方面都表现为处分者对于财物的移转。这种只问客观不问主观的想法，对于诈骗罪的认定虽便于掌握，但却不利于诈骗罪与盗窃罪的区分，容易造成两罪混淆。例如：珠宝店客人 A 要求服务员多拿几条项链，趁服务员转身之机，A 将事先准备好的假项链与真项链进行调包，随后离开。这里服务员将项链交给 A 观赏，显无让其保管的意思，A 的行为属于以秘密手段破坏他人对财物占有的盗窃行为。可是根据无意识交付行为说，服务员虽无转移项链占有的意思，也应将 A 施用诈术、拿走项链的行为，认定为诈骗罪的骗取行为，这

① ［日］山口厚：《刑法各论（第 2 版）》，王昭武译，中国人民大学出版社 2011 年版，第 301 页。

② 陈兴良、陈子平：《两岸刑法案例比较研究》，北京大学出版社 2010 年版，第 33 页。

③ 陈兴良、陈子平：《两岸刑法案例比较研究》，北京大学出版社 2010 年版，第 33 页。

④ ［日］山口厚：《刑法各论（第 2 版）》，王昭武译，中国人民大学出版社 2011 年版，第 302 页。

混淆了盗窃罪与诈骗罪的界限。折衷说则忽视了处分行为的意识性。处分者对于财物的数量、质量、内容的认识存在错误,相当于处分者对于认识有瑕疵的那部分物根本不存在认识,既然处分者不存在转移特定财物的意图,更别谈交付该特定物了。虽然从客观方面看,处分者的确是自动奉上该特定物,可实质上处分者根本不知道该特定物的存在。折衷说没有完全考虑处分者处分财物的主观方面,刑法中的行为必须是有意识的作为或不作为。折衷说忽视了处分行为的意识性,不符合行为构造的基本原理。相比之下,有认识的交付行为说则克服了上述两种学说的缺陷。

综上,在将处分行为理解为财物的直接性交付的前提下,若A欺骗在路边捡到一颗真钻石的甲说“不是钻石,只是玻璃而已”,于是甲误信A的话将钻石丢弃路边。随后,A将该钻石取走。A始终以取得该钻石的意思而欺骗甲。[①]则A通过欺骗的方法使甲丢弃钻石,此时钻石应当处于无主物的状态。既然钻石处于无主物的状态,A取得钻石的行为并没有发生占有的转移,所以行为人A既不构成诈骗罪也不构成盗窃罪,应当无罪。

对于骗鱼案,用有认识的交付行为说来理解,由于被害人老板对于箱子里多出5斤鱼并不知情,鱼老板对于这5斤鱼并不存在占有转移的认识,因而行为人甲不构成诈骗罪,而构成盗窃罪。

三、诈骗既遂的认定

(一) 被害人汇款成功后因被害人报警而冻结账户是否构成诈骗既遂

在常见的、多发的电信诈骗案件中,当行为人通过向社会上的不特定多数人发送汇款短信,利用部分公众的大意粗心而不法获取他人的错误汇款后,被害人发觉被骗后报警而冻结诈骗账户是否构成诈骗既遂的问题,争议较大。比如,A建筑公司与B钢材公司系长期合作并在同一城市的商业伙伴,二者主要进行钢材贸易往来,其中A公司为需求方、B公司为供应方。甲某是A公司的一名财务人员,某天按照往常惯例向B公司的工商银行账户汇去当期货款60多万元。正要签字确认汇款之时,恰巧收到一条短信“您好!我司的账户已更改,请将货款汇至农行××支行,账号:××××××。谢谢!”看完短信,未及多想,甲某便转而到附近的农业银行完成了货款支付。回到公司之后,甲某随即打电话给B公司告知货款已汇至农行的新账户,但B公司却回复一直使用工行账号,从未在农行开过户。甲某大惊,立刻跑回银行说明情况,并在警方和银

① 陈兴良、陈子平:《两岸刑法案例比较研究》,北京大学出版社2010年版,第4页。

行工作人员的帮助下将该农行卡及时冻结，最终得以追回已汇出的钱款。公安机关根据相关线索将诈骗行为人张某抓获。

案例中，发送汇款短信给 A 公司甲某的行为人在主观上明显具有非法占有公私财物的目的，在客观上也以短信内容使甲某陷入认识错误，进而导致甲某按照诈骗信息的指示而不当处分了 A 公司的钱款。因此，行为人的行为构成诈骗罪应当没有问题。但当甲某在收到行为人的诈骗短信后，将钱款汇至行为人指定的农行账户，行为人还未及转移该账户中的钱款而案发被追回，其犯罪形态是诈骗既遂还是未遂主要有以下观点：第一种观点认为，对该案中行为人的短信诈骗行为应当定性为诈骗罪未遂。在农行卡接收了甲某基于错误认识的汇款后，行为人尚未将卡内钱款取出或者转移至其他账户，且在很短时间内钱款又被甲某通过合法途径予以追回，因此可以视为行为人没有实际取得对钱款的占有或控制，构成诈骗罪的未遂。第二种观点认为，农行卡完全在短信诈骗行为人的实力支配范围内，只要卡未被冻结，行为人具有随取随用卡内钱款的意思决定自由和行动实现自由，所以一旦甲某汇款进入该农行卡内，行为人便实时有效控制了进账款项的占有，即使很快被甲某合法回收，也无法影响到对此前已经成立的诈骗罪既遂的认定。

（二）诈骗罪的既遂标准

刑法理论中讨论盗窃罪、抢劫罪等财产犯罪的既遂、未遂标准的较多，但较少有讨论诈骗罪的既遂标准。虽然本课题研究在本章中专门探讨过财产犯罪的既遂标准，但作为个罪，诈骗罪的既遂标准仍然有些特质，有必要作一番探究。作为财产类犯罪，盗窃罪和诈骗罪其实从性质上来说都是以非暴力的方式，即所谓的“平和的方式”取得他人的财产。若一定要说二者存在区别，则盗窃罪是违反了被害人的意志而侵占他人财产，诈骗罪则是基于被骗者的（有瑕疵）的意志而侵占他人财产。但是，不能认为盗窃罪和诈骗罪的既遂标准也因此而存在区别。从法益侵害的本质以及犯罪既遂与未遂的实质区别来看，盗窃罪和诈骗罪都是以被害人的财产遭受损失为既遂标准。在盗窃罪中，如果行为人的盗窃行为使被害人丧失了对财物的控制，就应认为造成了被害人的财产损失。在诈骗罪中，当被害人的财产处分行为使得财产转移给行为人或第三人占有时，便造成了被害人的财产损失。[①]

众所周知，诈骗罪基本行为结构和犯罪模式表现为：行为人（在非法占有被害人财物的主观目的支配下）实施欺诈行为—使被害人产生或者维持错误认

---

① 张明楷：《诈骗罪与金融诈骗罪研究》，清华大学出版社 2006 年 6 月版，第 427 页。

识—被害人基于认识错误而交付财物—行为人自身或让第三人取得被害人交付的财物—被害人遭受数额较大的财产损失。① 对于诈骗罪的基本行为逻辑结构，理论和实务几无争议。由此观之，当且仅当被害人遭受到较大数额的财产损失时，诈骗罪的既遂形态成立，而如果由于实施欺诈行为的行为人意志以外的原因，未使被害人遭受数额较大的财产损失的，则成立诈骗罪未遂。然而，“被害人是否遭受较大的财产损失”的表述比较抽象，不易于实务认定，这就需要寻求相对具体的等价说明。事实上，从“被害人交付财物”和“行为人（或第三人）取得财物”两个维度，理论界的争鸣不断②：

1. 失控说

诈骗罪既遂与未遂的区分，应以被害人是否已失去对其所有或占有的财物的控制为界限。凡因行为人的欺诈行为导致被害人丧失对所有物或占有物的实际支配权，即为诈骗罪的既遂；反之，出于行为人意志外原因未使被害人的财物脱离被害人控制的，则是诈骗罪的未遂。

2. 损失说

被害人交付所有物或占有物给行为人或第三人而引起财产损失之时，诈骗罪即告既遂。即便被害人交付财物后，由于种种变故的发生，致使实施欺诈行为的行为人并未获得被害人交付的财物，非法占有的意图未得逞，仍不失为诈骗罪的既遂。

3. 占有说

如果实施欺诈行为的行为人实际已经获取被害人的财物，或说行为人确已占有本欲占有的被害人的所有物、占有物，那么行为人的行为构成诈骗罪的既遂。质言之，公私财物是否为行为人所非法占有是判断诈骗罪既遂形态与未遂形态的关键之处。

4. 控制说

区别诈骗罪的既遂与未遂，应当是以行为人已否取得对被害人所有物、占有物的实际支配和控制为界来划分。我国现行刑法典对诈骗罪规定的构成要件是行为人虚构事实或隐瞒真相而造成非法所有被害人所有物、占有物的结果。欺诈行为一旦导致非法所有他人财物的结果发生，诈骗罪便告既遂。

5. 失控加控制说

兼顾被害人对所有物、占有物失去控制和行为人对被害人财物的控制等两

---

① 刘明祥：《财产罪比较研究》，中国政法大学出版社 2001 年版，第 208 页。

② 王作富主编：《刑法分则实务研究》，中国方正出版社 2010 年版，第 1092—1093 页。

方面，且以行为人实际控制财物作为诈骗罪既遂的认定依据。①

综观前述有关诈骗罪既遂认定标准的五种学说，在理论内容的实质上确有交融相通之处，精简归纳到“被害人交付财物”和“行为人（或第三人）取得财物”两个维度中亦无不可。比如，对于“失控说”与“损失说”，两者均是直接缘起被害人交付出财物，继而失去对财物的控制支配或引起财物的损失。这里需要注意，在被害人的财物遭受损失时必定已然失去对财物的有效控制，但被害人在失去对财物的有效控制时却非必定遭受财物损失，易言之，被害人失去对财物的有效控制是被害人财物遭受损失的前置必经阶段。从刑法的任务与机能是保护法益来看，在“被害人交付财物”的维度下，诈骗罪是为了保护公众免受基于瑕疵意思而给付财物之害的重大生活利益，那么距离该维度原点射程较短的既遂时点显然更有利于法益的保护，也即“失控说”在法益保护上胜过“损失说”，后者毋宁称为前者的衍生品。同理，言及“占有说”和“控制说”，二者皆对行为人（或第三人）取得财物后的状态进行了说明，核心含义并无二致，细微的区别仅在于，行为人取得对财物的实际控制比行为人取得对财物的现实占有在程度上稍显得紧密。换句话说，当行为人实际控制财物时也就意味着行为人对财物的占有达到持续平稳的程度，②行为人取得财物控制是行为人取得财物占有的后续发展阶段。在“行为人（或第三人）取得财物”的维度下，诈骗罪是刑事立法者为了规制行为人借以欺诈手段获取他人财物的不法行为而设定的。依照一般公众的社会认知，只有实现对财物较长时间的稳定占有，才能表明财物真正为其取得，试想如果行为人实施欺诈后一经占有财物即为诈骗既遂，那么被害人便随之失去正当防卫的时机，③显然与常理不相符，因此从这个意义上看，“控制说”相对“占有说”更能保护法益。“失控加控制说”表面上是折中了“失控说”与“控制说”各自的要点，实则重心落于财物为行为人所实际控制即“控制说”的提法之上。虽然被害人失去对财物的控制并不必然成就行为人（或第三人）取得对财物的控制，但是相反的，行为人（或第三人）对财物取得实际控制却能印证被害人已失对财物的控制，所以“失控加控制说”中的“失控说”成分只是起到提示注意的作用，“失控加控制说”从根本上而言就等同于“控制说”。

因此，对于诈骗罪既遂、未遂的区分，主要在于以控制说还是失控说来予以认定。

---

① 钱叶六：《诈骗罪既遂与未遂认定标准刍议》，《南京经济学院学报》2002 年第 6 期。

② 周光权：《刑法各论》，中国人民大学出版社 2011 年版，第 77 页。

③ 张明楷：《刑法学》，法律出版社 2011 年版，第 195 页。

（三）“控制说”之提倡

承上所述，诈骗罪既遂标准的争议进一步简化成“失控说”与“控制说”之间的辩驳。有相当一部分学者赞成“失控说”，并且从多角度、全方位展开了理由阐述，大致包括这样几点：首先，犯罪在本质上是侵害法益的行为而不是行为人获取不法利益的行为，犯罪成立之后进行既未遂形态的区分，是为反映犯罪对法益侵害的程度以及犯罪的社会危害性大小，同种犯罪中法益侵害性等值的行为理应处于同种犯罪形态，对诈骗罪来说，侵害的法益是被害人财物的所有权或占有，如果被害人基于错误认识而处分财物，则无论行为人最终是取得被害人财物的全部或部分或根本没有取得被害人的财物，因被害人遭受相同财产损失而使法益被侵害的程度也无差别；[①]其次，犯罪未遂的内核指称的是犯罪行为尚未得逞，而犯罪未得逞通常是说行为人希望或放任的、危害行为性质所能决定的危害结果没有发生，但不应将目的犯中的目的未能实现的情况包括在内，犯罪完全符合其应然的行为逻辑结构之时即谓得逞，诈骗罪的行为人实施欺诈行为使被害人产生或继续维持错误的认识，基于认识错误被害人处分财物而致损失发生，此时欺诈行为已满足诈骗罪的行为逻辑结构，超出该结构之外的行为人的非法占有目的是否实现应当在所不问；[②]再次，我国刑法分则一般是以各罪的既遂形态（如果该罪存在既未遂的）来描述罪状的，根据刑法第266条的规定，诈骗罪既遂是由欺诈行为和较大数额等两部分组成，其中欺诈行为表现为隐瞒真相、虚构事实等，较大数额意在划定犯罪对象价值大小的界限，而诈骗罪的犯罪对象显然应当是被害人的财物，并不是行为人实施诈骗后的违法所得，也即被害人损失的财产数额是诈骗罪定罪入刑的法定标准，不受制于行为人违法所得数额的多少。[③]

虽然持“失控说”者站在一定的理论根基上提出了较为有力的说法，但是个中疏漏与矛盾则更为明显，且对实务操作利不抵弊。我们认为，“控制说”的严谨性高于“失控说”，也更具有指导司法实践的现实意义，具体而言：

第一，不可否认，刑法的任务和机能是保护法益免遭不法侵犯，从受到保护的维度来说，刑法中的法益可以称为“保护的法益”，而就遭到侵犯的视角来看，其又不妨称作“侵犯的法益”。[④] 然而，刑法直接关注并规制的是行为，并且是对法益造成较大的侵害危险或结果的行为，因此刑法理论之法益称作“侵犯的

① 王志祥、韩雪：《论诈骗罪基本犯的未遂形态》，《法治研究》2012年第7期。

② 林山田：《刑法各罪论（上册）（修订五版）》，北京大学出版社2012年版，第324—325页。

③ 张志勇、吴声：《诈骗罪专题整理》，中国人民公安大学出版社2007年版，第59—60页。

④ 张明楷：《刑法分则的解释原理》，中国人民大学出版社2011年版，第349页。

法益"更显合理。再进一步,在考察具体法益遭受不法侵害的程度时,应当顺乎立法模式的特性而以行为人的行为为径路。那么,讨论犯罪的既未遂问题,同样应以行为人的行为是否对法益完成符合犯罪构成要件要求的侵害结果。基于诈骗罪对应的法益为公私财物的所有权占有权能或事实上占有状态,再精确点,则是这些占有归属的安定性,同时诈骗罪又是结果犯,所以诈骗罪在公私财物的占有变易导致实际损失发生后即为既遂,而这些财产性损失结果正是由故意实施诈骗行为的行为人造就并且获得最终的实际控制。

第二,现行刑法典第266条规定"诈骗公私财物,数额较大的,处……"这是立法上对诈骗罪的明文表述,而在学理上,一般将诈骗罪定义为"以非法占有为目的,采用虚构事实、隐瞒真相等方法,骗取公私财物数额较大的行为"。不难发现,刑法法条并未载明诈骗罪主观意图之"非法占有目的",但刑法理论却对此加以强调。原因在于,刑法理论认为诈骗罪具备该项主观的超过要素方为完整,只是由于众所周知以及为了避免繁冗,条文不再赘述明示,再者借以法益的解释论机能分析立法规定,也可当然得出这种结论。

据此,刑法中的目的犯可以分为法定的和非法定的两类,诈骗罪当属后者,即非法律条文明确规定的目的犯。另外,虽然犯罪目的作为超过的主观要素是独立于犯罪故意的,[①]但不妨碍依照犯罪目的在内涵上可否为犯罪故意所包括的标准,再将目的犯分成直接目的犯与间接目的犯。所谓直接目的犯,是指该类目的犯之目的通过构成要件行为本身即可自然实现,而无须其他行为的后续实施,[②]例如,盗窃罪、诈骗罪、合同诈骗罪、金融诈骗罪等。间接目的犯之目的则不能为主观故意所包含,意欲实现除了构成要件行为之外还必须实施其他后续行为,[③]比如说走私淫秽物品罪,拐卖妇女、儿童罪,倒卖文物罪,等等。既然诈骗罪属于非法定的目的犯,并且还是直接的目的犯,那么其"非法占有公私财物"之主观目的当然地包括在其犯罪故意中,一旦构成要件行为全部完成则该目的也就随之实现,反过来说,该目的的实现标志着诈骗罪构成要件行为的全部完成,也即诈骗罪既遂状态的成立应以公私财物被诈骗行为实施者所非法占有(更准确些,则是实际控制)为准。

第三,诈骗罪的犯罪对象是公私财物,而且应为被害人所有或平稳占有的财物。同时,在更深层面上,对于诈骗罪犯罪数额的认定也该着重考量被害人

① 刘艳红:《论非法定目的犯的构成要件构造及其适用》,《法律科学》2002年第5期。
② 陈兴良:《目的犯的法理探究》,《法学研究》2004年第3期。
③ 张明楷:《论短缩的二行为犯》,《中国法学》2004年第3期。

遭受的实际财物或其他财产性的损失。即便如此，行为人针对特定的被害人实施诈骗行为在先，嗣后若将该被害人所遭受的一切实际财物或其他财产性的损失不问原因地归责于行为人，仍然于法无据且有违罪责刑相适应之刑法基本原则。试想，被害人受骗后的确以某种方式交付财物，但却由于疏忽交付给诈骗行为人之外的第三人而被其实际控制，根据“失控说”，诈骗行为人仍应当承担诈骗罪既遂的刑事责任，而且罪量与被害人受骗后无误地交付财物给该行为人实际控制的情形相同，这样的处理显然对于诈骗行为人是不公正的，也在一定程度上背离了“同案同判”的准则。

不过，如果略作合理制约，在定罪量刑时首先认定被害人实际遭受的损失，同时又以行为人实际取得控制的数额为限，那么前述矛盾便可妥适化解，这也正是“控制说”的要义。事实上，刑法中的犯罪对象完全可以细化为“目标犯罪对象”和“现实犯罪对象”，简单来说，前者是行为人意欲侵害的具体的人或物，后者是行为人实际侵害的具体的人或物，未遂状态的判定应据以前者而既遂形态的判定应据以后者。就诈骗罪而言，通常情况下目标犯罪对象及数额多少与现实犯罪对象及数额多少是一致的，均是被害人将行为人本想非法占有的财物完全交付给行为人，若被害人未完全交付或完全未交付财物，则最终结果应是行为人诈骗未遂或诈骗既未遂共存，诈骗罪司法解释有关以数额巨大的财物为诈骗目标的诈骗罪未遂应当定罪处罚的规定也能从侧面印证前述说法。

综上，通过对法益观的多重剖析、目的犯的理论梳理，以及犯罪对象的阐释等路径，可以得知，在一般情形中，“失控说”与“控制说”均能较为明晰地界分诈骗罪的既遂与未遂形态。但是，面对特殊情况，“控制说”之逻辑规则更加符合司法实践的需要并且不致突破现代刑事法治理念的限制边界。所以，在选择诈骗罪既遂的学理判断标准时，应当优先提倡“控制说”。

（四）“控制说”的具体适用

重新审视前述案例，行为人张某编辑诈骗短信，并且随机地向一定区域内的不特定公众发送，恰巧使得正在准备转账的甲某接收到该信息。甲某因此产生短信系真实的收款人所发的认识错误，并且将本应汇给真实收款人的钱款全部实时地转至诈骗行为人指定的银行账户里。所幸经过他人提醒，甲某及时向公安机关报案求助，才在短时间内迅速将错误汇出的钱款及时地追回，避免了最终难以挽回的实际经济损失。案件事实并不复杂，现实结果就是直至最后案结事了，诈骗行为人也没有实际控制受骗一方汇来的钱款，也即未获得对该钱款的较长时间的平稳占有，而受骗的一方也没有遭受任何财物或其他财产性的损失。那么根据“控制说”，对该案的诈骗行为人张某应以诈骗罪（未遂）追究刑事责任。

但是我们认为，在诈骗犯罪中，行为人控制了被害人的财产，使得被害人财产受到损失，对其财产损失不能进行实质的判断，否则财产犯罪既遂后的返还财产或追缴财产都会使得被害人的财产未有损失。因而，对财产犯罪中的财产损失只能进行形式的认定，比如诈骗罪中，只要被害人转移了财产给行为人或第三人占有，就可以认为行为人造成了被害人的财产损失，因而应当认定为诈骗罪既遂。

从而，本案问题的关键，便在于如何解释"控制"。现代汉语词对"控制"的解释为："一是，掌握住不使任意活动或越出范围；二是，使处于自己的占有、管理或影响之下。"[①]

可见，行为人将财物置于自己的控制下，或者说处于自己的占有、管理或影响之下，同时必须排除了被害单位或其他人的控制、支配的可能性。即如果说行为人控制了他人占有的财物，则被害人肯定失去对财物的控制。否则，行为人没有控制。

本案中，行为人张某通过发送诈骗短信，使得被害人甲某陷入错误认识，并基于此错误而将钱款汇入张某的银行账户。此时，对于被害人甲某而言，其已经失去对财物的控制。由于在诈骗罪中，"只有介入了被害人的处分行为才能转移财产，而处分行为的内容是将财产转移给行为人或第三者所有，故一般不存在被害人丧失了财产而行为人或第三者没有取得财产的情形"。[②] 诈骗罪在此点上与盗窃罪不同，在盗窃罪中，则是可能存在这样的情形，即行为人的盗窃行为使被害人丧失了对财物的控制，但行为人并没有控制财物。但是在诈骗罪中，通常情形下，只要被害人失去对财物的控制，便可以反推行为人控制了财物。

刑法具有保护法益之功能，处于财产失控状态下的被害人之财产法益具有被破坏的不可逆转性。从此种意义上而言，行为人即使没有实际领取到财物，但如果被害人失去了对财物的控制，视为诈骗罪既遂亦是情理之中。[③]

同时，对于诈骗罪来说，刑法所保护的法益根本上属于一种法律权益，当受刑法保护的法律权益受到破坏时，该状态呈现向前发展单向性(该情况不同于犯罪中止，后者法益未完全被破坏)。因此，只可以通过事后行为修复破坏的法

① 中国社会科学院语言研究所词典编辑室：《现代汉语词典(第5版)》，商务印书馆2005年版，第782页。

② 张明楷：《诈骗罪与金融诈骗罪研究》，清华大学出版社2006年版，第427页。

③ 刘明祥：《财产罪比较研究》，中国政法大学出版社2001年版，第193页。

律关系，但不能将其逆转。案例中被害人甲某将银行卡内财产转账至行为人的账户时，已经失去了对财产的实际控制权，其财产安全已受到行为人诈骗行为的侵害，且该法益被侵害的危害结果在时间维度上具有不可逆转性，即使通过公安机关使得被害人的财产得以追回，也仅是对被侵害财产权利的弥补，是犯罪既遂后追回赃款行为。

实际生活中，电信诈骗活动具有犯罪分工明确、犯罪手段高明、操作迅速、涉案金额一般较大、打击较为困难等特点，一旦被害人将财产汇入行为人控制的账户中，行为人往往会在几分钟甚至几秒钟内将钱款转走。像本案例中通过公安机关联系银行冻结账户而使得财产被追回的几率甚微。

因此，电信诈骗中，不能以行为人是否实际取得财物为诈骗既遂，只要被害人的钱款进入诈骗行为人账户即告诈骗罪既遂，此时对于诈骗行为人而言，其实现对钱款的平稳占有不应受限于时间的长短。[①]

① 王作富主编：《刑法分则实务研究》，中国方正出版社2010年版，第1094页。

附录

《中华人民共和国刑法》(节录)

(1979年7月1日第五届全国人民代表大会第二次会议通过,1997年3月14日第八届全国人民代表大会第五次会议修订)

第二编　分　　则

第五章　侵犯财产罪

第二百六十三条　【抢劫罪】　以暴力、胁迫或者其他方法抢劫公私财物的,处三年以上十年以下有期徒刑,并处罚金;有下列情形之一的,处十年以上有期徒刑、无期徒刑或者死刑,并处罚金或者没收财产:

(一)入户抢劫的;

(二)在公共交通工具上抢劫的;

(三)抢劫银行或者其他金融机构的;

(四)多次抢劫或者抢劫数额巨大的;

(五)抢劫致人重伤、死亡的;

(六)冒充军警人员抢劫的;

(七)持枪抢劫的;

(八)抢劫军用物资或者抢险、救灾、救济物资的。

第二百六十四条　【盗窃罪】　盗窃公私财物,数额较大的,或者多次盗窃、入户盗窃、携带凶器盗窃、扒窃的,处三年以下有期徒刑、拘役或者管制,并处或者单处罚金;数额巨大或者有其他严重情节的,处三年以上十年以下有期徒刑,并处罚金;数额特别巨大或者有其他特别严重情节的,处十年以上有期徒刑或者无期徒刑,并处罚金或者没收财产。

第二百六十五条　【盗窃罪】　以牟利为目的,盗接他人通信线路、复制他人电信码号或者明知是盗接、复制的电信设备、设施而使用的,依照本法第二百六十四条的规定定罪处罚。

第二百六十六条　【诈骗罪】　诈骗公私财物,数额较大的,处三年以下有期徒刑、拘役或者管制，并处或者单处罚金；数额巨大或者有其他严重情节的，处三年以上十年以下有期徒刑，并处罚金；数额特别巨大或者有其他特别严重情节的，处十年以上有期徒刑或者无期徒刑，并处罚金或者没收财产。本法另有规定的，依照规定。

第二百六十七条 【抢夺罪】 抢夺公私财物，数额较大的，或者多次抢夺的，处三年以下有期徒刑、拘役或者管制，并处或者单处罚金；数额巨大或者有其他严重情节的，处三年以上十年以下有期徒刑，并处罚金；数额特别巨大或者有其他特别严重情节的，处十年以上有期徒刑或者无期徒刑，并处罚金或者没收财产。

携带凶器抢夺的，依照本法第二百六十三条的规定定罪处罚。

第二百六十八条 【聚众哄抢罪】 聚众哄抢公私财物，数额较大或者有其他严重情节的，对首要分子和积极参加的，处三年以下有期徒刑、拘役或者管制，并处罚金；数额巨大或者有其他特别严重情节的，处三年以上十年以下有期徒刑，并处罚金。

第二百六十九条 【抢劫罪】 犯盗窃、诈骗、抢夺罪，为窝藏赃物、抗拒抓捕或者毁灭罪证而当场使用暴力或者以暴力相威胁的，依照本法第二百六十三条的规定定罪处罚。

第二百七十条 【侵占罪】 将代为保管的他人财物非法占为己有，数额较大，拒不退还的，处二年以下有期徒刑、拘役或者罚金；数额巨大或者有其他严重情节的，处二年以上五年以下有期徒刑，并处罚金。

将他人的遗忘物或者埋藏物非法占为己有，数额较大，拒不交出的，依照前款的规定处罚。

本条罪，告诉的才处理。

第二百七十一条 【职务侵占罪】 公司、企业或者其他单位的人员，利用职务上的便利，将本单位财物非法占为己有，数额较大的，处五年以下有期徒刑或者拘役；数额巨大的，处五年以上有期徒刑，可以并处没收财产。

国有公司、企业或者其他国有单位中从事公务的人员和国有公司、企业或者其他国有单位委派到非国有公司、企业以及其他单位从事公务的人员有前款行为的，依照本法第三百八十二条、第三百八十三条的规定定罪处罚。

第二百七十二条 【挪用资金罪】 公司、企业或者其他单位的工作人员，利用职务上的便利，挪用本单位资金归个人使用或者借贷给他人，数额较大、超过三个月未还的，或者虽未超过三个月，但数额较大、进行营利活动的，或者进行非法活动的，处三年以下有期徒刑或者拘役；挪用本单位资金数额巨大的，或者数额较大不退还的，处三年以上十年以下有期徒刑。

国有公司、企业或者其他国有单位中从事公务的人员和国有公司、企业或者其他国有单位委派到非国有公司、企业以及其他单位从事公务的人员有前款行为的，依照本法第三百八十四条的规定定罪处罚。

第二百七十三条 【挪用特定款物罪】 挪用用于救灾、抢险、防汛、优抚、扶贫、移民、救济款物，情节严重，致使国家和人民群众利益遭受重大损害的，对直接责任人员，处三年以下有期徒刑或者拘役；情节特别严重的，处三年以上七年以下有期徒刑。

第二百七十四条 【敲诈勒索罪】 敲诈勒索公私财物，数额较大或者多次敲诈勒索的，处三年以下有期徒刑、拘役或者管制，并处或者单处罚金；数额巨大或者有其他严重情节的，处三年以上十年以下有期徒刑，并处罚金；数额特别巨大或者有其他特别严重情节的，处十年以上有期徒刑，并处罚金。

第二百七十五条 【故意毁坏财物罪】 故意毁坏公私财物，数额较大或者有其他严重情节的，处三年以下有期徒刑、拘役或者罚金；数额巨大或者有其他特别严重情节的，处三年以上七年以下有期徒刑。

第二百七十六条 【破坏生产经营罪】 由于泄愤报复或者其他个人目的，毁坏机器设备、残害耕畜或者以其他方法破坏生产经营的，处三年以下有期徒刑、拘役或者管制；情节严重的，处三年以上七年以下有期徒刑。

第二百七十六条之一 【拒不支付劳动报酬罪】 以转移财产、逃匿等方法逃避支付劳动者的劳动报酬或者有能力支付而不支付劳动者的劳动报酬，数额较大，经政府有关部门责令支付仍不支付的，处三年以下有期徒刑或者拘役，并处或者单处罚金；造成严重后果的，处三年以上七年以下有期徒刑，并处罚金。

单位犯前款罪的，对单位判处罚金，并对其直接负责的主管人员和其他直接责任人员，依照前款的规定处罚。

有前两款行为，尚未造成严重后果，在提起公诉前支付劳动者的劳动报酬，并依法承担相应赔偿责任的，可以减轻或者免除处罚。

财产犯罪相关司法解释

一、最高人民法院《关于审理抢劫刑事案件适用法律若干问题的指导意见》

法发〔2016〕2号

抢劫犯罪是多发性的侵犯财产和侵犯公民人身权利的犯罪。1997年刑法修订后，最高人民法院先后发布了《关于审理抢劫案件具体应用法律若干问题的解释》(以下简称《抢劫解释》)和《关于审理抢劫、抢夺刑事案件适用法律问题的意见》(以下简称《两抢意见》)，对抢劫案件的法律适用作出了规范，发挥了重要的指导作用。

但是，抢劫犯罪案件的情况越来越复杂，各级法院在审判过程中不断遇到新情况、新问题。为统一适用法律，根据刑法和司法解释的规定，结合近年来人民法院审理抢劫案件的经验，现对审理抢劫犯罪案件中较为突出的几个法律适用问题和刑事政策把握问题提出如下指导意见：

一、关于审理抢劫刑事案件的基本要求

坚持贯彻宽严相济刑事政策。对于多次结伙抢劫，针对农村留守妇女、儿童及老人等弱势群体实施抢劫，在抢劫中实施强奸等暴力犯罪的，要在法律规定的量刑幅度内从重判处。

对于罪行严重或者具有累犯情节的抢劫犯罪分子，减刑、假释时应当从严掌握，严格控制减刑的幅度和频度。对因家庭成员就医等特定原因初次实施抢劫，主观恶性和犯罪情节相对较轻的，要与多次抢劫以及为了挥霍、赌博、吸毒等实施抢劫的案件在量刑上有所区分。对于犯罪情节较轻，或者具有法定、酌定从轻、减轻处罚情节的，坚持依法从宽处理。

确保案件审判质量。审理抢劫刑事案件，要严格遵守证据裁判原则，确保事实清楚，证据确实、充分。特别是对因抢劫可能判处死刑的案件，更要切实贯彻执行刑事诉讼法及相关司法解释、司法文件，严格依法审查判断和运用证据，坚决防止冤错案件的发生。

对抢劫刑事案件适用死刑，应当坚持“保留死刑，严格控制和慎重适用死刑”的刑事政策，以最严格的标准和最审慎的态度，确保死刑只适用于极少数罪行极其严重的犯罪分子。对被判处死刑缓期二年执行的抢劫犯罪分子，根据犯

罪情节等情况，可以同时决定对其限制减刑。

二、关于抢劫犯罪部分加重处罚情节的认定

1. 认定“入户抢劫”，要注重审查行为人“入户”的目的，将“入户抢劫”与“在户内抢劫”区别开来。以侵害户内人员的人身、财产为目的，入户后实施抢劫，包括入户实施盗窃、诈骗等犯罪而转化为抢劫的，应当认定为“入户抢劫”。因访友办事等原因经户内人员允许入户后，临时起意实施抢劫，或者临时起意实施盗窃、诈骗等犯罪而转化为抢劫的，不应认定为“入户抢劫”。

对于部分时间从事经营、部分时间用于生活起居的场所，行为人在非营业时间强行入内抢劫或者以购物等为名骗开房门入内抢劫的，应认定为“入户抢劫”。对于部分用于经营、部分用于生活且之间有明确隔离的场所，行为人进入生活场所实施抢劫的，应认定为“入户抢劫”；如场所之间没有明确隔离，行为人在营业时间入内实施抢劫的，不认定为“入户抢劫”，但在非营业时间入内实施抢劫的，应认定为“入户抢劫”。

2. “公共交通工具”，包括从事旅客运输的各种公共汽车，大、中型出租车，火车，地铁，轻轨，轮船，飞机等，不含小型出租车。对于虽不具有商业营运执照，但实际从事旅客运输的大、中型交通工具，可认定为“公共交通工具”。接送职工的单位班车、接送师生的校车等大、中型交通工具，视为“公共交通工具”。

“在公共交通工具上抢劫”，既包括在处于运营状态的公共交通工具上对旅客及司售、乘务人员实施抢劫，也包括拦截运营途中的公共交通工具对旅客及司售、乘务人员实施抢劫，但不包括在未运营的公共交通工具上针对司售、乘务人员实施抢劫。以暴力、胁迫或者麻醉等手段对公共交通工具上的特定人员实施抢劫的，一般应认定为“在公共交通工具上抢劫”。

3. 认定“抢劫数额巨大”，参照各地认定盗窃罪数额巨大的标准执行。抢劫数额以实际抢劫到的财物数额为依据。对以数额巨大的财物为明确目标，由于意志以外的原因，未能抢到财物或实际抢得的财物数额不大的，应同时认定“抢劫数额巨大”和犯罪未遂的情节，根据刑法有关规定，结合未遂犯的处理原则量刑。

根据《两抢意见》第六条第一款规定，抢劫信用卡后使用、消费的，以行为人实际使用、消费的数额为抢劫数额。由于行为人意志以外的原因无法实际使用、消费的部分，虽不计入抢劫数额，但应作为量刑情节考虑。通过银行转账或者电子支付、手机银行等支付平台获取抢劫财物的，以行为人实际获取的财物为抢劫数额。

4. 认定“冒充军警人员抢劫”，要注重对行为人是否穿着军警制服、携带枪支、是否出示军警证件等情节进行综合审查，判断是否足以使他人误以为是军警人员。对于行为人仅穿着类似军警的服装或仅以言语宣称系军警人员但未携带枪支、也未出示军警证件而实施抢劫的，要结合抢劫地点、时间、暴力或威胁的具体情形，依照常人判断标准，确定是否认定为“冒充军警人员抢劫”。

军警人员利用自身的真实身份实施抢劫的，不认定为“冒充军警人员抢劫”，应依法从重处罚。

三、关于转化型抢劫犯罪的认定

根据刑法第二百六十九条的规定，“犯盗窃、诈骗、抢夺罪，为窝藏赃物、抗拒抓捕或者毁灭罪证而当场使用暴力或者以暴力相威胁的”，依照抢劫罪定罪处罚。“犯盗窃、诈骗、抢夺罪”，主要是指行为人已经着手实施盗窃、诈骗、抢夺行为，一般不考察盗窃、诈骗、抢夺行为是否既遂。但是所涉财物数额明显低于“数额较大”的标准，又不具有《两抢意见》第五条所列五种情节之一的，不构成抢劫罪。“当场”是指在盗窃、诈骗、抢夺的现场以及行为人刚离开现场即被他人发现并抓捕的情形。

对于以摆脱的方式逃脱抓捕，暴力强度较小，未造成轻伤以上后果的，可不认定为“使用暴力”，不以抢劫罪论处。

入户或者在公共交通工具上盗窃、诈骗、抢夺后，为了窝藏赃物、抗拒抓捕或者毁灭罪证，在户内或者公共交通工具上当场使用暴力或者以暴力相威胁的，构成“入户抢劫”或者“在公共交通工具上抢劫”。

两人以上共同实施盗窃、诈骗、抢夺犯罪，其中部分行为人为窝藏赃物、抗拒抓捕或者毁灭罪证而当场使用暴力或者以暴力相威胁的，对于其余行为人是否以抢劫罪共犯论处，主要看其对实施暴力或者以暴力相威胁的行为人是否形成共同犯意、提供帮助。基于一定意思联络，对实施暴力或者以暴力相威胁的行为人提供帮助或实际成为帮凶的，可以抢劫共犯论处。

四、具有法定八种加重处罚情节的刑罚适用

1. 根据刑法第二百六十三条的规定，具有“抢劫致人重伤、死亡”等八种法定加重处罚情节的，处十年以上有期徒刑、无期徒刑或者死刑，并处罚金或者没收财产。应当根据抢劫的次数及数额、抢劫对人身的损害、对社会治安的危害等情况，结合被告人的主观恶性及人身危险程度，并根据量刑规范化的有关规定，确定具体的刑罚。判处无期徒刑以上刑罚的，一般应并处没收财产。

2. 具有下列情形之一的,可以判处无期徒刑以上刑罚:

(1) 抢劫致三人以上重伤,或者致人重伤造成严重残疾的;

(2) 在抢劫过程中故意杀害他人,或者故意伤害他人,致人死亡的;

(3) 具有除"抢劫致人重伤、死亡"外的两种以上加重处罚情节,或者抢劫次数特别多、抢劫数额特别巨大的。

3. 为劫取财物而预谋故意杀人,或者在劫取财物过程中为制服被害人反抗、抗拒抓捕而杀害被害人,且被告人无法定从宽处罚情节的,可依法判处死刑立即执行。对具有自首、立功等法定从轻处罚情节的,判处死刑立即执行应当慎重。对于采取故意杀人以外的其他手段实施抢劫并致人死亡的案件,要从犯罪的动机、预谋、实行行为等方面分析被告人主观恶性的大小,并从有无前科及平时表现、认罪悔罪情况等方面判断被告人的人身危险程度,不能不加区别,仅以出现被害人死亡的后果,一律判处死刑立即执行。

4. 抢劫致人重伤案件适用死刑,应当更加慎重、更加严格,除非具有采取极其残忍的手段造成被害人严重残疾等特别恶劣的情节或者造成特别严重后果的,一般不判处死刑立即执行。

5. 具有刑法第二百六十三条规定的"抢劫致人重伤、死亡"以外其他七种加重处罚情节,且犯罪情节特别恶劣、危害后果特别严重的,可依法判处死刑立即执行。认定"情节特别恶劣、危害后果特别严重",应当从严掌握,适用死刑必须非常慎重、非常严格。

五、抢劫共同犯罪的刑罚适用

1. 审理抢劫共同犯罪案件,应当充分考虑共同犯罪的情节及后果、共同犯罪人在抢劫中的作用以及被告人的主观恶性、人身危险性等情节,做到准确认定主从犯,分清罪责,以责定刑,罚当其罪。一案中有两名以上主犯的,要从犯罪提意、预谋、准备、行为实施、赃物处理等方面区分出罪责最大者和较大者;有两名以上从犯的,要在从犯中区分出罪责相对更轻者和较轻者。对从犯的处罚,要根据案件的具体事实、从犯的罪责,确定从轻还是减轻处罚。对具有自首、立功或者未成年人且初次抢劫等情节的从犯,可以依法免除处罚。

2. 对于共同抢劫致一人死亡的案件,依法应当判处死刑的,除犯罪手段特别残忍、情节及后果特别严重、社会影响特别恶劣、严重危害社会治安的外,一般只对共同抢劫犯罪中作用最突出、罪行最严重的那名主犯判处死刑立即执行。罪行最严重的主犯如因系未成年人而不适用死刑,或者因具有自首、立功等法定从宽处罚情节而不判处死刑立即执行的，不能不加区别地对其他主犯判处死刑立即执行。

3. 在抢劫共同犯罪案件中，有同案犯在逃的，应当根据现有证据尽量分清在押犯与在逃犯的罪责，对在押犯应按其罪责处刑。罪责确实难以分清，或者不排除在押犯的罪责可能轻于在逃犯的，对在押犯适用刑罚应当留有余地，判处死刑立即执行要格外慎重。

六、累犯等情节的适用

根据刑法第六十五条第一款的规定，对累犯应当从重处罚。抢劫犯罪被告人具有累犯情节的，适用刑罚时要综合考虑犯罪的情节和后果，所犯前后罪的性质、间隔时间及判刑轻重等情况，决定从重处罚的力度。对于前罪系抢劫等严重暴力犯罪的累犯，应当依法加大从重处罚的力度。对于虽不构成累犯，但具有抢劫犯罪前科的，一般不适用减轻处罚和缓刑。对于可能判处死刑的罪犯具有累犯情节的也应慎重，不能只要是累犯就一律判处死刑立即执行；被告人同时具有累犯和法定从宽处罚情节的，判处死刑立即执行应当综合考虑，从严掌握。

七、关于抢劫案件附带民事赔偿的处理原则

要妥善处理抢劫案件附带民事赔偿工作。审理抢劫刑事案件，一般情况下人民法院不主动开展附带民事调解工作。但是，对于犯罪情节不是特别恶劣或者被害方生活、医疗陷入困境，被告人与被害方自行达成民事赔偿和解协议的，民事赔偿情况可作为评价被告人悔罪态度的依据之一，在量刑上酌情予以考虑。

二、最高人民法院《关于审理抢劫、抢夺刑事案件适用法律若干问题的意见》

法发〔2005〕8号

抢劫、抢夺是多发性的侵犯财产犯罪。1997年刑法修订后，为了更好地指导审判工作，最高人民法院先后发布了《关于审理抢劫案件具体应用法律若干问题的解释》（以下简称《抢劫解释》）和《关于审理抢夺刑事案件具体应用法律若干问题的解释》（以下简称《抢夺解释》）。但是，抢劫、抢夺犯罪案件的情况比较复杂，各地法院在审判过程中仍然遇到了不少新情况、新问题。为准确、统一适用法律，现对审理抢劫、抢夺犯罪案件中较为突出的几个法律适用问题，提出意见如下：

一、关于“入户抢劫”的认定

根据《抢劫解释》第一条规定，认定“入户抢劫”时，应当注意以下三个问题：一是“户”的范围。“户”在这里是指住所，其特征表现为供他人家庭生活和与外界相对隔离两个方面，前者为功能特征，后者为场所特征。一般情况下，集体宿舍、旅店宾馆、临时搭建工棚等不应认定为“户”，但在特定情况下，如果确实具有上述两个特征的，也可以认定为“户”。二是“入户”目的的非法性。进入他人住所须以实施抢劫等犯罪为目的。抢劫行为虽然发生在户内，但行为人不以实施抢劫等犯罪为目的进入他人住所，而是在户内临时起意实施抢劫的，不属于“入户抢劫”。三是暴力或者暴力胁迫行为必须发生在户内。入户实施盗窃被发现，行为人为窝藏赃物、抗拒抓捕或者毁灭罪证而当场使用暴力或者以暴力相威胁的，如果暴力或者暴力胁迫行为发生在户内，可以认定为“入户抢劫”；如果发生在户外，不能认定为“入户抢劫”。

二、关于“在公共交通工具上抢劫”的认定

公共交通工具承载的旅客具有不特定多数人的特点。根据《抢劫解释》第二条规定，“在公共交通工具上抢劫”主要是指在从事旅客运输的各种公共汽车、大、中型出租车、火车、船只、飞机等正在运营中的机动公共交通工具上对旅客、司售、乘务人员实施的抢劫。在未运营中的大、中型公共交通工具上针对司售、乘务人员抢劫的，或者在小型出租车上抢劫的，不属于“在公共交通工具上抢劫”。

三、关于“多次抢劫”的认定

刑法第二百六十三条第（四）项中的“多次抢劫”是指抢劫三次以上。

对于“多次”的认定，应以行为人实施的每一次抢劫行为均已构成犯罪为前提，综合考虑犯罪故意的产生、犯罪行为实施的时间、地点等因素，客观分析、认定。对于行为人基于一个犯意实施犯罪的，如在同一地点同时对在场的多人实施抢劫的；或基于同一犯意在同一地点实施连续抢劫犯罪的，如在同一地点连续地对途经此地的多人进行抢劫的；或在一次犯罪中对一栋居民楼房中的几户居民连续实施入户抢劫的，一般应认定为一次犯罪。

四、关于“携带凶器抢夺”的认定

《抢劫解释》第六条规定，“携带凶器抢夺”，是指行为人随身携带枪支、爆炸物、管制刀具等国家禁止个人携带的器械进行抢夺或者为了实施犯罪而携带其他器械进行抢夺的行为。行为人随身携带国家禁止个人携带的器械以外的其他器械抢夺，但有证据证明该器械确实不是为了实施犯罪准备的，不以抢劫罪定罪；行为人将随身携带凶器有意加以显示、能为被害人察觉到的，直接适用刑法第二百六十三条的规定定罪处罚；行为人携带凶器抢夺后，在逃跑过程中为窝藏赃物、抗拒抓捕或者毁灭罪证而当场使用暴力或者以暴力相威胁的，适用刑法第二百六十七条第二款的规定定罪处罚。

五、关于转化抢劫的认定

行为人实施盗窃、诈骗、抢夺行为，未达到“数额较大”，为窝藏赃物、抗拒抓捕或者毁灭罪证当场使用暴力或者以暴力相威胁，情节较轻、危害不大的，一般不以犯罪论处；但具有下列情节之一的，可依照刑法第二百六十九条的规定，以抢劫罪定罪处罚；

(1) 盗窃、诈骗、抢夺接近“数额较大”标准的；

(2) 入户或在公共交通工具上盗窃、诈骗、抢夺后在户外或交通工具外实施上述行为的；

(3) 使用暴力致人轻微伤以上后果的；

(4) 使用凶器或以凶器相威胁的；

(5) 具有其他严重情节的。

六、关于抢劫犯罪数额的计算

抢劫信用卡后使用、消费的，其实际使用、消费的数额为抢劫数额；抢劫信用卡后未实际使用、消费的，不计数额，根据情节轻重量刑。所抢信用卡数额巨大，但未实际使用、消费或者实际使用、消费的数额未达到巨大标准的，不适用

“抢劫数额巨大”的法定刑。

为抢劫其他财物，劫取机动车辆当作犯罪工具或者逃跑工具使用的，被劫取机动车辆的价值计入抢劫数额；为实施抢劫以外的其他犯罪劫取机动车辆的，以抢劫罪和实施的其他犯罪实行数罪并罚。

抢劫存折、机动车辆的数额计算，参照执行《关于审理盗窃案件具体应用法律若干问题的解释》的相关规定。

七、关于抢劫特定财物行为的定性

以毒品、假币、淫秽物品等违禁品为对象，实施抢劫的，以抢劫罪定罪；抢劫的违禁品数量作为量刑情节予以考虑。抢劫违禁品后又以违禁品实施其他犯罪的，应以抢劫罪与具体实施的其他犯罪实行数罪并罚。

抢劫赌资、犯罪所得的赃款赃物的，以抢劫罪定罪，但行为人仅以其所输赌资或所赢赌债为抢劫对象，一般不以抢劫罪定罪处罚。构成其他犯罪的，依照刑法的相关规定处罚。

为个人使用，以暴力、胁迫等手段取得家庭成员或近亲属财产的，一般不以抢劫罪定罪处罚，构成其他犯罪的，依照刑法的相关规定处理；教唆或者伙同他人采取暴力、胁迫等手段劫取家庭成员或近亲属财产的，可以抢劫罪定罪处罚。

八、关于抢劫罪数的认定

行为人实施伤害、强奸等犯罪行为，在被害人未失去知觉，利用被害人不能反抗、不敢反抗的处境，临时起意劫取他人财物的，应以此前所实施的具体犯罪与抢劫罪实行数罪并罚；在被害人失去知觉或者没有发觉的情形下，以及实施故意杀人犯罪行为之后，临时起意拿走他人财物的，应以此前所实施的具体犯罪与盗窃罪实行数罪并罚。

九、关于抢劫罪与相似犯罪的界限

1. 冒充正在执行公务的人民警察、联防人员，以抓卖淫嫖娼、赌博等违法行为为名非法占有财物的行为定性

行为人冒充正在执行公务的人民警察“抓赌”、“抓嫖”，没收赌资或者罚款的行为，构成犯罪的，以招摇撞骗罪从重处罚；在实施上述行为中使用暴力或者暴力威胁的，以抢劫罪定罪处罚。行为人冒充治安联防队员“抓赌”、“抓嫖”、没收赌资或者罚款的行为，构成犯罪的，以敲诈勒索罪定罪处罚；在实施上述行为中使用暴力或者暴力威胁的，以抢劫罪定罪处罚。

2. 以暴力、胁迫手段索取超出正常交易价钱、费用的钱财的行为定性

从事正常商品买卖、交易或者劳动服务的人，以暴力、胁迫手段迫使他人交出与合理价钱、费用相差不大钱物，情节严重的，以强迫交易罪定罪处罚；以非法占有为目的，以买卖、交易、服务为幌子采用暴力、胁迫手段迫使他人交出与合理价钱、费用相差悬殊的钱物的，以抢劫罪定罪处刑。在具体认定时，既要考虑超出合理价钱、费用的绝对数额，还要考虑超出合理价钱、费用的比例，加以综合判断。

3. 抢劫罪与绑架罪的界限

绑架罪是侵害他人人身自由权利的犯罪，其与抢劫罪的区别在于：第一，主观方面不尽相同。抢劫罪中，行为人一般出于非法占有他人财物的故意实施抢劫行为，绑架罪中，行为人既可能为勒索他人财物而实施绑架行为，也可能出于其它非经济目的实施绑架行为；第二，行为手段不尽相同。抢劫罪表现为行为人劫取财物一般应在同一时间、同一地点，具有“当场性”；绑架罪表现为行为人以杀害、伤害等方式向被绑架人的亲属或其他人或单位发出威胁，索取赎金或提出其他非法要求，劫取财物一般不具有“当场性”。

绑架过程中又当场劫取被害人随身携带财物的，同时触犯绑架罪和抢劫罪两罪名，应择一重罪定罪处罚。

4. 抢劫罪与寻衅滋事罪的界限

寻衅滋事罪是严重扰乱社会秩序的犯罪，行为人实施寻衅滋事的行为时，客观上也可能表现为强拿硬要公私财物的特征。这种强拿硬要的行为与抢劫罪的区别在于：前者行为人主观上还具有逞强好胜和通过强拿硬要来填补其精神空虚等目的，后者行为人一般只具有非法占有他人财物的目的；前者行为人客观上一般不以严重侵犯他人人身权利的方法强拿硬要财物，而后者行为人则以暴力、胁迫等方式作为劫取他人财物的手段。司法实践中，对于未成年人使用或威胁使用轻微暴力强抢少量财物的行为，一般不宜以抢劫罪定罪处罚。其行为符合寻衅滋事罪特征的，可以寻衅滋事罪定罪处罚。

5. 抢劫罪与故意伤害罪的界限

行为人为索取债务，使用暴力、暴力威胁等手段的，一般不以抢劫罪定罪处罚。构成故意伤害等其他犯罪的，依照刑法第二百三十四条等规定处罚。

十、抢劫罪的既遂、未遂的认定

抢劫罪侵犯的是复杂客体，既侵犯财产权利又侵犯人身权利，具备劫取财物或者造成他人轻伤以上后果两者之一的，均属抢劫既遂；既未劫取财物，又未

造成他人人身伤害后果的，属抢劫未遂。据此，刑法第二百六十三条规定的八种处罚情节中除“抢劫致人重伤、死亡的”这一结果加重情节之外，其余七种处罚情节同样存在既遂、未遂问题，其中属抢劫未遂的，应当根据刑法关于加重情节的法定刑规定，结合未遂犯的处理原则量刑。

十一、驾驶机动车、非机动车夺取他人财物行为的定性

对于驾驶机动车、非机动车（以下简称“驾驶车辆”）夺取他人财物的，一般以抢夺罪从重处罚。但具有下列情形之一，应当以抢劫罪定罪处罚：

(1) 驾驶车辆，逼挤、撞击或强行逼倒他人以排除他人反抗，乘机夺取财物的；

(2) 驾驶车辆强抢财物时，因被害人不放手而采取强拉硬拽方法劫取财物的；

(3) 行为人明知其驾驶车辆强行夺取他人财物的手段会造成他人伤亡的后果，仍然强行夺取并放任造成财物持有人轻伤以上后果的。

三、最高人民法院《关于审理抢劫案件具体应用法律若干问题的解释》

法释〔2000〕35 号

为依法惩处抢劫犯罪活动，根据刑法的有关规定，现就审理抢劫案件具体应用法律的若干问题解释如下：

第一条 刑法第二百六十三条第（一）项规定的“入户抢劫”，是指为实施抢劫行为而进入他人生活的与外界相对隔离的住所，包括封闭的院落、牧民的帐篷、渔民作为家庭生活场所的渔船、为生活租用的房屋等进行抢劫的行为。

对于入户盗窃，因被发现而当场使用暴力或者以暴力相威胁的行为，应当认定为入户抢劫。

第二条 刑法第二百六十三条第（二）项规定的“在公共交通工具上抢劫”，既包括在从事旅客运输的各种公共汽车，大、中型出租车，火车，船只，飞机等正在运营中的机动公共交通工具上对旅客、司售、乘务人员实施的抢劫，也包括对运行途中的机动公共交通工具加以拦截后，对公共交通工具上的人员实施的抢劫。

第三条 刑法第二百六十三条第（三）项规定的“抢劫银行或者其他金融机构”，是指抢劫银行或者其他金融机构的经营资金、有价证券和客户的资金等。

抢劫正在使用中的银行或者其他金融机构的运钞车的，视为“抢劫银行或者其他金融机构”。

第四条 刑法第二百六十三条第（四）项规定的“抢劫数额巨大”的认定标准，参照各地确定的盗窃罪数额巨大的认定标准执行。

第五条 刑法第二百六十三条第（七）项规定的“持枪抢劫”，是指行为人使用枪支或者向被害人显示持有、佩带的枪支进行抢劫的行为。“枪支”的概念和范围，适用《中华人民共和国枪支管理法》的规定。

第六条 刑法第二百六十七条第（二）款规定的“携带凶器抢夺”，是指行为人随身携带枪支、爆炸物、管制刀具等国家禁止个人携带的器械进行抢夺或者为了实施犯罪而携带其他器械进行抢夺的行为。

四、最高人民法院、最高人民检察院《关于办理盗窃刑事案件适用法律若干问题的解释》

法释〔2013〕8号

为依法惩治盗窃犯罪活动，保护公私财产，根据《中华人民共和国刑法》、《中华人民共和国刑事诉讼法》的有关规定，现就办理盗窃刑事案件适用法律的若干问题解释如下：

第一条 盗窃公私财物价值一千元至三千元以上、三万元至十万元以上、三十万元至五十万元以上的，应当分别认定为刑法第二百六十四条规定的“数额较大”、“数额巨大”、“数额特别巨大”。

各省、自治区、直辖市高级人民法院、人民检察院可以根据本地区经济发展状况，并考虑社会治安状况，在前款规定的数额幅度内，确定本地区执行的具体数额标准，报最高人民法院、最高人民检察院批准。

在跨地区运行的公共交通工具上盗窃，盗窃地点无法查证的，盗窃数额是否达到“数额较大”、“数额巨大”、“数额特别巨大”，应当根据受理案件所在地省、自治区、直辖市高级人民法院、人民检察院确定的有关数额标准认定。

盗窃毒品等违禁品，应当按照盗窃罪处理的，根据情节轻重量刑。

第二条 盗窃公私财物，具有下列情形之一的，“数额较大”的标准可以按照前条规定标准的百分之五十确定：

（一）曾因盗窃受过刑事处罚的；

（二）一年内曾因盗窃受过行政处罚的；

（三）组织、控制未成年人盗窃的；

（四）自然灾害、事故灾害、社会安全事件等突发事件期间，在事件发生地盗窃的；

（五）盗窃残疾人、孤寡老人、丧失劳动能力人的财物的；

（六）在医院盗窃病人或者其亲友财物的；

（七）盗窃救灾、抢险、防汛、优抚、扶贫、移民、救济款物的；

（八）因盗窃造成严重后果的。

第三条 二年内盗窃三次以上的，应当认定为“多次盗窃”。

非法进入供他人家庭生活，与外界相对隔离的住所盗窃的，应当认定为“入户盗窃”。

携带枪支、爆炸物、管制刀具等国家禁止个人携带的器械盗窃，或者为了实施违法犯罪携带其他足以危害他人人身安全的器械盗窃的，应当认定为“携带凶器盗窃”。

在公共场所或者公共交通工具上盗窃他人随身携带的财物的，应当认定为“扒窃”。

第四条　盗窃的数额，按照下列方法认定：

（一）被盗财物有有效价格证明的，根据有效价格证明认定；无有效价格证明，或者根据价格证明认定盗窃数额明显不合理的，应当按照有关规定委托估价机构估价；

（二）盗窃外币的，按照盗窃时中国外汇交易中心或者中国人民银行授权机构公布的人民币对该货币的中间价折合成人民币计算；中国外汇交易中心或者中国人民银行授权机构未公布汇率中间价的外币，按照盗窃时境内银行人民币对该货币的中间价折算成人民币，或者该货币在境内银行、国际外汇市场对美元汇率，与人民币对美元汇率中间价进行套算；

（三）盗窃电力、燃气、自来水等财物，盗窃数量能够查实的，按照查实的数量计算盗窃数额；盗窃数量无法查实的，以盗窃前六个月月均正常用量减去盗窃后计量仪表显示的月均用量推算盗窃数额；盗窃前正常使用不足六个月的，按照正常使用期间的月均用量减去盗窃后计量仪表显示的月均用量推算盗窃数额；

（四）明知是盗接他人通信线路、复制他人电信码号的电信设备、设施而使用的，按照合法用户为其支付的费用认定盗窃数额；无法直接确认的，以合法用户的电信设备、设施被盗接、复制后的月缴费额减去被盗接、复制前六个月的月均电话费推算盗窃数额；合法用户使用电信设备、设施不足六个月的，按照实际使用的月均电话费推算盗窃数额；

（五）盗接他人通信线路、复制他人电信码号出售的，按照销赃数额认定盗窃数额。

盗窃行为给失主造成的损失大于盗窃数额的，损失数额可以作为量刑情节考虑。

第五条　盗窃有价支付凭证、有价证券、有价票证的，按照下列方法认定盗窃数额：

（一）盗窃不记名、不挂失的有价支付凭证、有价证券、有价票证的，应当按票面数额和盗窃时应得的孳息、奖金或者奖品等可得收益一并计算盗窃数额；

（二）盗窃记名的有价支付凭证、有价证券、有价票证，已经兑现的，按照兑现部分的财物价值计算盗窃数额；没有兑现，但失主无法通过挂失、补领、补办手续等方式避免损失的，按照给失主造成的实际损失计算盗窃数额。

第六条 盗窃公私财物，具有本解释第二条第三项至第八项规定情形之一，或者入户盗窃、携带凶器盗窃，数额达到本解释第一条规定的“数额巨大”、“数额特别巨大”百分之五十的，可以分别认定为刑法第二百六十四条规定的“其他严重情节”或者“其他特别严重情节”。

第七条 盗窃公私财物数额较大，行为人认罪、悔罪，退赃、退赔，且具有下列情形之一，情节轻微的，可以不起诉或者免予刑事处罚；必要时，由有关部门予以行政处罚：

（一）具有法定从宽处罚情节的；

（二）没有参与分赃或者获赃较少且不是主犯的；

（三）被害人谅解的；

（四）其他情节轻微、危害不大的。

第八条 偷拿家庭成员或者近亲属的财物，获得谅解的，一般可不认为是犯罪；追究刑事责任的，应当酌情从宽。

第九条 盗窃国有馆藏一般文物、三级文物、二级以上文物的，应当分别认定为刑法第二百六十四条规定的“数额较大”、“数额巨大”、“数额特别巨大”。

盗窃多件不同等级国有馆藏文物的，三件同级文物可以视为一件高一级文物。

盗窃民间收藏的文物的，根据本解释第四条第一款第一项的规定认定盗窃数额。

第十条 偷开他人机动车的，按照下列规定处理：

（一）偷开机动车，导致车辆丢失的，以盗窃罪定罪处罚；

（二）为盗窃其他财物，偷开机动车作为犯罪工具使用后非法占有车辆，或者将车辆遗弃导致丢失的，被盗车辆的价值计入盗窃数额；

（三）为实施其他犯罪，偷开机动车作为犯罪工具使用后非法占有车辆，或者将车辆遗弃导致丢失的，以盗窃罪和其他犯罪数罪并罚；将车辆送回未造成丢失的，按照其所实施的其他犯罪从重处罚。

第十一条 盗窃公私财物并造成财物损毁的，按照下列规定处理：

（一）采用破坏性手段盗窃公私财物，造成其他财物损毁的，以盗窃罪从重处罚；同时构成盗窃罪和其他犯罪的，择一重罪从重处罚；

（二）实施盗窃犯罪后，为掩盖罪行或者报复等，故意毁坏其他财物构成犯罪的，以盗窃罪和构成的其他犯罪数罪并罚；

（三）盗窃行为未构成犯罪，但损毁财物构成其他犯罪的，以其他犯罪定罪处罚。

第十二条 盗窃未遂，具有下列情形之一的，应当依法追究刑事责任：

（一）以数额巨大的财物为盗窃目标的；

（二）以珍贵文物为盗窃目标的；

（三）其他情节严重的情形。

盗窃既有既遂，又有未遂，分别达到不同量刑幅度的，依照处罚较重的规定处罚；达到同一量刑幅度的，以盗窃罪既遂处罚。

第十三条 单位组织、指使盗窃，符合刑法第二百六十四条及本解释有关规定的，以盗窃罪追究组织者、指使者、直接实施者的刑事责任。

第十四条 因犯盗窃罪，依法判处罚金刑的，应当在一千元以上盗窃数额的二倍以下判处罚金；没有盗窃数额或者盗窃数额无法计算的，应当在一千元以上十万元以下判处罚金。

第十五条 本解释发布实施后，《最高人民法院关于审理盗窃案件具体应用法律若干问题的解释》（法释〔1998〕4 号）同时废止；之前发布的司法解释和规范性文件与本解释不一致的，以本解释为准。

五、最高人民法院、最高人民检察院、公安部《关于办理电信网络诈骗等刑事案件适用法律若干问题的意见》

法发〔2016〕32号

为依法惩治电信网络诈骗等犯罪活动，保护公民、法人和其他组织的合法权益，维护社会秩序，根据《中华人民共和国刑法》《中华人民共和国刑事诉讼法》等法律和有关司法解释的规定，结合工作实际，制定本意见。

一、总体要求

近年来，利用通讯工具、互联网等技术手段实施的电信网络诈骗犯罪活动持续高发，侵犯公民个人信息，扰乱无线电通讯管理秩序，掩饰、隐瞒犯罪所得、犯罪所得收益等上下游关联犯罪不断蔓延。此类犯罪严重侵害人民群众财产安全和其他合法权益，严重干扰电信网络秩序，严重破坏社会诚信，严重影响人民群众安全感和社会和谐稳定，社会危害性大，人民群众反映强烈。

人民法院、人民检察院、公安机关要针对电信网络诈骗等犯罪的特点，坚持全链条全方位打击，坚持依法从严从快惩处，坚持最大力度最大限度追赃挽损，进一步健全工作机制，加强协作配合，坚决有效遏制电信网络诈骗等犯罪活动，努力实现法律效果和社会效果的高度统一。

二、依法严惩电信网络诈骗犯罪

（一）根据《最高人民法院、最高人民检察院关于办理诈骗刑事案件具体应用法律若干问题的解释》第一条的规定，利用电信网络技术手段实施诈骗，诈骗公私财物价值三千元以上、三万元以上、五十万元以上的，应当分别认定为刑法第二百六十六条规定的"数额较大"、"数额巨大"、"数额特别巨大"。

二年内多次实施电信网络诈骗未经处理，诈骗数额累计计算构成犯罪的，应当依法定罪处罚。

（二）实施电信网络诈骗犯罪，达到相应数额标准，具有下列情形之一的，酌情从重处罚：

1. 造成被害人或其近亲属自杀、死亡或者精神失常等严重后果的；
2. 冒充司法机关等国家机关工作人员实施诈骗的；
3. 组织、指挥电信网络诈骗犯罪团伙的；
4. 在境外实施电信网络诈骗的；
5. 曾因电信网络诈骗犯罪受过刑事处罚或者二年内曾因电信网络诈骗受

过行政处罚的；

6. 诈骗残疾人、老年人、未成年人、在校学生、丧失劳动能力人的财物，或者诈骗重病患者及其亲属财物的；

7. 诈骗救灾、抢险、防汛、优抚、扶贫、移民、救济、医疗等款物的；

8. 以赈灾、募捐等社会公益、慈善名义实施诈骗的；

9. 利用电话追呼系统等技术手段严重干扰公安机关等部门工作的；

10. 利用“钓鱼网站”链接、“木马”程序链接、网络渗透等隐蔽技术手段实施诈骗的。

（三）实施电信网络诈骗犯罪，诈骗数额接近“数额巨大”、“数额特别巨大”的标准，具有前述第（二）条规定的情形之一的，应当分别认定为刑法第二百六十六条规定的“其他严重情节”、“其他特别严重情节”。

上述规定的“接近”，一般应掌握在相应数额标准的百分之八十以上。

（四）实施电信网络诈骗犯罪，犯罪嫌疑人、被告人实际骗得财物的，以诈骗罪（既遂）定罪处罚。诈骗数额难以查证，但具有下列情形之一的，应当认定为刑法第二百六十六条规定的“其他严重情节”，以诈骗罪（未遂）定罪处罚：

1. 发送诈骗信息五千条以上的，或者拨打诈骗电话五百人次以上的；

2. 在互联网上发布诈骗信息，页面浏览量累计五千次以上的。

具有上述情形，数量达到相应标准十倍以上的，应当认定为刑法第二百六十六条规定的“其他特别严重情节”，以诈骗罪（未遂）定罪处罚。

上述“拨打诈骗电话”，包括拨出诈骗电话和接听被害人回拨电话。反复拨打、接听同一电话号码，以及反复向同一被害人发送诈骗信息的，拨打、接听电话次数、发送信息条数累计计算。

因犯罪嫌疑人、被告人故意隐匿、毁灭证据等原因，致拨打电话次数、发送信息条数的证据难以收集的，可以根据经查证属实的日拨打人次数、日发送信息条数，结合犯罪嫌疑人、被告人实施犯罪的时间、犯罪嫌疑人、被告人的供述等相关证据，综合予以认定。

（五）电信网络诈骗既有既遂，又有未遂，分别达到不同量刑幅度的，依照处罚较重的规定处罚；达到同一量刑幅度的，以诈骗罪既遂处罚。

（六）对实施电信网络诈骗犯罪的被告人裁量刑罚，在确定量刑起点、基准刑时，一般应就高选择。确定宣告刑时，应当综合全案事实情节，准确把握从重、从轻量刑情节的调节幅度，保证罪责刑相适应。

（七）对实施电信网络诈骗犯罪的被告人，应当严格控制适用缓刑的范围，严格掌握适用缓刑的条件。

（八）对实施电信网络诈骗犯罪的被告人，应当更加注重依法适用财产刑，加大经济上的惩罚力度，最大限度剥夺被告人再犯的能力。

三、全面惩处关联犯罪

（一）在实施电信网络诈骗活动中，非法使用“伪基站”、“黑广播”，干扰无线电通讯秩序，符合刑法第二百八十八条规定的，以扰乱无线电通讯管理秩序罪追究刑事责任。同时构成诈骗罪的，依照处罚较重的规定定罪处罚。

（二）违反国家有关规定，向他人出售或者提供公民个人信息，窃取或者以其他方法非法获取公民个人信息，符合刑法第二百五十三条之一规定的，以侵犯公民个人信息罪追究刑事责任。

使用非法获取的公民个人信息，实施电信网络诈骗犯罪行为，构成数罪的，应当依法予以并罚。

（三）冒充国家机关工作人员实施电信网络诈骗犯罪，同时构成诈骗罪和招摇撞骗罪的，依照处罚较重的规定定罪处罚。

（四）非法持有他人信用卡，没有证据证明从事电信网络诈骗犯罪活动，符合刑法第一百七十七条之一第一款第（二）项规定的，以妨害信用卡管理罪追究刑事责任。

（五）明知是电信网络诈骗犯罪所得及其产生的收益，以下列方式之一予以转账、套现、取现的，依照刑法第三百一十二条第一款的规定，以掩饰、隐瞒犯罪所得、犯罪所得收益罪追究刑事责任。但有证据证明确实不知道的除外：

1. 通过使用销售点终端机具（POS 机）刷卡套现等非法途径，协助转换或者转移财物的；

2. 帮助他人将巨额现金散存于多个银行账户，或在不同银行账户之间频繁划转的；

3. 多次使用或者使用多个非本人身份证明开设的信用卡、资金支付结算账户或者多次采用遮蔽摄像头、伪装等异常手段，帮助他人转账、套现、取现的；

4. 为他人提供非本人身份证明开设的信用卡、资金支付结算账户后，又帮助他人转账、套现、取现的；

5. 以明显异于市场的价格，通过手机充值、交易游戏点卡等方式套现的。

实施上述行为，事前通谋的，以共同犯罪论处。

实施上述行为，电信网络诈骗犯罪嫌疑人尚未到案或案件尚未依法裁判，但现有证据足以证明该犯罪行为确实存在的，不影响掩饰、隐瞒犯罪所得、犯罪所得收益罪的认定。

实施上述行为，同时构成其他犯罪的，依照处罚较重的规定定罪处罚。法律和司法解释另有规定的除外。

（六）网络服务提供者不履行法律、行政法规规定的信息网络安全管理义务，经监管部门责令采取改正措施而拒不改正，致使诈骗信息大量传播，或者用户信息泄露造成严重后果的，依照刑法第二百八十六条之一的规定，以拒不履行信息网络安全管理义务罪追究刑事责任。同时构成诈骗罪的，依照处罚较重的规定定罪处罚。

（七）实施刑法第二百八十七条之一、第二百八十七条之二规定之行为，构成非法利用信息网络罪、帮助信息网络犯罪活动罪，同时构成诈骗罪的，依照处罚较重的规定定罪处罚。

（八）金融机构、网络服务提供者、电信业务经营者等在经营活动中，违反国家有关规定，被电信网络诈骗犯罪分子利用，使他人遭受财产损失的，依法承担相应责任。构成犯罪的，依法追究刑事责任。

四、准确认定共同犯罪与主观故意

（一）三人以上为实施电信网络诈骗犯罪而组成的较为固定的犯罪组织，应依法认定为诈骗犯罪集团。对组织、领导犯罪集团的首要分子，按照集团所犯的全部罪行处罚。对犯罪集团中组织、指挥、策划者和骨干分子依法从严惩处。

对犯罪集团中起次要、辅助作用的从犯，特别是在规定期限内投案自首、积极协助抓获主犯、积极协助追赃的，依法从轻或减轻处罚。

对犯罪集团首要分子以外的主犯，应当按照其所参与的或者组织、指挥的全部犯罪处罚。全部犯罪包括能够查明具体诈骗数额的事实和能够查明发送诈骗信息条数、拨打诈骗电话人次数、诈骗信息网页浏览次数的事实。

（二）多人共同实施电信网络诈骗，犯罪嫌疑人、被告人应对其参与期间该诈骗团伙实施的全部诈骗行为承担责任。在其所参与的犯罪环节中起主要作用的，可以认定为主犯；起次要作用的，可以认定为从犯。

上述规定的“参与期间”，从犯罪嫌疑人、被告人着手实施诈骗行为开始起算。

（三）明知他人实施电信网络诈骗犯罪，具有下列情形之一的，以共同犯罪论处，但法律和司法解释另有规定的除外：

1. 提供信用卡、资金支付结算账户、手机卡、通讯工具的；

2. 非法获取、出售、提供公民个人信息的；

3. 制作、销售、提供“木马”程序和“钓鱼软件”等恶意程序的；

4. 提供“伪基站”设备或相关服务的；

5. 提供互联网接入、服务器托管、网络存储、通讯传输等技术支持，或者提供支付结算等帮助的；

6. 在提供改号软件、通话线路等技术服务时，发现主叫号码被修改为国内党政机关、司法机关、公共服务部门号码，或者境外用户改为境内号码，仍提供服务的；

7. 提供资金、场所、交通、生活保障等帮助的；

8. 帮助转移诈骗犯罪所得及其产生的收益，套现、取现的。

上述规定的“明知他人实施电信网络诈骗犯罪”，应当结合被告人的认知能力，既往经历，行为次数和手段，与他人关系，获利情况，是否曾因电信网络诈骗受过处罚，是否故意规避调查等主客观因素进行综合分析认定。

（四）负责招募他人实施电信网络诈骗犯罪活动，或者制作、提供诈骗方案、术语清单、语音包、信息等的，以诈骗共同犯罪论处。

（五）部分犯罪嫌疑人在逃，但不影响对已到案共同犯罪嫌疑人、被告人的犯罪事实认定的，可以依法先行追究已到案共同犯罪嫌疑人、被告人的刑事责任。

五、依法确定案件管辖

（一）电信网络诈骗犯罪案件一般由犯罪地公安机关立案侦查，如果由犯罪嫌疑人居住地公安机关立案侦查更为适宜的，可以由犯罪嫌疑人居住地公安机关立案侦查。犯罪地包括犯罪行为发生地和犯罪结果发生地。

“犯罪行为发生地”包括用于电信网络诈骗犯罪的网站服务器所在地，网站建立者、管理者所在地，被侵害的计算机信息系统或其管理者所在地，犯罪嫌疑人、被害人使用的计算机信息系统所在地，诈骗电话、短信息、电子邮件等的拨打地、发送地、到达地、接受地，以及诈骗行为持续发生的实施地、预备地、开始地、途经地、结束地。

“犯罪结果发生地”包括被害人被骗时所在地，以及诈骗所得财物的实际取得地、藏匿地、转移地、使用地、销售地等。

（二）电信网络诈骗最初发现地公安机关侦办的案件，诈骗数额当时未达到“数额较大”标准，但后续累计达到“数额较大”标准，可由最初发现地公安机关立案侦查。

（三）具有下列情形之一的，有关公安机关可以在其职责范围内并案侦查：

1. 一人犯数罪的；

2. 共同犯罪的；

3. 共同犯罪的犯罪嫌疑人还实施其他犯罪的；

4. 多个犯罪嫌疑人实施的犯罪存在直接关联，并案处理有利于查明案件事实的。

（四）对因网络交易、技术支持、资金支付结算等关系形成多层级链条、跨区域的电信网络诈骗等犯罪案件，可由共同上级公安机关按照有利于查清犯罪事实、有利于诉讼的原则，指定有关公安机关立案侦查。

（五）多个公安机关都有权立案侦查的电信网络诈骗等犯罪案件，由最初受理的公安机关或者主要犯罪地公安机关立案侦查。有争议的，按照有利于查清犯罪事实、有利于诉讼的原则，协商解决。经协商无法达成一致的，由共同上级公安机关指定有关公安机关立案侦查。

（六）在境外实施的电信网络诈骗等犯罪案件，可由公安部按照有利于查清犯罪事实、有利于诉讼的原则，指定有关公安机关立案侦查。

（七）公安机关立案、并案侦查，或因有争议，由共同上级公安机关指定立案侦查的案件，需要提请批准逮捕、移送审查起诉、提起公诉的，由该公安机关所在地的人民检察院、人民法院受理。

对重大疑难复杂案件和境外案件，公安机关应在指定立案侦查前，向同级人民检察院、人民法院通报。

（八）已确定管辖的电信诈骗共同犯罪案件，在逃的犯罪嫌疑人归案后，一般由原管辖的公安机关、人民检察院、人民法院管辖。

六、证据的收集和审查判断

（一）办理电信网络诈骗案件，确因被害人人数众多等客观条件的限制，无法逐一收集被害人陈述的，可以结合已收集的被害人陈述，以及经查证属实的银行账户交易记录、第三方支付结算账户交易记录、通话记录、电子数据等证据，综合认定被害人人数及诈骗资金数额等犯罪事实。

（二）公安机关采取技术侦查措施收集的案件证明材料，作为证据使用的，应当随案移送批准采取技术侦查措施的法律文书和所收集的证据材料，并对其来源等作出书面说明。

（三）依照国际条约、刑事司法协助、互助协议或平等互助原则，请求证据材料所在地司法机关收集，或通过国际警务合作机制、国际刑警组织启动合作取证程序收集的境外证据材料，经查证属实，可以作为定案的依据。公安机关应对其来源、提取人、提取时间或者提供人、提供时间以及保管移交的过程等作出说明。

对其他来自境外的证据材料,应当对其来源、提供人、提供时间以及提取人、提取时间进行审查。能够证明案件事实且符合刑事诉讼法规定的,可以作为证据使用。

七、涉案财物的处理

(一) 公安机关侦办电信网络诈骗案件,应当随案移送涉案赃款赃物,并附清单。人民检察院提起公诉时,应一并移交受理案件的人民法院,同时就涉案赃款赃物的处理提出意见。

(二) 涉案银行账户或者涉案第三方支付账户内的款项,对权属明确的被害人的合法财产,应当及时返还。确因客观原因无法查实全部被害人,但有证据证明该账户系用于电信网络诈骗犯罪,且被告人无法说明款项合法来源的,根据刑法第六十四条的规定,应认定为违法所得,予以追缴。

(三) 被告人已将诈骗财物用于清偿债务或者转让给他人,具有下列情形之一的,应当依法追缴:

1. 对方明知是诈骗财物而收取的;

2. 对方无偿取得诈骗财物的;

3. 对方以明显低于市场的价格取得诈骗财物的;

4. 对方取得诈骗财物系源于非法债务或者违法犯罪活动的。

他人善意取得诈骗财物的,不予追缴。

六、最高人民法院、最高人民检察院《关于办理诈骗刑事案件具体应用法律若干问题的解释》

法释〔2011〕7号

为依法惩治诈骗犯罪活动，保护公私财产所有权，根据刑法、刑事诉讼法有关规定，结合司法实践的需要，现就办理诈骗刑事案件具体应用法律的若干问题解释如下：

第一条 诈骗公私财物价值三千元至一万元以上、三万元至十万元以上、五十万元以上的，应当分别认定为刑法第二百六十六条规定的"数额较大"、"数额巨大"、"数额特别巨大"。

各省、自治区、直辖市高级人民法院、人民检察院可以结合本地区经济社会发展状况，在前款规定的数额幅度内，共同研究确定本地区执行的具体数额标准，报最高人民法院、最高人民检察院备案。

第二条 诈骗公私财物达到本解释第一条规定的数额标准，具有下列情形之一的，可以依照刑法第二百六十六条的规定酌情从严惩处：

（一）通过发送短信、拨打电话或者利用互联网、广播电视、报刊杂志等发布虚假信息，对不特定多数人实施诈骗的；

（二）诈骗救灾、抢险、防汛、优抚、扶贫、移民、救济、医疗款物的；

（三）以赈灾募捐名义实施诈骗的；

（四）诈骗残疾人、老年人或者丧失劳动能力人的财物的；

（五）造成被害人自杀、精神失常或者其他严重后果的。

诈骗数额接近本解释第一条规定的"数额巨大"、"数额特别巨大"的标准，并具有前款规定的情形之一或者属于诈骗集团首要分子的，应当分别认定为刑法第二百六十六条规定的"其他严重情节"、"其他特别严重情节"。

第三条 诈骗公私财物虽已达到本解释第一条规定的"数额较大"的标准，但具有下列情形之一，且行为人认罪、悔罪的，可以根据刑法第三十七条、刑事诉讼法第一百四十二条的规定不起诉或者免予刑事处罚：

（一）具有法定从宽处罚情节的；

（二）一审宣判前全部退赃、退赔的；

（三）没有参与分赃或者获赃较少且不是主犯的；

（四）被害人谅解的；

（五）其他情节轻微、危害不大的。

第四条 诈骗近亲属的财物，近亲属谅解的，一般可不按犯罪处理。

诈骗近亲属的财物，确有追究刑事责任必要的，具体处理也应酌情从宽。

第五条 诈骗未遂，以数额巨大的财物为诈骗目标的，或者具有其他严重情节的，应当定罪处罚。

利用发送短信、拨打电话、互联网等电信技术手段对不特定多数人实施诈骗，诈骗数额难以查证，但具有下列情形之一的，应当认定为刑法第二百六十六条规定的“其他严重情节”，以诈骗罪（未遂）定罪处罚：

（一）发送诈骗信息五千条以上的；

（二）拨打诈骗电话五百人次以上的；

（三）诈骗手段恶劣、危害严重的。

实施前款规定行为，数量达到前款第（一）、（二）项规定标准十倍以上的，或者诈骗手段特别恶劣、危害特别严重的，应当认定为刑法第二百六十六条规定的“其他特别严重情节”，以诈骗罪（未遂）定罪处罚。

第六条 诈骗既有既遂，又有未遂，分别达到不同量刑幅度的，依照处罚较重的规定处罚；达到同一量刑幅度的，以诈骗罪既遂处罚。

第七条 明知他人实施诈骗犯罪，为其提供信用卡、手机卡、通讯工具、通讯传输通道、网络技术支持、费用结算等帮助的，以共同犯罪论处。

第八条 冒充国家机关工作人员进行诈骗，同时构成诈骗罪和招摇撞骗罪的，依照处罚较重的规定定罪处罚。

第九条 案发后查封、扣押、冻结在案的诈骗财物及其孳息，权属明确的，应当发还被害人；权属不明确的，可按被骗款物占查封、扣押、冻结在案的财物及其孳息总额的比例发还被害人，但已获退赔的应予扣除。

第十条 行为人已将诈骗财物用于清偿债务或者转让给他人，具有下列情形之一的，应当依法追缴：

（一）对方明知是诈骗财物而收取的；

（二）对方无偿取得诈骗财物的；

（三）对方以明显低于市场的价格取得诈骗财物的；

（四）对方取得诈骗财物系源于非法债务或者违法犯罪活动的。

他人善意取得诈骗财物的，不予追缴。

第十一条 以前发布的司法解释与本解释不一致的，以本解释为准。

七、最高人民法院、最高人民检察院《关于办理抢夺刑事案件适用法律若干问题的解释》

法释〔2013〕25号

为依法惩治抢夺犯罪，保护公私财产，根据《中华人民共和国刑法》的有关规定，现就办理此类刑事案件适用法律的若干问题解释如下：

第一条 抢夺公私财物价值一千元至三千元以上、三万元至八万元以上、二十万元至四十万元以上的，应当分别认定为刑法第二百六十七条规定的"数额较大"、"数额巨大"、"数额特别巨大"。

各省、自治区、直辖市高级人民法院、人民检察院可以根据本地区经济发展状况，并考虑社会治安状况，在前款规定的数额幅度内，确定本地区执行的具体数额标准，报最高人民法院、最高人民检察院批准。

第二条 抢夺公私财物，具有下列情形之一的，"数额较大"的标准按照前条规定标准的百分之五十确定：

（一）曾因抢劫、抢夺或者聚众哄抢受过刑事处罚的；

（二）一年内曾因抢夺或者哄抢受过行政处罚的；

（三）一年内抢夺三次以上的；

（四）驾驶机动车、非机动车抢夺的；

（五）组织、控制未成年人抢夺的；

（六）抢夺老年人、未成年人、孕妇、携带婴幼儿的人、残疾人、丧失劳动能力人的财物的；

（七）在医院抢夺病人或者其亲友财物的；

（八）抢夺救灾、抢险、防汛、优抚、扶贫、移民、救济款物的；

（九）自然灾害、事故灾害、社会安全事件等突发事件期间，在事件发生地抢夺的；

（十）导致他人轻伤或者精神失常等严重后果的。

第三条 抢夺公私财物，具有下列情形之一的，应当认定为刑法第二百六十七条规定的"其他严重情节"：

（一）导致他人重伤的；

（二）导致他人自杀的；

（三）具有本解释第二条第三项至第十项规定的情形之一，数额达到本解释第一条规定的"数额巨大"百分之五十的。

第四条 抢夺公私财物，具有下列情形之一的，应当认定为刑法第二百六十七条规定的“其他特别严重情节”：

（一）导致他人死亡的；

（二）具有本解释第二条第三项至第十项规定的情形之一，数额达到本解释第一条规定的“数额特别巨大”百分之五十的。

第五条 抢夺公私财物数额较大，但未造成他人轻伤以上伤害，行为人系初犯，认罪、悔罪，退赃、退赔，且具有下列情形之一的，可以认定为犯罪情节轻微，不起诉或者免予刑事处罚；必要时，由有关部门依法予以行政处罚：

（一）具有法定从宽处罚情节的；

（二）没有参与分赃或者获赃较少，且不是主犯的；

（三）被害人谅解的；

（四）其他情节轻微、危害不大的。

第六条 驾驶机动车、非机动车夺取他人财物，具有下列情形之一的，应当以抢劫罪定罪处罚：

（一）夺取他人财物时因被害人不放手而强行夺取的；

（二）驾驶车辆逼挤、撞击或者强行逼倒他人夺取财物的；

（三）明知会致人伤亡仍然强行夺取并放任造成财物持有人轻伤以上后果的。

第七条 本解释公布施行后，《最高人民法院关于审理抢夺刑事案件具体应用法律若干问题的解释》（法释〔2002〕18 号）同时废止；之前发布的司法解释和规范性文件与本解释不一致的，以本解释为准。

八、最高人民法院《关于审理贪污、职务侵占案件如何认定共同犯罪几个问题的解释》

法释〔2000〕15号

为依法审理贪污或者职务侵占犯罪案件，现就这类案件如何认定共同犯罪问题解释如下：

第一条 行为人与国家工作人员勾结，利用国家工作人员的职务便利，共同侵吞、窃取、骗取或者以其他手段非法占有公共财物的，以贪污罪共犯论处。

第二条 行为人与公司、企业或者其他单位的人员勾结，利用公司、企业或者其他单位人员的职务便利，共同将该单位财物非法占为己有，数额较大的，以职务侵占罪共犯论处。

第三条 公司、企业或者其他单位中，不具有国家工作人员身份的人与国家工作人员勾结，分别利用各自的职务便利，共同将本单位财物非法占为己有的，按照主犯的犯罪性质定罪。

九、最高人民法院、最高人民检察院《关于办理敲诈勒索刑事案件适用法律若干问题的解释》

法释〔2013〕10 号

为依法惩治敲诈勒索犯罪，保护公私财产权利，根据《中华人民共和国刑法》、《中华人民共和国刑事诉讼法》的有关规定，现就办理敲诈勒索刑事案件适用法律的若干问题解释如下：

第一条 敲诈勒索公私财物价值二千元至五千元以上、三万元至十万元以上、三十万元至五十万元以上的，应当分别认定为刑法第二百七十四条规定的"数额较大"、"数额巨大"、"数额特别巨大"。

各省、自治区、直辖市高级人民法院、人民检察院可以根据本地区经济发展状况和社会治安状况，在前款规定的数额幅度内，共同研究确定本地区执行的具体数额标准，报最高人民法院、最高人民检察院批准。

第二条 敲诈勒索公私财物，具有下列情形之一的，"数额较大"的标准可以按照本解释第一条规定标准的百分之五十确定：

（一）曾因敲诈勒索受过刑事处罚的；

（二）一年内曾因敲诈勒索受过行政处罚的；

（三）对未成年人、残疾人、老年人或者丧失劳动能力人敲诈勒索的；

（四）以将要实施放火、爆炸等危害公共安全犯罪或者故意杀人、绑架等严重侵犯公民人身权利犯罪相威胁敲诈勒索的；

（五）以黑恶势力名义敲诈勒索的；

（六）利用或者冒充国家机关工作人员、军人、新闻工作者等特殊身份敲诈勒索的；

（七）造成其他严重后果的。

第三条 二年内敲诈勒索三次以上的，应当认定为刑法第二百七十四条规定的"多次敲诈勒索"。

第四条 敲诈勒索公私财物，具有本解释第二条第三项至第七项规定的情形之一，数额达到本解释第一条规定的"数额巨大"、"数额特别巨大"百分之八十的，可以分别认定为刑法第二百七十四条规定的"其他严重情节"、"其他特别严重情节"。

第五条 敲诈勒索数额较大，行为人认罪、悔罪，退赃、退赔，并具有下列情形之一的，可以认定为犯罪情节轻微，不起诉或者免予刑事处罚，由有关部门依法予以行政处罚：

（一）具有法定从宽处罚情节的；

（二）没有参与分赃或者获赃较少且不是主犯的；

（三）被害人谅解的；

（四）其他情节轻微、危害不大的。

第六条 敲诈勒索近亲属的财物，获得谅解的，一般不认为是犯罪；认定为犯罪的，应当酌情从宽处理。

被害人对敲诈勒索的发生存在过错的，根据被害人过错程度和案件其他情况，可以对行为人酌情从宽处理；情节显著轻微危害不大的，不认为是犯罪。

第七条 明知他人实施敲诈勒索犯罪，为其提供信用卡、手机卡、通讯工具、通讯传输通道、网络技术支持等帮助的，以共同犯罪论处。

第八条 对犯敲诈勒索罪的被告人，应当在二千元以上、敲诈勒索数额的二倍以下判处罚金；被告人没有获得财物的，应当在二千元以上十万元以下判处罚金。

第九条 本解释公布施行后，《最高人民法院关于敲诈勒索罪数额认定标准问题的规定》（法释〔2000〕11号）同时废止；此前发布的司法解释与本解释不一致的，以本解释为准。

十、最高人民法院《关于审理拒不支付劳动报酬刑事案件适用法律若干问题的解释》

法释〔2013〕3 号

为依法惩治拒不支付劳动报酬犯罪，维护劳动者的合法权益，根据《中华人民共和国刑法》有关规定，现就办理此类刑事案件适用法律的若干问题解释如下：

第一条 劳动者依照《中华人民共和国劳动法》和《中华人民共和国劳动合同法》等法律的规定应得的劳动报酬，包括工资、奖金、津贴、补贴、延长工作时间的工资报酬及特殊情况下支付的工资等，应当认定为刑法第二百七十六条之一第一款规定的“劳动者的劳动报酬”。

第二条 以逃避支付劳动者的劳动报酬为目的，具有下列情形之一的，应当认定为刑法第二百七十六条之一第一款规定的“以转移财产、逃匿等方法逃避支付劳动者的劳动报酬”：

（一）隐匿财产、恶意清偿、虚构债务、虚假破产、虚假倒闭或者以其他方法转移、处分财产的；

（二）逃跑、藏匿的；

（三）隐匿、销毁或者篡改账目、职工名册、工资支付记录、考勤记录等与劳动报酬相关的材料的；

（四）以其他方法逃避支付劳动报酬的。

第三条 具有下列情形之一的，应当认定为刑法第二白七十六条之一第一款规定的“数额较大”：

（一）拒不支付一名劳动者三个月以上的劳动报酬且数额在五千元至二万元以上的；

（二）拒不支付十名以上劳动者的劳动报酬且数额累计在三万元至十万元以上的。

各省、自治区、直辖市高级人民法院可以根据本地区经济社会发展状况，在前款规定的数额幅度内，研究确定本地区执行的具体数额标准，报最高人民法院备案。

第四条 经人力资源社会保障部门或者政府其他有关部门依法以限期整改指令书、行政处理决定书等文书责令支付劳动者的劳动报酬后，在指定的期限内仍不支付的，应当认定为刑法第二百七十六条之一第一款规定的“经政府有关部门责令支付仍不支付”，但有证据证明行为人有正当理由未知悉责令支付或者未及时支付劳动报酬的除外。

行为人逃匿，无法将责令支付文书送交其本人、同住成年家属或者所在单位负责收件的人的，如果有关部门已通过在行为人的住所地、生产经营场所等地张贴责令支付文书等方式责令支付，并采用拍照、录像等方式记录的，应当视为“经政府有关部门责令支付”。

第五条 拒不支付劳动者的劳动报酬，符合本解释第三条的规定，并具有下列情形之一的，应当认定为刑法第二百七十六条之一第一款规定的“造成严重后果”：

（一）造成劳动者或者其被赡养人、被扶养人、被抚养人的基本生活受到严重影响、重大疾病无法及时医治或者失学的；

（二）对要求支付劳动报酬的劳动者使用暴力或者进行暴力威胁的；

（三）造成其他严重后果的。

第六条 拒不支付劳动者的劳动报酬，尚未造成严重后果，在刑事立案前支付劳动者的劳动报酬，并依法承担相应赔偿责任的，可以认定为情节显著轻微危害不大，不认为是犯罪；在提起公诉前支付劳动者的劳动报酬，并依法承担相应赔偿责任的，可以减轻或者免除刑事处罚；在一审宣判前支付劳动者的劳动报酬，并依法承担相应赔偿责任的，可以从轻处罚。

对于免除刑事处罚的，可以根据案件的不同情况，予以训诫、责令具结悔过或者赔礼道歉。

拒不支付劳动者的劳动报酬，造成严重后果，但在宣判前支付劳动者的劳动报酬，并依法承担相应赔偿责任的，可以酌情从宽处罚。

第七条 不具备用工主体资格的单位或者个人，违法用工且拒不支付劳动者的劳动报酬，数额较大，经政府有关部门责令支付仍不支付的，应当依照刑法第二百七十六条之一的规定，以拒不支付劳动报酬罪追究刑事责任。

第八条 用人单位的实际控制人实施拒不支付劳动报酬行为，构成犯罪的，应当依照刑法第二百七十六条之一的规定追究刑事责任。

第九条 单位拒不支付劳动报酬，构成犯罪的，依照本解释规定的相应个人犯罪的定罪量刑标准，对直接负责的主管人员和其他直接责任人员定罪处罚，并对单位判处罚金。

参 考 文 献

一、专著类

1. ［德］阿图尔·考夫曼：《后现代法哲学》，法律出版社 2000 年版。
2. ［德］克劳斯·罗克辛：《德国刑法学总论（第 1 卷）》，王世洲译，法律出版社 2005 年版。
3. ［德］耶赛克·魏根特：《德国刑法教科书（总论）》，徐久生译，中国法制出版社 2001 年版。
4. ［法］孟德斯鸠：《论法的精神（一）》，许家星译，中国社会科学出版社 2007 年版。
5. ［美］马丁·迈耶：《大银行家：电子时代的货币、信用与银行》，何自云译，海南出版社 2000 年版。
6. ［日］大谷实：《刑法各论（第 4 版）》，成文堂 2014 年版。
7. ［日］大谷实：《刑法各论》，黎宏译，法律出版社 2003 年版。
8. ［日］大谷实：《刑法讲义各论（新版第 3 版）》，成文堂 2009 年版。
9. ［日］大谷实：《刑法讲义总论（新版第 4 版）》，成文堂 2012 年版。
10. ［日］大塚仁：《刑法概说（各论）》，冯军译，中国人民大学出版社 2003 年版。
11. ［日］大塚仁：《刑法概说（各论）》，有斐阁 1996 年第 3 版。
12. ［日］大塚仁：《刑法概说（总论）》，冯军译，中国人民大学出版社 2003 年版。
13. ［日］大塚仁：《刑法解释大全（第 9 卷）》，青林书院 1988 年版。
14. ［日］大塚裕史：《刑法各论の思考方法（第 3 版）》，早稻田经营出版 2010 年版。
15. ［日］高桥则夫：《刑法各论（第 2 版）》，成文堂 2014 年版。
16. ［日］林幹人：《财产犯の保护法益》，东京大学出版会 1984 年版。
17. ［日］木村光江：《财产犯论の研究》，日本评论社 2008 年版。
18. ［日］木村龟二：《刑法各论》，法文社 1957 年版。
19. ［日］木村龟二主编：《刑法学词典》，顾肖荣等译，上海翻译出版公司 1991 年版。
20. ［日］内田文昭：《刑法各论（上卷）》，青林书院新社 1979 年版。
21. ［日］前田雅英：《刑法各论讲义（第 5 版）》，东京大学出版会 2011 年版。
22. ［日］浅田和茂、井田良编：《刑法》，日本评论社 2012 年版。
23. ［日］山口厚：《从新判例看刑法（第 2 版）》，付立庆、刘隽译，中国人民大学出版社 2009 年版。
24. ［日］山口厚：《问题探究：刑法各论》，有斐阁 1999 年版。
25. ［日］山口厚：《刑法各论（第 2 版）》，王昭武译，中国人民大学出版社 2011 年版。
26. ［日］山口厚：《刑法各论（第 2 版）》，有斐阁 2010 年版。

27. [日] 松宫孝明:《刑法各论讲义》,成文堂 2006 年版。
28. [日] 西田典之:《刑法各论(第二版)》,弘文堂 2002 年版。
29. [日] 西田典之:《刑法各论(第六版)》,弘文堂 2012 年版。
30. [日] 西田典之、山口厚、佐伯仁志编:《刑法の争点》,有斐阁 2007 年版。
31. [日] 小野清一郎:《犯罪构成要件理论》,中国人民公安大学出版社 1991 年版。
32. [日] 穴沢大辅:《いわゆる"误振込・误记账"事案における财产犯の成否(2・完)》,载《上智法学论集》第 48 卷 3・4 号(2005 年)。
33. [日] 伊藤真:《刑法各论(第 4 版)》,弘文堂 2012 年版。
34. [日] 曾根威彦、松原芳博编集:《重点问题刑法各论》,成文堂 2008 年版。
35. [日] 佐伯仁志、道垣内弘人:《刑法と民法の对话》,有斐阁 2001 年版。
36. [日] 佐久间修:《刑法各论(第 2 版)》,成文堂 2012 年版。
37. [意] 杜里奥・帕多瓦尼:《意大利刑法学原理(评注版)》,陈忠林译评,中国人民大学出版社 2004 年版。
38. [意] 鲁道夫・萨科、拉法埃莱・卡泰丽娜:《占有论》,贾婉婷译,中国政法大学出版社 2014 年版。
39. 曹漫之主编:《唐律疏议译注》,吉林人民出版社 1989 年版。
40. 陈洪兵:《财产犯罪之间的界限与竞合研究》,中国政法大学出版社 2014 年版。
41. 陈鹏生等主编:《走向二十一世纪的中国法文化》,上海社会科学院出版社 2002 年版。
42. 陈兴良:《规范刑法学》,中国人民大学出版社 2013 年版。
43. 陈兴良:《教义刑法学》,中国人民大学出版社 2010 年版。
44. 陈兴良:《判例刑法学(下卷)》,中国人民大学出版社 2009 年版。
45. 陈兴良:《刑法学教科书之规范刑法学》,中国政法大学出版社 2003 年版。
46. 陈兴良:《刑法哲学》,中国政法大学出版社 1992 年版。
47. 陈兴良、陈子平:《两岸刑法案例比较研究》,北京大学出版社 2010 年版。
48. 陈忠林:《刑法解释问题研究》,中国人民公安大学出版社 2003 年版。
49. 冯军、肖中华:《刑法总论》,中国人民大学出版社 2008 年版。
50. 高铭暄、马克昌、赵秉志主编:《刑法学》,北京大学出版社、高等教育出版社 2011 年版。
51. 高铭暄、马克昌主编:《刑法学(下编)》,中国法制出版社 1999 年版。
52. 高铭暄、马克昌主编:《刑法学》,高等教育出版社 2007 年版。
53. 黄荣坚:《基础刑法学(下)》,中国人民大学出版社 2009 年版。
54. 黄太云:《刑法修正案解读全编》,人民法院出版社 2011 年版。
55. 黄祥青:《刑法适用要点解析》,人民法院出版社 2011 年版。
56. 劳东燕:《风险社会中的刑法:社会转型与刑法理论的变迁》,北京大学出版社 2015 年版。
57. 黎宏:《刑法学》,法律出版社 2012 年版。
58. 李怀胜主编:《刑事典型疑难问题适用指导与参考(侵犯财产罪卷)》,中国检察出版社 2013 年版。
59. 李洁:《犯罪对象论》,中国政法大学出版社 1998 年版。

60. 李可:《习惯法——一个正在发生的制度性事实》,中南大学出版社 2005 年版。
61. 梁慧星:《物权法》,法律出版社 2016 年版。
62. 梁世伟主编:《刑法学教程》,南京大学出版社 1987 年版。
63. 梁治平:《清代习惯法: 社会与国家》,中国政法大学出版社 1996 年版。
64. 林东茂:《刑法综览(修订五版)》,中国人民大学出版社 2009 年版。
65. 林东茂:《一个知识论上的刑法学思考(增订三版)》,中国人民大学出版社 2009 年版。
66. 林山田:《刑法各罪论(上册)》,北京大学出版社 2012 年版。
67. 林山田:《刑法特论(上)》,三民书局 2000 年版。
68. 林山田:《刑法特论》,三民书局 1978 年版。
69. 林钰雄:《新刑法总则》,中国人民大学出版社 2009 年版。
70. 刘进田:《文化哲学导论》,法律出版社 1999 年版。
71. 刘明祥:《财产罪比较研究》,中国政法大学出版 2001 年版。
72. 刘守芬等:《刑法文化与犯罪预防控制的研究》,中国人民大学出版社 2012 年版。
73. 刘宪权主编:《刑法学》,上海人民出版社 2008 年版。
74. 卢方、贺平凡主编:《经济、财产犯罪案例精选》,上海人民出版社 2008 年版。
75. 马克昌:《犯罪通论》,武汉大学出版社 1999 年版。
76. 马克昌、杨春洗、吕继贵主编:《刑法学全书》,上海科学技术文献出版社 1993 年版。
77. 全国人大法制工作委员会刑法室编:《中华人民共和国刑法条文说明、立法理由及相关规定》,北京大学出版社 2009 年版。
78. 任强:《知识、信仰与超越》,北京大学出版社 2009 年增订版。
79. 沈志先主编:《公报案例精析》,法律出版社 2010 年版。
80. 史尚宽:《民法总论》,中国政法大学出版社 2000 年版。
81. 苏惠渔主编:《刑法学》,中国政法大学出版社 2001 年版。
82. 苏力:《法治及其本土资源》,北京大学出版社 2015 年版。
83. 苏力:《送法下乡》,北京大学出版社 2011 年版。
84. 汤唯:《法社会学在中国——西方文化与本土资源》,科学出版社 2007 年版。
85. 童伟华:《财产罪基础理论研究——财产罪的法益及其展开》,法律出版社 2012 年版。
86. 王作富主编:《刑法分则实务研究》,中国方正出版社 2013 年版。
87. 魏海:《盗窃罪研究》,中国政法大学出版社 2012 年版。
88. 谢兆吉、刁荣华:《刑法学说与案例研究》,汉林出版社 1976 年版。
89. 许发民:《刑法的社会文化分析》,武汉大学出版社 2004 年版。
90. 许发民:《刑法文化与刑法现代化研究》,中国方正出版社 2001 年版。
91. 叶高峰主编:《故意犯罪过程中的犯罪形态论》,河南大学出版社 1989 年版。
92. 于志刚:《刑法总则的扩张解释》,中国法制出版社 2009 年版。
93. 曾宪义等主编:《礼与法: 中国传统法律文化总论》,中国人民大学出版社 2012 年版。
94. 张德胜:《儒家伦理与社会秩序》,上海人民出版社 2008 年版。
95. 张红昌:《财产罪中的占有研究》,中国人民公安大学出版社 2013 年版。

96. 张明楷:《法益初论》,中国政法大学出版社 2003 年版。
97. 张明楷:《外国刑法学纲要》,清华大学出版社 2007 年版。
98. 张明楷:《刑法的基本立场》,中国法制出版社 2002 年版。
99. 张明楷:《刑法分则的解释原理》,中国人民大学出版社 2011 年版。
100. 张明楷:《刑法学》,法律出版社 2011 年版。
101. 张明楷:《刑法学》,法律出版社 2016 年版。
102. 张明楷:《诈骗罪与金融诈骗罪研究》,清华大学出版社 2006 年版。
103. 张志勇、吴声:《诈骗罪专题整理》,中国人民公安大学出版社 2007 年版。
104. 赵秉志:《刑法新教程》,中国人民大学出版社 2012 年版。
105. 赵秉志:《刑法学各论研究述评》,北京师范大学出版社 2009 年版。
106. 中国社会科学院语言研究所词典编辑室:《现代汉语词典(第 5 版)》,商务印书馆 2005 年版。
107. 中国社会科学院语言研究所词典编辑室:《现代汉语词典(第 6 版)》,商务印书馆 2012 年版。
108. 周道鸾、张军主编:《刑法罪名精释》,人民法院出版社 2013 年版。
109. 周光权:《刑法各论》,中国人民大学出版社 2011 年版。
110. 周光权:《刑法各论》,中国人民大学出版社 2016 年版。
111. 周光权:《刑法学》,中国人民大学出版社 2016 年版。
112. 最高人民法院刑事审判第一、二、三、四、五庭主办:《刑事审判参考(1999—2011 妨害社会管理秩序罪)》,法律出版社 2012 年版。
113. 最高人民法院刑事审判第一、二、三、四、五庭主办:《刑事审判参考(1999—2011 侵犯财产罪)》,法律出版社 2012 年版。
114. 最高人民法院刑事审判第一、二、三、四、五庭主办:《刑事审判参考(1999—2011 侵犯人身权利民主权利罪)》,法律出版社 2012 年版。
115. 最高人民法院刑事审判第一、二、三、四、五庭主办:《刑事审判参考(总第 70 集)》,法律出版社 2010 年版。
116. 最高人民法院刑事审判第一、二、三、四、五庭主办:《刑事审判参考(总第 84 集)》,法律出版社 2012 年版。
117. 最高人民法院刑事审判第一、二、三、四、五庭主办:《刑事审判参考(总第 92 辑)》,法律出版社 2014 年版。
118. 最高人民法院刑事审判第一、二、三、四、五庭主办:《中国刑事审判指导案例(侵犯财产罪)》,法律出版社 2012 年版。
119. 最高人民法院研究室编:《刑法修正案(八)条文及配套司法解释理解与适用》,人民法院出版社 2011 年版。
120. 最高人民法院中国应用法学研究所主编:《人民法院案例选(总第 41 辑)》,人民法院出版社 2003 年版。
121. 最高人民法院中国应用法学研究所主编:《人民法院案例选(总第 43 辑)》,人民法院出版社2003年版。

二、论文类

1. [日] 坂井爱:《不法原因给付と诈欺罪》,载《日本法学》2008年第73卷3号。
2. [日] 锄本丰博:《CDかードの不正使用と"预金の占有"(下)》,载《白鸥法学》第23号(2004年)。
3. [日] 久须本:《不法原因给付と损益相杀》,载《法政论集》2008年版。
4. [日] 林幹人:《不法原因给付における"给付"の意义——批判に答えて》,载《上智法学论集》2001年第45卷第2号。
5. [日] 内田幸隆:《财产犯における可罚性の根据》,载《刑法杂志》2011年第50卷第2号。
6. [日] 桥爪隆:《银行预金の引出しと财产犯の成否》,载《研修》第735号(2009年)。
7. [日] 山川一阳:《金钱所有权という概念と犯罪》,载《日本法学》第76卷第4号(2011年)。
8. [日] 山川一阳:《误振込による预金债权の成否と犯罪》,载《警察学论集》第64卷第2号。
9. [日] 足立友子:《诈欺罪における欺罔行为について(二)——诈欺罪の保护法益と欺罔概念の再构成》,载《法政论集》第211号(2006年)。
10. 蔡丽明、陈柱钊:《进入卖淫女住所嫖宿数天后再行抢劫之定性》,载《人民司法(案例)》2010年第10期。
11. 蔡英:《盗窃罪犯罪客体及对象研究》,载《西南政法大学学报》2005年第4期。
12. 车浩:《"扒窃"入刑:贴身禁忌与行为人刑法》,载《中国法学》2013年第1期。
13. 陈洪兵:《财产罪法益上的所有权说批判》,载《金陵法律评论》2008年第1期。
14. 陈洪兵:《论经济的财产损害——破解财产罪法益之争的另一视角》,载《刑事法评论》2013年第32卷。
15. 陈少青:《法秩序的统一性与违法判断的相对性》,载《法学家》,2016年第3期。
16. 陈文昊、郭自力:《财产犯罪法益的本权——占有二元体系失语与刑法目的性的回归与考察》,载《岭南学刊》2016年第5期。
17. 陈兴良:《盗窃罪研究》,载陈兴良主编:《刑事法判解》,法律出版社1999年版。
18. 陈兴良:《论财产犯罪的司法认定——在北京德恒律师事务所的演讲》,载《东方法学》2008年第3期。
19. 陈兴良:《目的犯的法理探究》,载《法学研究》2004年第3期。
20. 陈忠林:《刑法的解释及其界限》,载《中国刑法学年会论文集》,中国人民公安大学出版社2003年版。
21. 董玉庭:《捡与偷的界分——以梁丽案为背景的分析》,载《人民检察》2009年第17期。
22. 杜文俊、赵拥军:《财产犯罪既遂标准中的控制说及其司法认定》,载《上海政法学院学报》2015年第2期。
23. 付立庆:《论刑法介入财产权保护时的考虑要点》,载《中国法学》2011年第6期。
24. 高翼飞:《侵犯财产罪保护法益再探究》,载《中国刑事法杂志》2013年第7期。
25. 郭晓红:《民、刑比较视野下的刑法"占有"研究》,载《法律适用》2011年第9期。

26. 郭晓红:《民、刑比较视野下的占有之“观念化”》,载《法学杂志》2011 年第 11 期。
27. 何建良:《从本土文化的角度探讨中国法治的未来》,载《法制与社会》2013 年第 7 期。
28. 何荣功:《财产罪法益新论》,载《甘肃政法学院学报》2012 年第 1 期。
29. 黑静洁:《存款的占有新论》,载《中国刑事法杂志》2012 年第 1 期。
30. 黑静洁:《论死者的占有——对“占有”概念的重新解读》,载《时代法学》2012 年第 2 期。
31. 胡东飞:《论刑法第 91 条第 2 款的适用》,载《中国刑事法杂志》2010 年第 11 期。
32. 胡旭晟:《20 世纪前期中国之民商事习惯调查及其意义》,载《湘潭大学学报(哲社版)》1999 年第 2 期。
33. 黄祥青:《盗窃罪的认定思路与要点》,载《上海审判实践》2013 年第 11 期。
34. 黄祥青:《认定多次盗窃的事实与法理依据》,载《人民司法(应用)》2009 年第 9 期。
35. 纪翔虎、蔡永彤:《侵占罪中‘代为保管’认定的难点与消解——兼论侵占罪与盗窃罪的分野与厘定》,载《中国刑事法杂志》2008 年 11 月。
36. 贾潞斌、牛庆辉:《如何认定刑法上“非法占有的故意”》,载《中国检察官》2011 年第 11 期。
37. 井厚量:《第三人从死亡现场取财构成何罪——不侵犯现实占有的取财行为能否构成盗窃》,载《中国政法大学学报》2012 年第 1 期。
38. 黎宏:《论财产犯中的占有》,载《中国法学》2009 年第 1 期。
39. 黎宏:《论财产犯罪的保护法益》,载《人民检察》2008 年第 23 期。
40. 黎宏《论盗窃罪中的多次盗窃》,载《人民检察》2010 年第 1 期。
41. 李齐广、谢雨:《论刑法中的不法原因给付与侵占罪》,载《政治与法律》2010 年第 5 期。
42. 李强:《日本刑法中的‘存款的占有’:现状、借鉴与启示》,载《清华法学》2010 年第 4 期。
43. 李世阳:《论诈骗罪中的财产处分行为》,载《北京大学研究生学志》2011 年第 2 期。
44. 李翔:《新型盗窃罪的司法适用路径》,载《华东政法大学学报》2011 年第 5 期。
45. 林学飞:《论刑法中的占有——〈最高人民法院公报〉相关案例的回顾与评析》,载《浙江社会科学》2011 年第 5 期。
46. 刘俊杰:《旧题新做:财产犯罪的法益——以民刑关系为出发点的定位》,载《湖北工业职业技术学院学报》2015 年第 28 卷第 6 期。
47. 刘明祥:《办理侵占罪案件应注意区分的几个问题》,载《人民检察》2009 年第 15 期。
48. 刘明祥:《论刑法中的占有》,载《法商研究》2000 年第 3 期。
49. 刘明祥:《刑法中的非法占有目的》,载《法学研究》2000 年第 2 期。
50. 刘守芬、方泉:《行为与责任——基于网络技术的几点适应性考量》,载《北京大学学报(哲学社会科学版)》2004 年第 3 期。
51. 刘艳红:《论非法定目的犯的构成要件构造及其适用》,载《法律科学》2002 年第 5 期。
52. 刘艳红:《目的二阶层体系与“但书”出罪功能的自洽性》,载《法学评论》2012 年第 6 期。
53. 刘之雄:《刑罚根据完整化上的犯罪分类——侵害犯、危险犯、结果犯、行为犯的关系论纲》,载《中国法学》2005 年第 5 期。
54. 吕安青:《先秦儒家法律思想探源》,载《政法论坛(中国政法大学学报)》1998 年第 1 期。
55. 马俊驹、梅夏英:《财产权制度的历史评析和现实思考》,载《中国社会科学》1999 年第 1 期。

56. 桑本谦:《传统刑法学理论的尴尬(Ⅱ)——面对梁丽案》,载《广东商学院学报》2009 年第 5 期。
57. 沈志民:《对盗窃在他人保管之下的本人财物行为的刑法评价》,载《北方法学》2012 年第 2 期。
58. 沈志民:《再论财产罪保护法益》,载《人民检察》2011 年版第 15 期。
59. 隋彭生:《论占有之本权》,载《法商研究》2011 年第 2 期。
60. 孙建权、宁积宇:《财产罪法益中的"占有说"之提倡——兼谈非法取得他人犯罪所得赃物的定性》,载《决策信息》2009 年第 8 期。
61. 孙军工:《审理盗窃案件具体应用法律的几个问题》,载《人民司法》1998 年第 4 期。
62. 汤道刚、曾赛刚:《举动犯刍议》,载《河南公安高等专科学校学报》2005 年第 5 期。
63. 童伟华:《财产罪的法益——修正的"所有权说"之提倡》,载《安徽大学法律评论》2009 年第 1 期。
64. 童伟华:《日本刑法中"不法原因给付与侵占"述评》,载《环球法律评论》2009 年第 6 期。
65. 童伟华:《债权行使与财产罪》,载《法治研究》2011 年第 10 期。
66. 王杰:《传统文化中的主体价值及其现代转换》,载《中共中央党校学报》2006 年第 3 期。
67. 王骏:《财产罪中违法一元论与违法多元论对立之展开》,载《中国石油大学学报(社会科学版)》2013 年第 4 期。
68. 王维丹:《论占有制度与盗窃罪客体之审视》,载《科教文汇》2007 年第 2 期。
69. 王学辉、王殿华:《中国固有法文化的特征及其价值思考》,载《云南民族学院学报》1990 年第 2 期。
70. 王昭武:《法秩序统一性视野下违法判断的相对性》,载《中外法学》2015 年第 1 期。
71. 王政勋:《从图式理论看刑法解释立场——一个实证的考察》,载《中外法学》2009 年第 3 期。
72. 王志祥、张伟珂:《盗窃罪新增行为方式评析》,载《北京航空航天大学学报(社会科学版)》,2012 年第 5 期。
73. 肖本山:《消费纠纷领域敲诈勒索罪的认定》,载《法学》2009 年第 5 期。
74. 肖日栋:《网络虚拟财产的性质界定及其立法保护》,载《商业时代》2013 年第 19 期。
75. 肖松平:《我国财产犯罪的保护法益之辨析》,载《衡阳师范学院学报》2010 年第 4 期。
76. 徐光华:《刑法文化解释视域下的习惯法》,载《法学杂志》2011 年第 10 期。
77. 徐光华:《刑法文化解释问题研究》,载《武汉大学学报(哲学社会科学版)》2012 年第 2 期。
78. 徐光华、郭晓红:《我国财产犯罪的保护法益应坚持所有权说——以非法取回自己所有而为他人占有的财产类案例的"同案异判"为例》,载《政治与法律》2013 年第 3 期。
79. 许发民:《论罪刑法定原则价值蕴涵的社会文化分析》,载《淮阴师范学院学报(哲学社会科学版)》2004 年版第 3 期。
80. 杨兴培:《"许霆案"的技术分析及其法理思考》,载《法学》2008 年第 3 期。
81. 姚万勤:《盗窃银行承兑汇票并进行专卖行为的定性分析》,载《政治与法律》2013 年第 2 期。
82. 姚万勤:《盗窃罪保护法益的理论嬗变与司法抉择——新修正的所有权说之提倡》,载《时代法学》2014 年第 4 期。

83. 尹晓静:《财产犯罪中非法占有目的之否定——“侵害占有、建立占有”客观分析之提倡》,载《政治与法律》2011 年第 11 期。
84. 尹晓静:《论作为财产犯罪保护法益的占有说》,载《广西大学学报(哲学社会科学版)》2013 年第 1 期。
85. 于世忠:《侵占罪与盗窃罪的界定》,载《法制与社会发展》2002 年第 3 期。
86. 于志刚、郭旭强:《财产罪法益中所有权说与占有说之对抗与选择》,载《法学》2010 年第 8 期。
87. 袁博:《对转化型抢劫中持枪情节的评价》,载《人民司法(案例)》2016 年第 17 期。
88. 袁博、荣学磊:《禁止重复评价原则在转化型抢劫罪加重情节适用中的指导规则》,载《中国检察官》2014 年第 8 期。
89. 张春雨、刘中发:《窃取公权力支配下的本人财物之行为定性研究》,载《中国刑事法杂志》2009 年第 8 期。
90. 张红昌:《财产罪中规定非法占有目的的质疑》,载《中南大学学报(社会科学版)》2009 年第 15 卷第 6 期。
91. 张明楷:《“非法占有目的”辨析》,载《侵犯财产罪的理论与司法实践》,法律出版社 2008 年版。
92. 张明楷:《不当得利与财产犯罪的关系》,载《人民检察》2008 年第 13 期。
93. 张明楷:《盗窃罪的新课题》,载《政治与法律》2011 年第 8 期。
94. 张明楷:《法条竞合中特别关系的确定与处理》,载《法学家》2011 年第 1 期。
95. 张明楷:《论财产罪的非法占有目的》,载《法商研究》2005 年第 5 期。
96. 张明楷:《论短缩的二行为犯》,载《中国法学》2004 年第 3 期。
97. 张明楷:《实质解释论的再提倡》,载《中国法学》2010 年第 4 期。
98. 张明楷:《刑法学研究的五个关系》,载《法学家》2014 年第 6 期。
99. 张明楷:《刑法学研究中的十关系论》,载《政法论坛(中国政法大学学报)》2006 年第 3 期。
100. 张明楷:《许霆案的刑法学分析》,载《中外法学》2009 年第 1 期。
101. 张明楷:《也论用拾得的信用卡在 ATM 机上取款的行为性质——与刘明祥教授商榷》,载《清华法学》2008 年第 1 期。
102. 张庆麟:《论货币的物权特征》,载《法学评论》2004 年第 5 期。
103. 张小虎:《论盗窃罪的非法占有目的要素》,载《法学杂志》2014 年第 12 期。
104. 张阳、傅俊维:《论财产罪的“所有”与“占有”》,载《中州学刊》2014 年第 8 期。
105. 张正新,金泽刚:《论刑法中的多次犯罪》,载《湖北社会科学》2011 年第 7 期。
106. 赵运锋:《刑罚倒挂现象的反思与拷问——以财产犯罪与经济犯罪为研究视角》,载《武汉理工大学学报(社会科学版)》2008 年第 4 期。
107. 郑泽善:《转化型抢劫罪新探》,载《当代法学》2013 年第 2 期。
108. 周光权:《侵占罪疑难问题研究》,载《法学研究》2002 年第 3 期。
109. 周光权:《偷窃“天价”科研试验品行为的定性》,载《法学》2004 年第 9 期。
110. 周光权、李志强:《刑法上的财产占有概念》,载《法律科学(西北政法学院学报)》2003 年第

2 期。

111. 周光权《法条竞合的特别关系研究》,载《中国法学》2010 年第 3 期。

三、报纸类

1. 程昊:《卖淫者的住处是否属于刑法意义上的"户"》,载《人民法院报》2010 年 10 月 21 日第 7 版。
2. 储槐植:《解构轻刑罪案,推出"微罪"概念》,载《检察日报》2011 年 10 月 13 日第 3 版。
3. 杜宇:《表达与实践: 当代刑法中的习惯法》,载《中国社会科学报》2010 年 5 月 4 日第 10 版。
4. 刘文静:《贱卖判决书: 既不应允许,也不能治罪》,载《检察日报》2005 年 12 月 7 日第 6 版。
5. 涂卫东、刘琼:《转化型抢劫罪中暴力行为的司法认定》,载《民主与法制时报》2016 年 8 月 25 日第 7 版。
6. 王君凤:《"绑架"自己骗"赎金"的定性分析》,载《人民法院报》2010 年 8 月 19 日第 7 版。
7. 许金玉、冯建晓:《转化型抢劫犯罪定义应精确》,载《人民法院报》2006 年 2 月 19 日。
8. 于天敏、任永鸿:《如何认定该起转化型抢劫罪》,《人民法院报》2003 年 9 月 7 日案例版。

后　记

财产犯罪于我而言一直是一个非常感兴趣的研究领域。“同案异判”的司法现象促使我更多地关注本土（刑法）文化如何与财产犯罪理论研究以及司法实践有机结合，这三者（社会文化、理论研究与司法实践）之间的互动式研究是我在本书写作中的一次有益尝试，也是我刑法研习过程中方法论的再认识。

刑法文化是由社会的经济基础和政治结构决定、在历史进程中沉积下来的，并在人们关于刑法认识和刑法实践活动中流变着的、普遍而恒常的集体性精神模式或指向。该集体性精神模式是人们的思维模式，以及与之相关的认知模式、心态模式、评价模式和审美模式的集合。社会文化与刑法文化并不是两种文化，它们之间存在着整体与部分、一般与特殊、共性与个性的关系。刑法文化是社会文化的组成部分，是社会文化的子系统。而一国的刑法又总是处于一国的社会总体文化覆盖之下，这就使得人们对刑法的理论认知和实践运用带上了民族文化的特色，由此形成一种不同于他国的刑法文化。因此，必须从社会总体文化的制约上去理解刑法文化，社会总体文化会影响社会的方方面面，刑法自不例外。要正确理解刑法，就必须充分考虑刑法的目的及其调整的社会现实。刑法是一个复杂的法律社会现象，既是一个个法条、一种种规范的构造，又是特定价值的载体、文化的表现和社会的存在。这些刑法文化在财产犯罪的保护法益等基础理论的释义与研究中起着相当重要的作用。换句话说，财产犯罪的理论研究离不开本土（刑法）文化的滋养，更离不开司法审判实践的推动与演进，对三者进行互动研究才能为我国财产犯罪基础理论的修正与完善交上符合中国国情与特色的答卷。

本书在写作过程中见证了上海社会科学院国家高端智库的申请、获准及大力创建、创新的过程。法学作为一门应用性学科，其学科建设与智库研究当为我院国家高端智库建设服务，自不待言。为此，2015 年法学研究所在叶青所长、殷啸虎副所长主持下，精心策划了“法治文库”系列丛书，本书能入选丛书并出版，欣甚至极！感恩于心！感激于情！衷心感谢法学所原所长叶青校长、叶必丰所长和殷啸虎副所长以及法学所全体同仁对我的关心和扶持。

从进上海社会科学院学习到留院工作，一路走来，始终得到恩师顾肖荣研究员的关爱与包容，鼓励与鞭策。今年是他七十大寿，学生谨以此不成熟的，甚至不乏浅见的学术专著作为恩师七十大寿献礼！学生虽无学术建树，但尊师、爱师、敬师之情不改初心。愿老师健康、快乐！学术之树常青！

我也特别感谢刑法室的同事及所内外各位师兄弟姐妹，他（她）们的支持与理解让我在一个相对宽松的环境下获取了自我需求的知识与能量；获得了自我认知的方法与路径；收获了“知足常乐”的心态与人生！

上海市高级人民法院赵拥军法官、王瑞法官为本书的写作内容作出了重大贡献，尤其是对于本书中所涉案例，两位法官尽心尽力搜集相关判例、精心分类、妥当安排，出色地完成了本书的案例收集与分析。在此我要特别感谢赵拥军法官和王瑞法官，本书的出版无疑凝聚了他们的心血与付出！

由我指导的刑法学硕士研究生金梦婕参与了本书写作的资料收集，她对刑法学研究的悟性与努力是令我欣赏的。感谢金梦婕同学为本书付出的辛勤劳动！也要特别感谢刘恋、孙波、陈瑶、林红鹤、李茉、王玺、王艺超等同学在本书的校对中表现出的仔细和认真，希望他（她）们学业有成，前程似锦！

本书的修稿、校对和定稿是在日本广岛大学访学期间完成的，在此特别感谢尹琳博士、吉中信人教授和葛虹教授对我这次访学给予的全程关照与支持。

本书的出版也得益于上海社会科学院出版社的编辑袁钰超和应韶荃老师的精心编辑、排版和设计。在此，一并表示诚挚的谢意。

最后，我要真诚地感恩我的家人，父母、妻子女儿、兄弟姐妹，以及在上海从相识到相知，有如兄弟般感情的王凝宇先生。他们对我无私的关爱与支持，使我在刑法学这“一亩三分地”上尽管耕耘不深，却受益良多，收获甚丰，常常带给我惊喜与喜悦。有家人相伴，有知识相随，有专业静身，足矣！

囿于专业水平、知识视野和文化底蕴，本书中错漏、不妥及可斟酌之处在所难免，恳请法学研究所的同仁及各位专家学者、读者不吝赐教！

杜文俊

于广岛阳光广场留学生楼

2017年7月7日

图书在版编目(CIP)数据

司法实践视阈下财产犯罪法益及相关理论研究 / 杜文俊著.—上海：上海社会科学院出版社，2017
(法治文库.法治研究)
ISBN 978-7-5520-1483-9

Ⅰ.①司… Ⅱ.①杜… Ⅲ.①侵犯财产罪—研究—中国 Ⅳ.①D924.354

中国版本图书馆 CIP 数据核字(2017)第 081717 号

司法实践视阈下财产犯罪法益及相关理论研究

著　　者：杜文俊
责任编辑：应韶荃　袁钰超
封面设计：周清华
出版发行：上海社会科学院出版社
　　　　　上海顺昌路 622 号　邮编 200025
　　　　　电话总机 021-63315900　销售热线 021-53063735
　　　　　http://www.sassp.org.cn　E-mail：sassp@sass.org.cn
排　　版：南京展望文化发展有限公司
印　　刷：上海新文印刷厂
开　　本：710×1010 毫米　1/16 开
印　　张：14.75
插　　页：2
字　　数：253 千字
版　　次：2017 年 8 月第 1 版　　2017 年 8 月第 1 次印刷

ISBN 978-7-5520-1483-9/D·451　　定价：58.00 元